凶猛治国

从朱元璋到朱棣

李应全 著

辽宁人民出版社

图书在版编目（CIP）数据

凶猛治国：从朱元璋到朱棣 / 李应全著. —沈阳：
辽宁人民出版社，2022.3
ISBN 978-7-205-10353-8

Ⅰ. ①凶… Ⅱ. ①李… Ⅲ. ①中国历史—明代—通俗
读物 Ⅳ. ①K248.09

中国版本图书馆 CIP 数据核字（2021）第 247823 号

出版发行：辽宁人民出版社
　　　　　地址：沈阳市和平区十一纬路 25 号　邮编：110003
　　　　　电话：024-23284321（邮　购）　024-23284324（发行部）
　　　　　传真：024-23284191（发行部）　024-23284304（办公室）
　　　　　http://www.lnpph.com.cn
印　　刷：北京长宁印刷有限公司天津分公司
幅面尺寸：165mm×235mm
印　　张：19
字　　数：280 千字
出版时间：2022 年 3 月第 1 版
印刷时间：2022 年 3 月第 1 次印刷
责任编辑：赵维宁
封面设计：乐　翁
版式设计：留白文化
责任校对：郑　佳
书　　号：ISBN 978-7-205-10353-8
定　　价：59.80元

前 言

Qianyan

————

这个时代，值得纪念；这个时代，值得回味。

大明王朝，叫花子朱元璋创立，姑且叫它叫花子王朝吧。它在中国历史上十分重要，却又十分古怪，自有独一无二的特质：皇帝怪怪的，臣子怪怪的，制度怪怪的，发生的历史，也是怪诞不经。

正因为它的古怪和落拓不羁，它才成为一座文化富矿，其中的文化宝藏取之不尽，用之不竭，先后产生历史巨著《明史》、姚雪垠的历史小说《李自成》、熊召政的历史小说《张居正》，以及发行千万册的普及读物《明朝那些事儿》。即使严肃的学术书籍，比如吴晗的《朱元璋传》、丁易的《明代特务政治》、朱东润的《张居正大传》、黄仁宇的《万历十五年》等，也都畅销不衰。武侠片《锦衣卫》以惊悚的情节和侠义的精神震撼观众，收获不菲的票房。电视剧《朱元璋》《洪武大案》《传奇皇帝朱元璋》《大明天子》《神机妙算刘伯温》《郑和下西洋》《锦衣卫》《英雄诀》《大明王朝惊变录》《大明风华》《锦衣之下》《大明王朝1566》《万历首辅张居正》《江山风雨情》《袁崇焕》等也深受群众欢迎。穿越明代的历史小说，放在网上，一部都有几千万的点击量。

如此看来，明代历史蕴藏着巨大的文化价值，使得关注明史的人越来越多，这为明代文化的再研究、再发现、再创作提供了良好的群众基础。明代的史料非常丰富而且富有细节，每个人的一举一动、一颦一笑、一言一语，似乎就在读者的眼前浮现。我相信，只要把历史从象牙塔中解放出来，以具有现代感的文化精品服务普通大众，就不怕无人喝彩。

明代，实在有太多的人和事值得关注。

明王朝南京启幕、北京谢幕，276 年的时间跨度，彰显了朱元璋的丰功伟业和大明帝国的强盛，然而一家一姓的统治，最后都无法逃脱"历史周期律"的死循环。

我曾有缘，在明朝的起点南京，登上巍峨的明孝陵，穿过荒草湮没的台阶，爬到独龙阜的最高处。脚下，埋葬着伟大的君主朱元璋和他心爱的马皇后，周边的山峦埋葬着殉葬的 38 个妃子。然而，在南京难以寻觅故宫的影子，它早已化作一堆瓦砾，遗址已经变身为一座广场。但从这些仅存的历史遗迹上，还是可以想见朱元璋当年统治的威力。

我还有缘，多次游览明朝的终点——北京故宫，并登上末代皇帝朱由检的伤心地——万寿山。这么伟大的王朝在这里画上句号，葬送在了朱由检手上。不是亡国之君，却遭亡国之恨，只怪他生错了时代，高山崩裂、大厦将倾之际，任何千斤顶都是支撑不住的。

五彩斑斓的历史，已经随风而去，只留下一鳞半爪。抚今追昔，俯仰天地，历史的沧桑和厚重扑面而来，让人欲罢不能。在北京故宫，在天坛，在十三陵，在长城，在京杭大运河，世界各地的人们，为了历史所剩的残迹蜂拥而来，似乎是来倾听一个伟大王朝兴衰荣辱的故事。这些遗迹，很多已成为世界文化遗产，千年万年，都将提示世人：在中华大地上，曾有一个伟大王朝的存在。

明代中国作为世界强国，这么伟大的王朝为什么兴、为什么衰？在朱元璋和朱棣之后的若干时期，尤其是在这个长寿王朝步入中年后，为什么会百病缠身，萎靡不振，苦撑 200 多年，然后油灯耗尽？翻一翻大明王朝的"病历"——《明史》《明实录》和《李朝实录》，我们是否能从中发现帝国兴衰的秘密？

明亡于皇帝昏庸？亡于宦官专权？亡于流民起义？亡于厂卫政治？亡于大兴土木……层出不穷的答案，或许是对的，或许又都不对。都如同盲人摸象般，摸到的只是局部，而对于那整体，却没有能力顾及。

而我的感悟是：明亡于腐败，而这也只是盲人摸象得出的结论。明代，是一个"魔鬼"出没的世界。大明王朝的衰落，正是因为它不幸落入"魔鬼"之手。面对权力的魔杖，又有多少人能抵挡得住它的诱惑？皇帝、锦衣卫、宦官、军官中，都出现了魔鬼式的人物。

当恶魔亲吻权力魔杖的时候，这个世界何曾太平过？

这些吸血鬼，要么中饱私囊，要么作恶多端，激怒民怨，最终蛀空一代王朝。再强盛的封建王朝，如果无法去除肌体上的癌变基因，总有一天，会病入膏肓，无可救药。

我想，当我们手握魔杖，该怎样发挥它的魔力？是为善去恶，为民造福？还是拜倒在金钱、美色、权力的诱惑之下，为满足自己的私欲，损人利己？

其实，这两种截然不同的方式，或许都会出现。犹如一枚硬币有两面，诸人亦然，这是由人性的两面性决定的，于是，造成人与人之间存在错综复杂的矛盾。

如果，我们能正视自身，就能发现人性的两面性——好与坏、善与恶、人性与魔性。只有善良，没有一丝邪恶，或者只有邪恶，没有一丝善良，这样纯粹的人，我怀疑，根本就不存在。

人之初，性善还是性恶？恐怕谁也无法说清。然而，人生的缰绳在你手中，向何处去，却是你能决定的。为善去恶，即成善人，弃善作恶，即成恶人。在明代，多少贪官、奸臣、坏人等，为了个人和小集团利益，干着祸国殃民的勾当，大挖国家墙脚，魔性之大发、人性之泯灭，出乎你我想象。然而，多少直臣、义士和勇士不断涌现，不惜抛头颅、洒热血，和形形色色的魑魅魍魉较劲，进行惊心动魄的斗争，迸发出了人性的光辉。两败俱伤之后，一家一姓的命数尽了，明朝灭亡了。

　　为善去恶，格物致知，人类只要存在，就不会停下探索的步履。"无善无恶心之体，有善有恶意之动，知善知恶为良知，为善去恶是格物。"明代王阳明著名的"四句教"，至今灼灼其华、其叶蓁蓁，没有随着时光而老去。读史可以明智，唯愿，权杖落在德堪配位者手里，有权者又能谨慎对待手中的权杖，如此，岂不甚好？

　　《常清静经》有言："众生所以不得真道者，为有妄心。既有妄心，即惊其神。既惊其神，即著万物。既著万物，即生贪求。既生贪求，即是烦恼……"或许，为了和平与幸福，我们该抛弃一些不必要的欲望和野心。

　　贪如火，不遏则燎原；欲如水，不遏则滔天。大道至简，返璞归真，何须太多羁绊，使君不得开心颜？

目 录
Mulu

_____

第三章

战神复仇

第四章

猛夫建都

第一章

屠夫当国

猛治
凶国

一、乞丐炼成皇帝

朱元璋档案：

学历：基本自学成材

出身：贫农

简历：放牛娃、和尚、叫花子、士兵、将军、吴国公、皇帝

口碑：治隆唐宋、朱扒皮

谁能从一字不识的叫花子，成为君临天下的皇帝，并且文治武功还顶呱呱，能与唐太宗、宋太祖的丰功伟绩媲美？

这种奇才，全世界恐怕绝无仅有。

但在中国，就有这样的高人——你可以剥夺他的财产，让他沦为叫花子；你可以把他关进监狱，把他交给死神；甚至使出无数次的暗杀手段，要剥夺他的生命，让他惊恐万状……但是，他只要有一口气在，必能以惊人的勇气，奋起一击，打败强敌。

元末，就有这样一个力挽狂澜的汉族人。

其人，名叫朱元璋；其出生地，名为安徽凤阳。

蒙古贵族统治中国已经很久，历史周期律问题犹如一道魔咒，再次发作，天下大乱，民不聊生，时代呼唤汉族人站起来，推翻统治，改天换日。这个任务，现在落到朱元璋身上。

放眼看历史，天下兴亡，自有规律。《三国》说历史是"分久必合，合久必分"，叹息历史总在分裂与统一的轮替之中延续。但是为何合又为何分？统治者无不都在追求江山永固，如何才能合而不分？如何跳出历史周期律？至少古代的中国人不能回答这个历史之问。

想那历史上下几千年，圣主明君是凤毛麟角，龙袍加身都一般行状，

以血缘关系为纽带的皇位继承制度，往往导致皇帝素质一代不如一代、一蟹不如一蟹。封建制度下，整个社会存在系统性矛盾。生产力不发达，生产关系都是有利于统治阶级，君王为重，民众为轻。皇帝攘天下为一己之私，民焉能安居乐业？兴也百姓苦，亡也百姓苦。科技貌似发达，实则不足以富民；统治者重私利、轻民利，因此制度、法律不良；禁锢奴化人的思想，为皇帝统治服务，使人观念不得更新、社会不能进步。

最后，哪个致命环节断了链条，人就沦落到连生存权都要被剥夺的地步，整个社会发生结构性崩溃，官强民弱、官逼民反的局面就出现了。百姓群起造反，战争轰轰烈烈、波澜壮阔，于是，流血漂橹，尸骨如山，成者称王，败者去死。一番动荡后，好容易改朝换代了，统治还是老一套，新的大王跳不出陈旧的历史圈圈，历史只好一遍又一遍地重演：新王来——循旧制——百姓苦——旧王死——新王来——循旧制——百姓苦——旧王死。虽是那秦皇汉武、唐宗宋祖，统治上都是修修补补的"补锅匠"，没人能跳出这历史的轮回。

元代末年，百姓苦、旧王死、新王生的轮回又来了。

老天将一块天大的馅饼——推翻元朝的重任，扔在朱元璋嘴里，这就是时势造英雄的历史机缘。他也确实异于常人，发展到后来，成为统一天下的领袖，大大加快推翻元朝的进程，反过来就叫"英雄造时势"。

他经历的大苦难，搁在常人身上，能够闯关的概率或许只有百万分之一，而他总是化险为夷，经过九九八十一难，终于克敌制胜，修成正果。他的传奇经历那么激荡人心，简直就是前所未有的奇迹、非凡绝伦的传奇，更是一部伟大的励志书！

1. 重八凤阳躲瘟神

孟子说："天将降大任于斯人也，必先苦其心志，劳其筋骨，饿其体肤，空乏其身，行拂乱其所为，所以动心忍性，曾益其所不能。"

没有人能够随随便便成功，朱元璋也不例外。

朱元璋从小是在苦水中泡大的。

1328 年九月十八日（注：本书日期全部为农历），朱元璋生于安徽省濠州（今凤阳）钟离太平乡孤庄村。

今天，妇女生孩子，住花费几万元的贵族产房，还嫌不够档次。可是，朱元璋先生，却是生在破庙里，成长在草地上。他没上过幼儿园，仅读过几天私塾，因为家里实在太穷，小时候就辍学给人家放牛。长到十几岁，他仍然是斗大的字认不了几个的文盲，属于社会草根中之极品，弱势群体中的下等人。

这样的穷光蛋，在当时不配有名字，因为在家中排行第八，大家就叫他"朱重八"。

朱重八，小时候就是当叫花子的命。

凤阳，出产叫花子的不毛之地——"说凤阳，道凤阳，凤阳本是好地方，自从出了个朱元璋，十年倒有九年荒。"虽然歌谣这么唱，但是穷与不穷，跟出不出朱元璋毫无关系，那里自古就穷，而朱重八家又是当地有名的穷人。

说家徒四壁，那是恭维他了，家连四壁都没有，上无片瓦、下无立锥之地。全家人靠租种别人的田维持生计，年年开荒种地，好不容易生地成熟地，田主趁机抬高租金，一家子又租不起，只好辗转各地找便宜的田种。这种没有根基的苦日子，似乎没有尽头。

"二亩地，一头牛，老婆孩子热炕头"，这样普通不过的生活，朱家这样的佃农消受不起。阶层固化，制度僵死，个人改变命运，谈何容易？

成就大业的人，小时候都不是乖孩子，听父母话的，多半走了父母的老路，超越不了父母。朱重八的性格，跟老实本分的父亲截然不同。他生性泼辣阴狠，胆子大，爱想问题，一肚子坏水，活脱脱一个坏孩子。

一天，他和同村的周德兴、汤和、徐达等一起放牛。

大家每天吃不饱，肚子饿得咕咕叫。朱重八动起歪脑筋，邀几人一合计，索性把田主的一头小牛杀了，捡些木柴烧火，弄起烤全牛。美美地大吃一顿，把牛尾巴往山上的石头缝一插，跑回去向田主报告：小牛钻进山洞了，怎么拉都拉不动，只拽到一条尾巴。

田主气得蹦起八尺高，把朱重八痛扁一顿，牛也不要他放了。复仇的火焰在朱重八胸中燃烧，但他一个小毛孩，毫无办法。

一顿牛肉征服了周德兴、汤和、徐达等人，朱重八成为孩子王，玩皇帝早朝的游戏，他当皇帝，这些孩子当大臣。孰料，后来他真成了天子，这些人真成了他手下的大将军。梦想的力量，有时就是这么神奇。

1344 年，天下大乱的一个年份，这年朱重八 17 岁。相貌奇丑，奇骨贯顶，史书上却说他"姿貌雄杰"，与真容相差甚远。

天降下一场大旱灾，安徽仿佛发生了生化危机，产生无数饥民，似乎要毁灭腐朽透顶的元朝。

淮北几个月天天是桑拿天，湛蓝湛蓝的天空不下一滴雨。赤地千里，庄稼死光，蝗虫肆虐，吃尽草木的叶子，人们又吃光草根树皮，最后吃起人肉和死尸。那时候，没有袁隆平这样的水稻专家，也没有国际机构救援，国家的一点官粮，早就被有权势的人拿去保命，穷人没有门路续命。一有大旱灾，政府没有能力赈灾，数以百万计的人民流离失所、饿死病死，整个社会发生大规模的动乱和战乱。

上天没有怜悯朱重八，瘟疫一起，他一家人死去大半。父、母、兄相继死亡，贫困无金，不能安葬。村里人刘继祖给予他一块土地，才安葬了亲人，即后来的凤阳陵。

他二哥不甘心这么死去，饿着肚皮外出逃荒，但是饭没讨到一口，还是饿死在路边。朱重八躲过了瘟神，但躲不过饥饿，他的命运又一次走到悬崖边上。怎么办？"饿不死的和尚，旱不死的大葱"，他于当年九月经人介绍，·到附近的皇觉寺当了和尚。

和尚是"以和为尚"的，但他是当一天和尚撞一天钟，只求饿不死。富庙里的和尚那时没有禁忌，酒肉穿肠过，女色任他玩（"寺僧惟务酒肉女色"），没有约束。当然，皇觉寺是穷庙，没有酒色，像朱重八这样当和尚，只是为糊口。朱重八不相信鬼神，也觉得当和尚不光彩，当上皇帝以后禁止人们提到"僧""秃"等字，否则一定格杀勿论。

朱元璋在皇觉寺受欺负，被人吆来喝去，过得很不爽。庙里的蜡烛被老鼠啃了，他怪泥菩萨没看护好，用扫帚痛打伽蓝神，还在神身上写上

"发配三千里"几个大字。他当皇帝后，吹牛说他当初多么有本事，扫地时泥菩萨会自动抬起脚，伽蓝神还托梦给寺庙里的住持，让朱重八赦免伽蓝神没看护好蜡烛的罪过。

2. 犀利哥差点饿死

朱重八吃白食好景不长，只有几个月，寺庙就没有粮食了，和尚们开始饿肚子，所有人被打发上路，外出化缘。

朱重八真正开始了叫花子生涯。他可能意识不到，这段叫花子生涯影响他的一生，甚至影响整个国家的前途和命运。

朱重八是最后一批离开山门，当上光头版"犀利哥"（叫花子）的。一顶破箬帽、一个小木鱼、一个破瓦钵、一个小包袱，就是他的全部讨饭道具。他开始在安徽西部一带乞讨。

朱重八专找有人烟的地方走，在富裕人家的门前猛敲木鱼，高唱佛号，要点吃的。他饱一顿，饥一顿，走遍淮西一带的城市和乡村，穿越每一条河流、每一道山川。他先往南走，到了合肥；再向西走，到了固始、光州、息州、罗山、信阳；再往北走，到了汝州、陈州；再往东走，到了鹿邑、亳州、颍州。

他后来回忆说，做叫花子的3年间，为了找口吃的，每天像无根的莲蓬四处漂浮，心里像滚开水一样焦急，境遇之可怜，活像一条野狗，低三下四，软磨硬讨，受尽人间辛苦。看到有炊烟的地方，就赶紧跑过去乞讨食物。晚上遇到古寺庙就投宿，没有投宿的地方，就睡在山崖下的石板上，眼望天上的月亮，听着猿猴的啼叫和野狼的嗥叫，思念九泉之下的父母，久久不能入睡，感觉孤单凄凉极了。碰到坏天气，风霜雨雪严相逼，想生存下来都十分困难。

大家都在受灾，朱重八讨不到饭，好几次差点饿死。

一天，他讨到剩柴村，已经两天没吃饭。他拖着沉重的步子走进村子，只见村庄断壁残垣，一个人也没有，早被兵火踩躏得没有人烟了。正在绝望之际，他眼角的余光瞥见一棵柿子树，上面竟然挂着火红的柿子。他捡起石头，费力弄到一些柿子，一口气吃了10个，终于慢慢缓过劲来。

几年后，朱重八打下太平镇，又经过剩柴村。这株救命的柿子树啊，依然挺立在寒风中，似乎在等他归来。他想起它的救命之恩，百感交集，下马给柿子树系上红袍，封这棵树为"凌霜侯"。

据说，他在徽州一带乞讨，还获得一项发明专利。一天，他讨到几块豆腐，舍不得吃，等他从包袱里拿出来要吃的时候，豆腐早长满白毛，臭不可闻。他舍不得扔掉，将豆腐煎着吃。谁知道，奇迹就这么发生了，煎过的豆腐闻着臭、吃着香，还真是美味。这道菜就是徽州名菜臭豆腐，发明人就是朱元璋。

1348 年，听说家乡一带闹土匪，朱重八思乡的念头越来越强烈，苦日子也过够了，又一路乞讨回到皇觉寺。依然是一顶箬帽、一个木鱼、一个瓦钵，只不过都破破烂烂，几乎不能使用。他的身上长满虱子，散发着臭味，但是他的身体却非常强健，脑瓜更为灵活，毅力和见识已经不同于常人。苦难没有摧毁他的意志，反而将他打造成一名钢铁战士、穷游高手、社会达人。苦难也能毁掉一个人的善良德行，叫花子生涯让他成为一个狡诈、阴狠、为达目的不择手段的人。

朱重八回到皇觉寺，已经21岁。21岁，有些早慧的英才已经作出成就，但这个伟大的君主，现在仍然只是一棵微不足道的小草，没有一文钱、没有一件干净衣服、不认识几个字、没有几个朋友。他生命的前21年，所做的一切，就是想方设法避免自己被饿死。

但是，他的心中还有梦，一种伟大的、让人仰视的东西潜伏在他的心中，这就是野心。

朱重八在淮西讨饭期间，被另一个游方和尚彭莹玉（即布袋和尚）洗脑。彭莹玉是西系红巾军的开山祖师，传布弥勒佛降生的教义，将淮西建成东系红巾军的根据地。朱重八虽然没有见过布袋和尚，却接受了他的革命主张。朱重八信奉起秘密宗教——明教，这是个披着宗教外衣的反政府组织。这是他一生最重要的转折点。一滴水融入大海，不仅永不干涸，还能涌起波涛。他依靠这个秘密组织，走上推翻元朝的道路，最终成为元朝的掘墓人。

他在皇觉寺还读起经书，不再是文盲。他还结交英雄好汉，不时混进濠州城探听消息。

经过布袋和尚等人的传播，信奉明教的人越来越多，江湖上传说推翻元朝、拯救天下的"明王"已经出世，但谁也不知道"明王"究竟在哪里，不知道何时才能现身。

老百姓对元朝的野蛮统治怨恨已久。蒙古统治者"只识弯弓射大雕"，马上打天下勇猛无比，征服大半个亚洲、欧洲。但是马下治天下就不行了，统治方法低级，没办法跟唐宋相比。

元朝实行不平等的民族政策，把人分为四等，激起汉族等的反抗。第一等人蒙古人享有各种特权。中亚地区的色目人属于第二等，被蒙古人最先征服，沾点蒙古人的光，当官可以优先。蒙古人、色目人犯了罪，别人不能插手，只能由蒙古人设立的特殊法庭审判，法外可以开恩。蒙古人打汉人，汉人不能还手，只能到官府告状。

元朝统治下的汉族人、女真人等成了第三等人，统称汉人，贱称"汉子"。女人有外遇就叫"偷汉子"，等于说这么贱的男人你都要。南人是宋代治理下的各族人，因为征服时间最晚，就成了最下等的人，比汉子还不如。社会上还有大量的奴隶阶层，在市场上被当成牲口卖。

"汉子"和"南人"犯法归普通法庭判处，罪加一等。蒙古人打死汉人不偿命，充军和罚缴安葬费了事，而汉人打蒙古人要被判刑或者抵命。偷了东西，蒙古人、色目人不刺字，汉人、南人就非刺字不可。

元朝对老百姓防范很严，禁止人民反抗。汉人、南人不能持有兵器弓箭，不许养马，不许习武、打猎，不许集会，不许到市场上做生意，不能学习蒙古文字，晚上不能出门。南方人20户编为一甲，甲主是蒙古人，索要衣服粮食、强奸百姓的妻子女儿，没人敢说话。

这样残暴的政权早就该死了。元朝的草原文明征服不了先进的农耕文明，最后反而被农耕文明征服了。统治者安享近百年的太平日子后，当初的武力消解殆尽，受罪的老百姓纷纷操起家伙反抗。

一首了不起的红歌吹响革命的号角，传遍大江南北——

堂堂大元，奸佞当权，开河变钞祸根源，惹红巾万千。官法滥，刑法重，黎民怨。人吃人，钞买钞，何曾见？贼做官，官做贼，混愚贤，哀哉可怜！

这首歌指出元朝政治上奸臣掌权，经济上通货膨胀，法律太严酷，引起百姓怨恨。土匪、流氓混进政府，贤能的人被排除在外，官匪一家，贼做官，官做贼，偷盗百姓财富。这些征象都指向一种末世现象——亡国之兆。

如果人民没办法生活，官员又腐败、扰民，社会矛盾激化，百姓起来造反，山崩地裂，势如海啸，没人可以阻挡。战争又生出大动荡、大破坏，死亡很多人，毁掉社会财富，制造多少人间悲剧！所以社会稳定，首先要让百姓吃饱穿暖，严惩贪污腐败，特别是防止官员耍流氓坑害百姓，激化社会矛盾。

大家一致起来跟元朝作对。农民揭竿而起，成星火燎原之势。

刘福通尊韩山童为师，传播白莲教，假借宋皇室之后，起于安徽颍州。徐寿辉僭号称帝，也利用白莲教，起于湖北蕲州。李二、彭大、赵均用起于江苏徐州。方国珍已先起于海上。

各方率数万人，并置将帅，诛杀元代官吏，攻略郡县。其他盗匪拥兵据地，寇掠甚众。

天下之大，怎一个乱字了得！

1352年二月，郭子兴领导红巾军在安徽濠州起兵。元朝军队怀疑皇觉寺是红巾军的情报站，一把火把寺庙烧了，和尚一哄而散。25岁的朱重八面对断壁残垣，欲哭无泪，现在连和尚也没法当了，难道还要当叫花子？

朱重八的儿时伙伴汤和正在郭子兴手下当兵，写信邀哥们儿入伙。朱重八心里很犹豫，不想去。但是怕走漏风声，元朝的"还乡团"要找朱重八算账。周德兴给他出了一计——问卦去吧，当不当兵全凭天意。

朱重八向伽蓝神问了一卦，一看是个吉卦，于是听从老天安排，来到濠州城，准备投奔郭子兴。

一代明王——朱重八，不再潜伏在山门。他一脚跨出庙门，正式飘进江湖！他的一小步，对中国历史来说却是一大步。此后的 4 年，没有人能复制朱重八的传奇经历，连项羽、刘邦这样的英雄豪杰都不可能。

3. 叫花子意外拾宝

1352 年春天，濠州城已被元军重重围困，领兵的是丞相脱脱，一个在元军中唯一有才干的将领。

元军大军围困，破城在即，居然有人敢来投军？门卫居然不相信自己的眼睛。但是城下，确实站着一个穿破烂服、身材高大、相貌丑陋的穷和尚。他莫非是元军的间谍，来刺探情报的？盘问朱重八，他只说来见郭元帅，还没和门卫说几句话，双方就大吵大闹，动起手来。门卫们一拥而上，将他捆了个结结实实，绑在拴马桩上，百般侮辱。

一位重要的人物即将出场。没有他，朱重八什么也不是，历史上根本就不会有朱元璋。他的名字叫郭子兴，职务是元帅，有一个宝贝女儿和几个不争气的儿子。

门卫们派人报告郭元帅，抓到一名元军间谍，请令即刻行刑。郭子兴马上来到门口看看情况。当他看到这个丑和尚相貌奇伟，身材强壮，说话不像普通人，心里不由得吃了一惊。

郭子兴把他留下来做了卫士。朱重八非常感激郭子兴，一心想报答救命之恩。叫花子当久了，朱重八身体强壮，打仗如一头猛虎，几次战斗大获全胜，杀的、俘虏的敌人比别人多，很快在红巾军中冒了尖。

郭子兴的二夫人张氏，非常欣赏朱重八，想把养女送给他，以帮助郭子兴打天下。朱重八其实对元帅的亲生女儿倾慕已久，只是张不开嘴——暗恋本来就是一场哑剧，说出来就变成悲剧，那还不如不说。身上的叫花子臭气还没洗干净呢，怎么配得上大元帅的女儿呢？鲜花插在牛粪上，郭子兴一家万万不会干。所以，当张氏要把养女嫁给他的时候，朱重八只是习惯性地点了点头。

朱重八是经济适用男，这个养女也是经济适用女，相传叫马秀英，孤儿，是郭子兴的老友马公临死前托付给他们夫妇的。她长着一双大脚，因为不缠足，没人敢求亲，人称"马大脚"。她相貌虽丑，但十分贤惠，朱重八还真是捡到宝贝了。

朱重八做了元帅娇客，找到大靠山，也算有身份的人了。他里里外外鸟枪换炮，还给自己取了新名字：朱元璋，字国瑞。无衣无食的苦难生涯终于结束，朱元璋很快被提拔到重要位置。

4. 濠州苦斗孙德崖

1352 年，农民军发生火拼。

郭子兴、孙德崖等人在安徽濠州起义成功后，把濠州当作根据地。在江苏徐州，芝麻李的起义军被元丞相脱脱数十万军队打败。城破后，脱脱下令屠城，起义军尸横遍野，流血漂橹。芝麻李从死人堆里侥幸逃出，不久被元军抓获杀掉。彭大、赵均用率领残兵败将，也逃到安徽濠州。

几个起义军凑在一起，完全是乌合之众。没有一个能服众，各立山头，政见不同，争权夺利，闹得不可开交。大家推举彭大、赵均用做首领。但这两人也不合，管束不了部下，军队乱杀人、奸淫妇女，百姓不能自保。

郭子兴和孙德崖成了死对头。彭大拉拢郭子兴。孙德崖怕吃亏，就拉拢赵均用。两边势均力敌，明争暗斗。

孙德崖在赵均用面前说，郭子兴只认得彭大，对你白眼相待，根本就瞧不起你。赵均用大怒，带领亲兵把郭子兴抓起来，藏在孙德崖家里。为防止郭子兴逃跑，赵均用给他颈戴木枷，脚拴铁链，如狼似虎一阵棍棒，打得浑身稀烂，然后锁在一间空房里，准备杀掉。郭子兴的性命眼看就要葬送在赵均用手里。

郭子兴的部下，这时没有一人敢去救，连他的儿子郭天叙、郭天爵都躲起来，不管老爹的死活。朱元璋正在淮北打仗，一听这事，肺都气炸了。部下都劝他不要自投罗网，朱元璋愤愤地说："郭公对我有救命之恩，他现在蒙难，大丈夫岂能见死不救？"

朱元璋找到郭天叙、郭天爵，一起去找彭大帮忙。

彭大听了，也勃然大怒："他们太胡闹，有我在，谁敢害你家元帅！"

彭大立即对部下做战斗动员，准备武力营救郭子兴。朱元璋全身披戴盔甲，率领军队，将孙家团团围住。在搏斗中，朱元璋杀死孙德崖的祖父母。他又爬上房子，掀开屋瓦进入屋内，将奄奄一息的郭子兴救了出来。赵均用得知彭大已经出头，只好忍气吞声，不敢扩大事态。

朱元璋看这几个元帅尔虞我诈，浅陋寡谋，困守安徽濠州，成不了什么大事，于是决定另起炉灶。

他招募了700人，挑选出24名精兵强将，去建立新的根据地。这24人包括徐达、汤和、周德兴、吴良、吴桢、费聚、耿再成、耿炳文、唐胜宗、陆仲亨、郭兴、郭英等人，其他人全部留给郭子兴指挥。24人后来大多数成了公侯。

朱元璋打仗是天才，讲求智取，总是以少胜多。1354年，朱元璋的军队奇迹般地不断壮大，夺取定远。定远缪大亨率两万义兵屯于横涧山，朱元璋命花云夜袭，获得大胜，逼迫缪大亨投降，军声大振。冯国用、冯国胜兄弟和李善长等知识分子，纷纷投奔帐下。朱元璋请教夺取天下大计，冯国用说："金陵（即南京）龙盘虎踞，帝王之都。应先打下金陵，定鼎天下，然后命令将士四出，救生灵于水火之中，远近倡导仁义，不贪求子女玉帛，这样天下不难安定。"

李善长说："你要学习汉高祖，豁达大度，知人善任，不乱杀人，5年就可以平定天下。"

朱元璋听了非常高兴，心中有了战略大计，越发奋勇争先。

秋七月，朱元璋先夺取滁阳，以花云为先锋。那花云单骑前行，路遇数千名贼盗，花云提剑跃马，以流星般的速度，横冲其阵，一闯而过。敌军大惊失色："这个黑面将军太勇猛了，不可与之争锋。"

朱元璋夺取滁阳后，作为根据地，军队发展到3万人。很快又夺取滁州，形势一片大好，不想麻烦却来了。

5. 元璋气死郭子兴

在所有的英雄豪杰中，只有朱元璋算是真豪杰，但才能太出色，引起郭子兴猜忌。

一些军队攻城拔寨，心里只有"钱财"二字，女人、玉帛都搬回家去，只图一时快活，顺便弄点金银财宝孝敬一下郭子兴。而朱元璋心怀"天下"，有拨乱救民、安定天下的雄心，每次打胜仗，得到的东西全部分给部下，拜见郭子兴每次都两手空空。时间久了，让贪财的郭子兴十分不爽：我打仗为了什么，你难道还不明白吗？你装什么清高啊？

郭子兴感到自己年老体衰，不是朱元璋的对手，而儿子郭天叙、妻弟张天祐水嫩水嫩的，更没办法跟威名日隆的朱元璋较劲。朱元璋时常与郭子兴的几个老对头暗送秋波，建立联合战线的才能很厉害，让郭子兴十分忧虑。

主帅大权，岂能旁落？内外勾结，多么危险！郭子兴决定使出撒手锏，限制朱元璋。

他先把朱元璋身边的人全部调走，让他孤家寡人，成不了事。其他人都走了，唯独李善长痛哭不已，不愿意离开朱元璋。郭子兴拿李善长没有办法。但是凡是打仗，总兵权绝不让朱元璋沾边，让朱元璋十分憋屈。

三儿子郭天爵，更是恨朱元璋挡道，他设计在食物里、酒中下毒，想毒死朱元璋，不料阴谋泄露。

朱元璋找了个机会，对郭子兴的两个儿子发出警告。

一次，三人骑马并辔而行。突然，朱元璋中途跃马而起，仰天大呼，若有所见，大骂道：

"我何负于你？刚才空中的神人告诉我，你想拿酒毒害我。"

那气势，吓得郭子兴的两个儿子内心惊恐，汗流浃背。

郭子兴将朱元璋关进牢里，时常让他挨饿，一日三餐无法保证。

幸好还有马氏，也几次识破郭天爵的阴谋，让他没有得逞。

她将滚烫的烧饼，藏在怀里偷偷给丈夫送去，烫伤了胸部。她给郭大帅的二夫人张氏送很多礼物，从中调和，朱元璋才重获自由。看来，不走送礼路线，郭子兴那里根本通不过。

患难中的情感最珍贵，朱元璋对马大脚另眼相看，竟然变得情深义重。称帝后没有忘记马大脚当年的救命之恩，立为皇后。马皇后病逝后，朱元璋悲痛欲绝，不再立皇后，这是后话。

郭子兴想在滁州称王，朱元璋连连拍砖，不予支持，郭子兴连滁州王也没当成。滁州没粮食吃，向哪里发展呢？郭子兴和朱元璋意见不同，郭子兴又郁郁寡欢。本来就是小气包，长期闷闷不乐，郭子兴得了严重的抑郁症。

他听从朱元璋的意见，奇袭夺取和州的和阳城。朱元璋固守和阳，仅有万人。

朱元璋虽然是和阳总兵，但是诸将多是郭子兴的老部下，对他不服气，只有汤和听命于他，靠李善长从中协调。第一次开会这些人先到，坐了好座次，朱元璋来得稍晚一些，叨陪末座。轮到议事，只有朱元璋说得唾沫横飞、头头是道，而其他将领胸无谋略，不吭一声。

朱元璋使了一计，就让这些人服气了。

朱元璋与诸将分工修筑和阳城的工事，工期为三天。朱元璋紧赶慢赶，三天后，工事修筑完了，而看看其他诸将，都没竣工。朱元璋勃然作色，大摇大摆地坐在了主帅的位置，拿出郭子兴给他的任命书，呵斥诸将说："任用我为总兵，是郭大帅的命令，不是我不请示上级擅自行动。现在筑城，你们都不按时完成，事情怎么能成功？从今往后，凡是违抗命令者，按军法从事。"

诸将听了，吓得瑟瑟发抖，只剩下唯唯诺诺的份儿。

元军调集 10 万大军围攻，朱元璋坚守不动，竟然固若金汤。双方相持3 个月，朱元璋屡出奇兵大败元军，元军不得不放弃和阳这块烫手的山芋。

这时，郭子兴的眼中钉孙德崖在盱泗一带活动，没粮食吃，士兵饿肚皮，要求来和阳"借住"几个月。朱元璋居然没请示郭子兴就答应了。郭子兴看朱元璋吃里扒外，怒气冲冲地赶来问罪。

孙德崖听闻郭子兴已经赶到和阳，想另外找地儿。其军先发，孙德崖断后。朱元璋送其军出城，走了十几公里，忽然城中一匹快马赶到，通知他：郭军与孙德崖军发生火拼，郭子兴把孙德崖俘虏，一心想杀之而后快。

朱元璋大惊，急忙招呼部下耿炳文、吴桢，策马加鞭往回赶。孙德崖军先遣队已经气愤已极，哪里肯放朱元璋回去？在混战中，朱元璋的铠甲被孙军一枪刺破，皮肉受伤，跌下马来被俘。

孙军拥朱元璋走了数里地，遇见孙德崖弟弟。孙德崖弟弟欲加害，一个姓张的拼死阻止。

朱元璋在被囚禁的3天里，多次险遭毒手。

双方都不放人，形成僵局。汤和献出一计，自告奋勇去做人质，换下朱元璋。两家最终达成换俘协议，郭子兴放了孙德崖，孙军放了朱元璋。郭子兴这回没杀成孙德崖，急火攻心，竟然一病不起。既生孙，何生郭啊？当年三月，郭子兴像周瑜一样，吐血而亡，活活气死。

郭子兴气死后，军队尽归朱元璋。

6.醉杀巢湖李扒头

农民军没有统一领导，你打你的，我打我的，我实力比你强，哪天就把你吃掉。军队内部也不稳定，下属实力比你强，说不定哪天把你杀掉，自己做老大。

朱元璋的军队，通过建军、吞并、攻打、抢夺几个招法，逐渐强大起来。他不仅建立自己的嫡系部队，还并吞郭子兴的军队，或者杀了人家头目，把别人军队抢过来；或者打胜仗，俘虏别人的军队。

朱元璋的水军，就是抢过来的。

军事重镇和州东南靠长江，经过元兵几次围攻后，城里粮食奇缺，红巾军肚子饿了好多天。正对面是太平城（今安徽当涂），南靠芜湖，东北是集庆（今南京），东倚鱼米之乡丹阳湖，战略位置十分重要。要解决军队的粮食问题，并夺取金陵，只能打过长江去。可是江水滔滔，汹涌澎湃，没有几千条船和数千名熟练的水手，横渡长江只能是想一下。

朱元璋眼看对岸的粮仓，心里十分焦急。这时，朱元璋迎来他的救星——巢湖水军头目李扒头（国胜）。

李扒头也是英雄好汉。巢湖一带的豪族俞家——俞廷玉、俞通海、俞通源、俞通渊父子，廖家——廖永安、廖永忠兄弟，还有赵家——赵仲中、赵庸兄弟，双刀赵（普胜），全在他的手下。他们推举李扒头作大头目，双刀赵（普胜）坐二把交椅，结寨自保。有千余艘船只，万余名水军，安徽巢湖真比水泊梁山还威风。他们和庐州（今安徽合肥）的红巾军左君弼结下大仇，打仗总是输，派人来向朱元璋乞援。

朱元璋亲自到巢湖谈判，成功劝说水军渡江，两军整编。五月梅雨天，淅淅沥沥连下20天雨，江面地面一片汪洋，李扒头的大小船只全部开到和州。

六月初一，渡江战役打响。水陆大军乘风渡江，直达采石矶。这里是长江的南北咽喉要地，水面距离最短，过江最为理想。朱元璋亲率大军攻击，先抵达采石矶。

时元兵列阵于矶上，船距离岸边约有三丈，不能登岸。朱元璋正在焦急，常遇春飞舸而至。朱元璋大喜，常遇春挺起长戈，一跃而上，第一个登岸，所向披靡。诸军进击，元军平章完者不花、万户万钧、达鲁花赤普里罕忽里等弃城而逃，沿江的各个堡垒全部投降。

饥肠辘辘的红巾军早就饿得头昏眼花，一见粮食牲口，恨不得全部搬回和州去。朱元璋和徐达两人一商量，绝不能停留！命令大军不得打扫战场，必须乘胜前进，直取太平城。他们把船缆砍断，推入急流，霎时间，江面上千帆猎猎，顺流东下，一鼓作气打下太平城。

和州渡江之战，巢湖水军功劳最大。可李扒头起了歹心，想在船上摆酒庆功，杀朱元璋。

有人偷偷告诉朱元璋，朱元璋称病不去。过了几天，朱元璋设下鸿门宴，李扒头不明就里，欢天喜地去喝庆功酒。酒席上觥筹交错，十分友好，十分殷勤，大家全都烂醉如泥。尤其是李扒头，久吃败仗，今天大胜，好久没这么兴奋过了，是该好好地庆祝一下。既然是哥们儿，感情深、一口闷，那就喝个痛快吧！

李扒头很快烂醉如泥。朱元璋的部下刚才一个个喝醉了，现在忽然全都爬起来，将李扒头捆住手脚，径直丢到江里。李扒头来不及挣扎，就做了冤死鬼。暗算来暗算去，最后却算计到自己头上。

"双刀赵"一看阵势不对，趁乱逃跑。李扒头的部下没了主将，反抗不得，反正跟谁不是跟，干脆投降朱元璋。

7. 陶安献计夺南京

1355年二月，红巾军统帅刘福通在砀山（今安徽砀山）找到韩林儿，接到亳州立为皇帝，建立宋龙凤政权，或者叫韩宋帝国。韩林儿又号小明王，还新修宫殿，大模大样当皇帝，其实就是一个傀儡。刘福通的目的和曹操当年一样：挟天子以令诸侯，谋求政治优势。

刘福通立皇帝功劳最大，但是只捞到平章政事，杜遵道等没出力，却当丞相。刘福通十分不爽，暗地埋伏刀斧手，结果了杜遵道，自己当丞相。刘福通还不满足，不久改作太保，掌握东系红巾军的军政大权，可谓八面威风了。

当时全国都在跟蒙古人苦斗，韩宋帝国三路出兵向蒙古人总攻，结果差点把自己拼光。朱元璋想："鹬蚌相争，渔翁得利，这样的买卖最划算，让全国人民打去吧，你们谁打赢了，我只需要收拾赢家就OK了。"

小明王兵强马壮，为防备孙德崖吞并，郭子兴已经归附韩林儿。郭子兴气死后，小明王任命郭子兴的儿子郭天叙为都元帅（司令），朱元璋为副都元帅（副司令），张天祐为右副元帅（副司令），命令他们渡过长江南征。军中都打龙凤旗号，俨然小明王就是他们的主子。

郭天叙虽然是主将，发号施令，但没什么军事经验，打仗不行。张天祐胸无谋略，只有张飞般的匹夫之勇。

而朱元璋，手下猛将如云、文臣众多，有徐达、汤和等将领，有李善长、冯国用等文臣，虽然只坐第三把交椅，但在军队掌握实权，如鱼得水。对副都元帅这个职位，他拒不接受，心里十分不爽，愤懑地说："大丈夫岂能受制于人？"他知道，只有这两个元帅死了，这支军队才完全是自己的。因此，事事对郭、张元帅使心计，静静地等待机会，独吞郭军。

朱元璋有自己的小九九，偷偷在南方扩张势力，"高筑墙，广积粮，缓称王"。

占领太平城后，朱元璋得到当地知识分子陶安、李习。

陶安等率父老出迎朱元璋。陶安见朱元璋，对李习说："龙姿凤质，不是常人，我辈今有主了。"

朱元璋讨教时事。陶安献言说："方今四方鼎沸，豪杰并争，攻略屠杀城市，互相雄长，然而这些人志向在于夺取子女、玉帛，没有拨乱安民、救天下之心。明公率众人渡过长江，神武不杀，以此顺天应人而慰问不幸者、讨伐有罪者，天下足以平定。"

朱元璋问："我想夺取金陵，足下以为如何？"

陶安献计说："金陵是古代帝王之都，龙盘虎踞，又有长江天险。如果夺取这形胜之地，再出兵攻打四方，哪有攻无不克的道理？此是上天资助明公也。"

陶安是真正的战略家，见解居然和多年前冯国用的见解一模一样。英雄所见略同，南京果然是龙盘虎踞的好地方！

朱元璋大悦，礼遇陶安甚厚，从此凡有机密事，则与陶安商议。改太平路为太平府，任命李习为知府、李善长为帅府都事、汪广洋为帅府令史、陶安为参幕府事。公文还是用宋龙凤年号，旗帜、战衣皆红色。

为什么红巾军崇尚红色呢？这个是朱元璋崇尚火德王（即炎帝）的缘故。炎帝，是中国上古时期姜姓部落的首领尊称，号神农氏，传说由于懂得用火而得到王位，所以称为炎帝，又称火德王。在地为火，在天为日，民间把炎帝神化为火神和太阳神。

攻取金陵！不惜一切代价！朱元璋确立了首要目标。

元军已经大举围困太平城，形势危急！多次被朱元璋打败的地主武装陈野先，现在率领数万大军，水陆分道，进攻朱元璋。朱元璋的二夫人孙氏劝说朱元璋把官府的金银抬到城墙上，鼓励士兵拼死据守，然后派徐达、邓愈，绕到陈野先背后，设伏于襄城桥。前后夹攻，元军大败，陈野先被伏兵活捉。

朱元璋释而用之，杀白马乌牛祭告天地，和陈野先结成兄弟。

狡猾的陈野先使诈："你为什么让我偷生？"

朱元璋说："天下大乱，豪杰并起，胜则人来归附，败则归附于人。尔既以豪杰自负，岂不知不杀你的缘故？"

陈野先说：“那么要我军投降吗？这个容易。”

他修书一封，率部队投降。

其实，写降书只是缓兵之计，料想其众未必听从他的，明里写投降书，暗地里又不要他们投降，没想到部下就真的投降了，他后悔不已。

红巾军攻克溧水，将进攻南京。

陈野先听闻红巾军要进攻南京，私下告诉老部下：“你们进攻南京，毋力战，等我逃脱，与元兵会合。”

朱元璋闻其谋划，把陈野先请过来，告诉他：“人各有心，从元从我，不勉强你。”把他放走了。

元军攻克溧阳，陈野先也回来了，屯军于板桥，暗地里勾结元将福寿。

陈野先给朱元璋写去一封信，出鬼点子，阻止渡江：“南京城右环大江，左枕崇岗，三面据水，以山为郭，以江为池，地势险阻，不利于步兵作战。昔日王浑、王濬建造战船，谋之累年，而苏峻、王敦，皆非陆战取胜。隋取江东，贺若弼自扬州，韩擒虎自庐州，杨素自安陆，三道战舰，同时并进，才胜利的。今南京环城三面阻水，元帅与万军联络其中，建寨三十余里，攻城则忧虑元军断后。大帅莫若南据溧阳，东捣镇江，据险阻，绝粮道，示以持久，可不攻而下也。”

让朱元璋不要打南京，而是去打溧阳、镇江。

朱元璋已经稳操胜券，知其诈，回信批驳说：“历代攻克江南者，皆以长江天堑，限隔南北，所以必须会集舟师，方克成功。今我渡过长江，占据其上游，彼之咽喉，我已扼住，舍舟而进，足以克捷，自与晋、隋的形势不同。足下奈何舍弃全胜之策，而出此迂回之计？”

陈野先得到回信，知道计策失败。

1356年三月初一，朱元璋亲率大军，水陆并进，进攻金陵。

但陈野先跟朱元璋玩的只是“投名状”的游戏，结的是假兄弟。他进攻南京时，只呐喊不卖力，看打仗的人比真打仗的人还多。只有张天祐拼死力战，被元朝守将福寿打得落花流水。

张天祐、郭天叙都不知道陈野先的底细。朱元璋也故意不通报。

陈野先请张天祐和郭天叙吃酒，又是一场鸿门宴，把张、郭绑了，献给福寿。福寿看都不看，一刀杀了两个元帅。

元军大举反攻，红巾军大败，战死两万多人，进攻受挫。

陈野先一路追击红军到溧阳，经过葛仙乡，进入当地民兵的埋伏圈。

陈野先本来是条变色龙，叛来叛去的，现在是什么颜色，这些忠于元朝的民兵根本就分不清。民兵百户卢尔德茂把他误当红巾军的人，派遣50名青衣兵迎接他。陈野先没想那么多，与十余骑先行，这些青衣兵从背后用一柄长槊，将其刺杀。

现在，两个元帅都死了。郭子兴的整个军队完全是朱元璋的了，得来全不费功夫。

三月初三，朱元璋夺取江宁镇，活捉陈野先的从子陈兆先，俘虏3.6万人。陈兆先被俘后，押到朱元璋的大帐之下，朱元璋亲自上前为他松绑。陈兆先感动不已，于是投降，后来在鄱阳湖大战中英勇战死。

这天晚上，朱元璋命令500名刚刚投降的将士担任警卫，把自己的亲兵全部调出在外，寝室只留下冯国用一人在卧榻旁侍候。

朱元璋解甲脱衣，安寝达旦。投降过来的将士本来心生疑惧，惴惴不安，此时深受感动，愿为朱元璋效命疆场。几天后，冯国用率领这500名士兵进攻南京，冲锋在前，冒着疾矢弹雨，直抵金陵城下。

六月初十，两军在金陵城外大战，元军大败，主帅福寿兵败自杀。后得朱元璋厚葬。蛮子海牙逃跑，投奔张士诚。元军水军元帅康茂才等投降。

朱元璋率军进入南京，召集官吏、父老，说："元朝政治腐败，所在纷扰，生民涂炭。我率众至此，目的是为民除害。你们各守旧业，无怀疑惧。贤人、君子，有能跟我立功的，我以礼相待、一定重用。旧政有不便者，我全部废除。"

于是，城中军民欢欣鼓舞，更相庆慰。获得民兵50余万人。

朱元璋又聘用夏煜、杨宪、孙炎等12名知识分子，正规军队发展到10万人。

朱元璋占领南京后，改名应天府，作为自己的根据地。韩宋政府得知金陵大捷，任命他接任司令官兼江南行省负责人，封为吴国公。这一年，朱元璋年仅 29 岁。

谷应泰对此有精彩评价：

朱元璋起兵于濠梁，鼓其朝锐，所向披靡。六年之间，北取滁州、阳和，南收姑孰，南京一下，虽说是好运气，也有人事的因素。观朱元璋救民于涂炭，除残暴去苛政，纵还被掠妇女，不贪玉帛，采纳陶安之说，采用冯国用之谋，是其仁。褒嘉靳义，礼葬福寿，赴郭子兴之难，纵陈野先之去，是其义。攻克太平镇而延揽名士，进入南京而拊慰父老，是其礼。还军降定远，移师救六合，假借天语以拒毒害，环宿卫以定反侧，是其智。击海牙于黄墩，麾遇春于彩石，坐叱元使者，不奉韩林儿，是其勇。

因为朱元璋优秀，所以能集聚众多人才效力。徐达、汤和、朱文正、李文忠、李善长、冯国用、邓愈、胡大海、常遇春、廖永安，一时功臣，人如棋布。

然而，正当朱元璋势如破竹之时，部下却发生了几起叛变事件。

第一个是邵荣。他与朱元璋一同起事，南征北战，战功很大。朱元璋帐下 3 名骁将，除了徐达和常遇春，就是他了。1358 年，邵荣与徐达攻克江苏宜兴，第二年在杭州余杭大败张士诚。邵荣被提拔为中书平章政事，地位超过常遇春。

1362 年，邵荣在处州平定苗军叛乱后，回到南京，与参政赵继祖密谋暗杀朱元璋，欲率领海船投降张士诚，被宋国兴偷偷告发。

朱元璋不动声色，安排廖永忠设下鸿门宴，在席间逮捕两人，锁了脖子。朱元璋和他们喝酒，情绪十分激动，边哭边厉声质问："我们一同在濠州起事，只望事业成功，共享富贵，成为一代君臣，可是你们为什么要谋害我？"邵荣痛苦地说："我们连年在外打仗，攻城略地，非常辛苦，不能在家和妻子相守同乐，所以想杀你。"说罢，哭泣不止，坚决不喝。赵继祖抱怨说："我们如果早动手，哪有今日？今天像猎狗一样死在床下，多么窝囊！事已至此，哭有何益！"朱元璋一连和他们吃了几天送行酒，将两人用绳子勒死（另一说斩首于南京聚宝门）。

第二个是谢再兴。他是朱文正的岳父，和朱元璋是亲家。朱元璋没跟谢再兴商量，私自把他的二女儿谢氏嫁给徐达做老婆，引起不满。

1362年，谢再兴守浙江诸暨。张士诚的弟弟张士信来进攻，苦战20多天，没有得手。可是谢再兴不守军纪，派两个心腹在张士诚的地盘——杭州做生意，想捞点外快。这两个心腹被朱元璋逮住杀了，人头给谢再兴送去，挂在他的办事厅，警告他不要乱动。并将谢再兴降为副将，派参军李梦庚去诸暨约束他。谢再兴大怒："嫁女儿不让我知道！现在又让我听人摆布！"于是一气之下，把李梦庚活捉，献给绍兴的吕珍，投奔张士诚。

还有一个是郭子兴的三儿子郭天爵。郭子兴的军队归朱元璋指挥后，郭天爵一心想夺回父亲的位子，纠集郭子兴旧部，合谋除掉朱元璋。他们多次下毒谋害，没能得逞，郭天爵被朱元璋以谋叛罪处死。而郭大元帅的女儿现在终于成了孤女，于是将她纳为妾。

朱元璋挥刀铲除三个大敌，杀起来毫不手软，但是因此也患上猜忌多疑的毛病，终身不可救药。

8.鄱湖射死陈友谅

朱元璋定鼎南京后，西有陈友谅，东有张士诚。

占据浙江、江苏的张士诚，江苏泰州人，财力最为富有，表面上接受元朝政府领导，实际是割据一方的军阀。写《西游记》的小说家施耐庵、写《三国演义》的罗贯中都曾效力过张士诚。

陈友谅实力最强，野心最大，犹如好斗公鸡，连年打仗，东一榔头，西一棒槌，屡战屡败，士兵们都烦透了。

1360年，徐寿辉在蕲水建立的历时十年的天完帝国发生内乱。有点能耐的人全部张开大嘴，只等羊羔自己送上门。朱元璋的革命导师——彭莹玉已经牺牲，天完帝国掌握在丞相倪文俊手里。倪文俊出身渔民，想杀掉布贩子出身的皇帝徐寿辉，结果没杀成，倪文俊逃到湖北黄州。

这里是天完帝国的部将陈友谅的地盘。陈友谅也出身渔民，也是吃鱼不吐骨头的野心家。他将渔夫倪文俊杀掉，自己做了宰相，还不满足，又派人一锤子杀掉皇帝徐寿辉，自己当皇帝。于是改称陈汉帝国，建都武昌

（湖北武汉）。天完大将明玉珍驻扎成都，看不惯陈友谅弑主自立，1362年在重庆宣布独立，建立明夏帝国。

可惜陈友谅登基的那天，天气太差，一直在下大雨。他在龙椅上志得意满，可是他的部下心里拔凉拔凉的。赵普胜原来是李扒头的手下，朱元璋淹死李扒头后，赵普胜跟了陈友谅。陈友谅对这名勇士很不放心，成天睡不着觉，最后设了一个计，把他杀了，这下才睡踏实。1359年，陈友谅以会师为名，从江西江州（今九江市）突然来到安庆，赵普胜给他送去烧羊，刚一登船，便被陈友谅的人杀害了。赵普胜手下的几员大将，吓得赶紧投降朱元璋。

而朱元璋决不轻易打仗，"养威俟时"，战则必胜。他写了一首《咏菊》诗，就体现了这种后发制人的风格——

"百花发时我不发，我若发时都吓杀。要与西风战一场，遍身穿就黄金甲。"

不过，朱元璋夹在陈友谅和张士诚中间，日子难过，经常被两面夹击。1360年，陈友谅进攻朱元璋的前沿阵地太平城，守将花荣英勇战死。

敌人已经打到家门口，现在是灭掉大赢家的时候了！先灭谁、后灭谁，这道算术题很考验人的智慧。

浙江青田（今浙江文成县）人刘基拼尽登峰造极的智慧，说出了五个字：先灭陈友谅。

他搬出擒贼先擒王的策略，对朱元璋说："张士诚，不过是自守家门的怯懦小人，没什么大志向。而陈友谅就不同，杀主自立，骄傲自满，野心勃勃，没有一天不想消灭我们，应该先灭掉陈友谅。"

这个计策非常关键，一条妙计有时胜过20万兵马。如果出的是妙计，20万兵马可以让60万兵马灰飞烟灭。如果出的是孬主意，朱元璋的20万兵马也就玩完了。

说起刘基，也倒是个神人。1360年三月，刘基与宋濂、章溢、叶琛等四人到南京见朱元璋，朱元璋大喜，创礼贤馆，让他们为之工作。

刘基自幼聪明过人，凡天文、兵法、性理诸书，只要看过，洞识其要。刘基曾与友人游西湖时，天空中有异云起于西北，一起游玩的人都说是祥云，大家分韵赋诗。只有刘基只顾大口喝酒不赋诗，说："这个是天子之气。十年后应在南京，我当辅佐他。"

当时杭州正处于全盛时期，还是张士诚的地盘。一起游玩的人都大骇，以刘基为狂人。只有西蜀的赵天泽以刘基为诸葛孔明之流。有说客劝刘基辅佐张士诚，说："现在天下纷扰，以公之才略，划长江而守，此是越王勾践之大业。你舍此不为，就想悠悠然安淡下去吗？"刘基拒绝辅佐张士诚，说："我生平最恨方国珍、张士诚辈所为，用你的计策，与他们何异？天命将有归，你姑且等待。"

等朱元璋占领金华，平定括苍，刘基对朋友说："此天授，非人力也。"当朱元璋派人来招聘人才，刘基遂决计来到南京，陈上时务十八策，被朱元璋采纳。

朱元璋一天从容问陶安："刘基四人之才如何？"

陶安说："臣谋略不及刘基，学问不及宋濂，治民之才不及章溢、叶琛。"

朱元璋深表赞同。留刘基帮助运筹帷幄，参与机密谋议。

1361年正月，中书省设御座，大家向小明王的空座位行庆贺礼。

心里看不起小明王的刘基见了大怒："他就是个放牛娃，奉他做什么？"坚决不拜。

朱元璋召入刘基，问他为什么不拜小明王。刘基遂陈述天命在朱元璋，不在小明王。朱元璋大感悟，定下征伐之计，要废了小明王。

这一次，刘基建议先灭陈友谅，朱元璋于是把头号敌人定为陈友谅，决定先啃下这块硬骨头。

南昌是南京的第一道屏障。1363年，南昌保卫战打响。陈友谅打造高数丈的三层红色大船，率60万大军包围江西南昌。南昌守将不是什么蓝玉，而是朱元璋的亲侄子朱文正。他拼命死守，打得异常惨烈。城墙数次被陈友谅攻破，朱文正用火铳将敌人打退。双方激战85天，死伤惨重，尸体狼藉，大家脚踩尸体作战。

朱文正的坚守，将士们的流血，为朱元璋集结军队赢得了宝贵的时间。直到七月，朱元璋亲率 20 万大军来救。陈友谅连一个小小的南昌都拿不下，锐气大挫，掉过头来对付朱元璋，双方大战鄱阳湖。

大战开始前，朱元璋埋下伏兵，切断陈友谅逃往长江口的退路，造成关门打狗之势。

陈友谅没什么文化，可能不读《三国》。他将几十条大船用铁索相连，人在湖上如履平地，一连十几里，好不气派。而朱元璋都是白色小船，仰头才能望见大船上的敌人。20 万人打 60 万人，装备还这么差，朱元璋真想以卵击石吗？

毕竟朱元璋是足智多谋的统帅，还有经验丰富的幕僚出谋划策。而陈友谅，虚骄自大，暴躁多疑，将士们只有听从的份儿，不敢说个不字。陈友谅是远征之师，后路被切断，粮食供应不足，士兵们打南昌打了 85 天，久攻不下，早就疲惫不堪，饿着肚皮，失去斗志。朱元璋则有南昌和大后方，源源不断地供应粮草。

朱元璋想到火烧赤壁的战术——火攻。他们用大量火炮狂轰敌人的木制"航空母舰"，一烧一大片。组织敢死队，用小船满载火药和芦苇冲入敌阵，将敌方战舰引燃，同归于尽。短兵相接时，11 支水军先发火铳狂轰滥炸，再用弓弩射下箭雨，最后跳上敌船，展开白刃战。杀声震天，火光熊熊，湖面漂着的尸首，把湖水都染红了。战斗非常激烈，朱元璋身边的警卫员全部战死，白色坐舰被火炮打碎，换了船竟然搁浅，动弹不得，朱元璋差点被俘。猛将拼死冲杀，才将朱元璋救出。

打了 30 多天，陈友谅弹尽粮绝，所有的家底几乎拼光。落到陈友谅手里的士兵全部被杀，而落到朱元璋手里的士兵全部受到优待，有伤治伤，愿意回去的，全部放还。

陈友谅内部又发生严重分歧。右金吾将军建议陈友谅逃跑，烧掉所有战船，全军弃船登陆，逃往湖南，以保存实力。而左金吾将军主张再战。陈友谅同意立即逃跑。左金吾将军怕得要死，立即投降朱元璋。右金吾将军一看大势已去，也跟着投降。陈友谅一看，左膀右臂没了，急急忙忙下令退兵。朱元璋哪里肯放？命令白船堵住陈友谅的退路。陈友谅心里叫苦，在船里听到外边打得热闹，憋不住，想看看外边怎么样了，头刚探出船舱，就被一支乱箭射穿头颅，当场死亡。

树倒猢狲散，士兵只顾自己逃命。大将张定边和陈友谅的儿子陈理，连夜逃跑，划着小船，将陈友谅的尸首运回武昌（在武昌至今有墓）。

经过长达36天、24小时不间断的战斗，朱元璋终于剪除劲敌，并霸占陈友谅的一个妃子。女人在战争年代只不过是战利品，被人抢夺来抢过去。作家就此杜撰，朱元璋的第八子、长沙潭王朱梓是陈友谅的遗腹子，与这个妃子合谋造反。其实朱梓生于1369年，陈友谅死后6年才出生的！

第二天，朱元璋焚香拜天，慰劳将士，心有余悸地对刘基说："如果陈友谅顺流而下，直捣守备空虚的南京，我们进退不得，肯定失败。幸好他不直攻南京，却去围攻南昌，朱文正坚守南昌3个月，给了我充分的时间集中兵力。陈友谅的计策这么下三滥，不败才怪呢！"

朱元璋亲自率领大军，围困武昌，围而不攻长达半年之久。张定边受不了，调驻扎在岳州的猛将张必先来解围。张必先被常遇春打败，做了俘虏，张定边和陈理无奈之下只好投降。

朱元璋这时已经成为天下第一猛男，统兵百万，风采丝毫不逊于当年的黄巢。他在行军打仗间隙，手不释卷，狂啃书本，学问大有长进，写文章洋洋洒洒下笔千言，令文臣们十分佩服。他的诗歌也写得像模像样。一天，朱元璋走进一座庙宇，名叫"不惹庵"。老和尚问他贵姓。他写了一首诗递给老和尚：

"杀尽江南百万兵，腰间宝剑血犹腥！山僧不识英雄汉，只顾哓哓问姓名。"

老和尚看了天下第一猛男的歪诗，打个哆嗦，顿时无语！

9. 棒杀江浙张士诚

陈友谅军队强大，张士诚财力富有，优势都胜过朱元璋。在三足鼎立的情形下，任何两方携手攻击第三方，第三方必败无疑。但是，为图自保，这种二打一的结盟局面始终没能形成。大家各自为战，最终被有勇有谋的朱元璋——击破。

陈友谅骄傲自大，张士诚器量狭小，所以，朱元璋作出先灭陈友谅的正确决策。鄱阳湖之战，张士诚果然不敢迈出苏州一步。沉溺于享乐的军队，终究是要灭亡的。张士诚，就死在贪图安逸上。

张士诚出身盐贩子，1353 年率领农民起义，逐渐占据东吴，包括富得流油的浙江、江苏以及淮南一带。他 1354 年自称诚王，建立大周政权，建都平江（今苏州）。

张士诚的名字是知识分子给他取的，"士，诚小人也"，暗骂他是小气鬼。

占据吴地（今江苏南部地区）以后，这一带很多年平安无事，经济繁盛，张士诚就逐渐变得奢侈、骄纵起来，不过问政务。他是个大懒汉，懒得说话，懒得管人，懒得出门，养尊处优惯了，懒得打理朝政，没什么进取心，整天忙着和将相们开宴会、看歌舞。朱元璋说他"终岁不出门，不理政事"。元朝势力大，他就投降元朝，元朝不行了，他就自立为诚王。

他控制着富得流油的江浙一带，反正只要有饭吃、有房住，哪管得了明天和后天？

暖风吹得将士醉，数十万军队享乐惯了，军纪十分败坏。高级军官们忙着修造房子，包养女人，买卖古玩，日日笙箫，夜夜歌舞，带兵打仗不忘带着妓女，或者招揽能说会道的游谈之士，赌博、踢球，以便消磨时光。张士诚的弟弟张士信、女婿潘元绍贪婪敛财，金玉珍宝和古代书法名画，堆满了屋子，天天唱歌跳舞，极尽娱乐之欢。

沉迷享乐的军队犹如一把软骨头，不堪一击。他手下的将帅们平时训练拖拖拉拉，不肯服从命令，要打仗了，一个个士兵们就开始装病，索要大量田宅、封赏高官，然后才肯出兵打仗。打仗不出力，吃了败仗，张士诚也不追究将领的责任，仍然让他继续带兵。

他弟弟张士德还算有才能的人，在常州一战中被徐达俘虏，誓死不降，被朱元璋杀掉。张士诚又任命张士信做丞相。可是张士信做了丞相游手好闲，忙着搞贪污腐败，日夜歌舞升平，每天不玩爽，绝不睡觉。

在消灭张士诚的策略上，常遇春主张，直取张士诚的老巢苏州。但是，朱元璋采纳了名儒叶兑的主张：打苏州，湖州、杭州守军必然来救，不容易取胜。而先打湖州、杭州，怯懦的张士诚必定不敢来救，这样就能集中兵力，各个击破，最后拿下苏州孤城。

叶兑果然是对的。

1366年，徐达、常遇春率领20万大军，攻击湖州，张士诚手下的大将李伯升、吕珍投降。李文忠进攻杭州，杭州守将潘原明、谢五，不战而降。

1367年，徐达、常遇春、汤和、王弼、耿炳文等，从不同方向包围苏州，用襄阳炮日夜轰击。激战中，大周宰相张士信还是不忘记老本行——玩女人，竟然还在城头上和妓女饮酒作乐，好像下面不是在打仗，而是在闹元宵。襄阳炮一炮轰来，张士信人头不知飞到哪里，做了风流鬼。

苦战10个月，该吃的粮食都吃完了，士兵快饿死了。

徐达几次派降将、张士诚的结拜弟兄李伯升劝降，张士诚都闭目不答。

张士诚亲率士兵突围，横竖都是死，每个人都杀红了眼。常遇春快顶不住了，找到王弼，拉着他的手臂说："军中皆称你是健将，能为我打退这些疯子吗？"

王弼就说了一个字："诺。"

骑着战马就冲上去了，挥舞双刀奋击，刀光过处，无不人头落地。张士诚尿了，稍微退却，凶猛的攻势停止了。常遇春率众猛攻，吴兵大败，人马溃散，纷纷跌进沙盆潭里淹死。张士诚的战马逃跑过程中堕入水中，将主人淹了个半死，士兵慌手慌脚地将他塞进轿子，抬进城里，此后再也不敢复出，真是被王弼的双刀吓破了胆。

张士诚外无救兵，内无粮草，绝望了。朱元璋的虎狼之兵攻进苏州。

张士诚在府邸中听闻城溃，对老婆刘氏说："我兵败且死，你怎么办？"刘氏冷静答道："君勿忧，妾必不负君。"说罢，怀抱两个幼子，在齐云楼下积下柴火，与几个小妾登楼，令人纵火焚楼，然后自缢。

张士诚独自呆坐室中良久，望着齐云楼的大火欲哭无泪。他一把火烧光征收税收的鱼鳞图籍，又一把火烧死其他家属，关起门来，上吊自杀。

张士诚旧将赵世雄忙上前解救下来。

朱元璋军队进来了。张士诚的结拜弟兄李伯升等请张士诚上船，由水路送往应天府。

他不肯投降，绝食求死。在南京，朱元璋问话，他装聋作哑，一句都不理会。李善长问话，他破口大骂。朱元璋暴跳如雷，一阵乱棍打下去，张士诚鲜血迸流，骨骼咔嚓咔嚓地断裂开去，一代枭雄就这样死了（又一说是用弓弦自杀），年仅47岁，东吴灭亡了。朱元璋又将他的尸骨烧成一把灰，让他死无葬身之地。

张士诚在苏州经营十余年，保境安民，轻徭薄赋，救济贫民和老年人，为群众做了不少好事。苏州人怀念张士诚的仁德，每年农历七月三十日，为张士诚烧香，名为烧"久思香"（即九四香，张士诚的小名"九四"）。据说，朱元璋因此生疑，命地方官查询，民间就撒谎说是祭祀"地藏王菩萨"。

两个强大的敌人灰飞烟灭，朱元璋再也不用挟天子以令诸侯。1366年年底，朱元璋派大将廖永忠到滁州迎接小明王。在瓜州渡江，廖永忠在江心故意把船凿沉，让小明王做了水鬼。

廖永忠回到南京复命。朱元璋表面悲痛，其实心里暗爽：小明王死了，我就是大明王了！

朱元璋不仅百般抹杀在小明王手底下打工的历史，并且绝口不提龙凤政权，拒绝承认是他们的部下，反而骂韩林儿是妖人。连他当年在镇江西城打败东吴的纪功碑，因为上面刻有龙凤年号，也被朱元璋捶毁。所有文书上的龙凤史料，都被销毁得干干净净。

10. 炮烙福建陈友定

1368年，汤和擒获元朝大将陈友定，平定福建。陈友定也是贫苦农民出身，深受元朝宏恩，一路升为封疆大吏。陈友定农民的本色一直没变，年年给北京运粮，只图报效朝廷。战斗打到最后，福建延平沦陷，他决定以死报国。

陈友定服毒自杀，也没死成，成了俘虏，被押送到南京。朱元璋厉声责问他的罪状，陈友定高声回答："国破家亡，死就死了，何必废话！"朱元璋大怒，这时候内心的残暴也和商纣王一样。商代的炮烙之刑在朱元璋手里又复活了。

炮烙之刑，有的说是夏桀发明的，有的说是商纣王发明的。商纣王的确经常使用这种刑罚来镇压心怀不满的百姓和反对他的诸侯。具体方法就是：烧起熊熊的炭火，把架在上面的铜柱烧得通红，让罪犯在上面行走。胆战心惊的罪犯在上面还没走几步，就疼痛难忍，倒入炭火中被烧死。纣王的爱妃妲己，在一旁看到这惊心动魄的场面，乐得拍手大笑，直呼过瘾。

到了辽代，炮烙之刑是用通红的铁片烙人的肌肉，让人痛不欲生，但还不至于马上死亡。辽代的穆宗是个地道的酒鬼，经常用炮烙之刑惩罚为他准备酒食的服务员。

朱元璋用的完全是商纣王的办法。他命令人架起炭火，将铜柱烧得通红。如狼似虎的士兵将陈友定强架上去。陈友定一阵哀号，倒入火中，一阵青烟飞起，立即化成一把灰。父子两人当天同时遇难。

同年，元朝各地军阀互相残杀。徐达一路北伐，占领元朝首都北京。荒淫的元顺帝，抛下他的酒池肉林，半夜打开建德门，从居庸关逃走，最后逃到位于内蒙古的上都，两年后死去。

在轰轰烈烈的北伐中，朱元璋1368年正月在南京称帝。他对自己伟大的战功非常得意，年号定为"洪武"。朱元璋认为自己就是"明王"，所以叫明朝。穷叫花子终于过上一统天下、纵横四海的好日子。

此后，大军逐步统一全国。1371年，攻入四川，灭掉明夏帝国。1381年，攻占云南，宣告统治中国近百年的元代帝国彻底覆灭。

经过16年艰苦卓绝的战斗，胜利最后属于41岁的朱元璋。1368年一月二十三日，昔日安徽的小叫花子即位，当了大明皇帝。

朱元璋对手的后裔也受到惩罚。至今，在浙江杭州、淳安、建德等地仍广泛流传着"九姓渔民"的故事。陈友谅等人的宗族被贬为贱民，世代不能在岸上居住，只能在水上以打鱼为生，至清代雍正年间才脱离贱民身份。今天，后裔们早已恢复做人的自由，"九姓渔民"作为非物质文化遗产融入当地的水上婚礼等习俗之中。

二、政治绞肉机

1. 打下江山赐毒酒

朱元璋思考元朝失败的原因，得出一个重要的结论：元朝的武力，天下第一，然而这么快就失败，是因为朝廷没有权力。权力都在地方手上掌握着，导致国家出大乱子。

朱元璋决定反其道而行之，将地方的权力集中到中央。他1376年完成地方政治体制改革，4年后进行中央政治体制改革，把地方和中央的大权都抓到自己手里，防止权力旁落。他在法律上以猛治国，刑用重典，手腕稳、准、狠，跟秦始皇的严刑峻法差不多，以吓唬官员、百姓不敢犯罪。

想当年，君主何等融洽！

正如朱元璋诗歌《东风》，足见开国初期之繁花盛景的气象——

"我爱东风从东来，花心与我一般开。花成子结因花盛，春满乾坤始凤台。"

那是在1370年，朱元璋论功行赏，封6人为公爵——韩国公李善长、魏国公徐达、郑国公常茂（常遇春的儿子，常遇春去世较早）、曹国公李文忠、宋国公冯胜、卫国公邓愈。他们是国家和军队的卓越领导人，精英中的精华、英雄中的勇士！

28位大将军被封为侯爵：汤和、唐胜宗、陆仲亨、周德兴、华云龙、顾时、耿炳文、陈德、王志、郑遇春、费聚、吴良、吴桢、赵庸、廖永忠、俞通源、华高、杨璟、康铎、朱亮祖、傅友德、胡美、韩政、黄彬、曹良臣、梅思祖、陆聚、郭兴（已去世）等。在公侯伯子男五级爵位中，公和侯是最高的两级，地位十分尊崇。陆游的梦想——"当年万里觅封侯，匹马戍梁州"。而这些人比陆游幸运得多，封公封侯，总可以光宗耀祖、名垂青史了。

正是他们出生入死，东征西讨，才换来朱元璋的大明天下。

朱元璋也待他们不薄，给予高官厚禄，赐给他们大量土地，也算对得起他们。韩国公李善长做中书省左丞相，魏国公徐达做右丞相，曹国公李文忠做军队一把手（大都督）。

这34个人总共拥有38194户佃农，供养他们，人均达到1123户佃农。朱元璋还跟他们攀亲戚，把郭英的妹妹纳为自己的宁妃，把冯胜、蓝玉、徐达的女儿嫁给皇子，把公主下嫁给李善长、傅友德、胡海、张龙等人的儿子。

这些军事贵族战功大，享有很高的社会特权。朱元璋还颁给他们一枚神物——铁券。有铁券，人就跟猫一样，好像有九条命，死过一次还能转世。本人或子孙犯罪，可以免死数次。

功臣多是朱元璋的安徽同乡。"徽官"掌握全国的军政大权，结成淮西集团，倾轧其他的政治集团。当时的诗人贝琼眼中看到的达官贵人多半是安徽人——

"两河兵合尽红巾，岂有桃源可避秦。马上短衣多楚客，城中高髻半淮人。"

但是，铁券不是使人一次次复活的神药，而是引诱功臣加速犯错、加速自杀的速死铁牌。仗着有铁券，不少人迅速腐化变质。杀人伤人、恃强凌弱、霸占土地、逃税漏税、奸淫妇女、吃喝嫖赌、贪污纳贿，甚至造刀枪、穿龙袍、使用龙凤图案的都有。只是他们忽略了一个常识：伴君如伴虎，功高则震主。功臣太强，让朱元璋感到害怕，梦里都担心部下造反、江山不保，子孙后代会做别人的阶下囚。

在朱元璋看来，这些功臣对王朝的长治久安构成严重威胁，因此要无情地清洗。尤其对其子孙构成威胁的人，必须除之而后快。只有杀，才能确保他以及嗣君控制住军队，不丢宝座。

他扣在功臣头上的罪名也非常模式化：谋反和连坐。只要想杀人，肯定有人站出来揭发他谋反。因为没有什么罪名比这两条更毒辣、更方便，而且一查一个准。谁敢让他不爽，谁敢越雷池一步，那无异于找死。他一杀就是一家人，有时杀人手段十分残忍。

朱元璋对功臣进行无情清洗，一大诱因是朱标的死。

朱标：仁厚储君爱跳河

朱元璋有 26 个儿子，但是成器的不多。他一直在思考的是——这么大的江山，我死之后，交给谁来坐？

长子朱标当然是最合适的人选。

朱标传说为马皇后亲生。朱元璋一登上皇位，就给马皇后吃了颗定心丸，册立 13 岁的朱标为皇太子，即未来的国家领导人，也算是对得起这位相濡以沫的奇女子。朱元璋聘请浙江名士宋濂等人为太子的老师，希望将朱标培养成合格的接班人。朱标天资聪颖，练习处理国事，进步很快。他跟父亲使用刚猛手段不同，处理国事总是宽大为怀。朱元璋讨厌他心不够黑，手腕不够狠，两人经常为此发生矛盾，政见宛如仇敌，尿不到一个壶里。

一个在血水里泡大的，一个在儒学学堂里熏陶大的，不同的经历造成两人性格迥异，治国理政套路不同。

他俩一个野蛮一个文明，一个刚猛一个仁柔，一个总是暴躁狂怒，一个总是冷静理性，一个恨铁不成钢，一个恨父如虎狼，一个杀人不眨眼，一个见父亲杀人，必定据理力争，阻止滥杀。《明太宗实录》说懿文太子以柔弱牵制文义，不称太祖意，倒也有部分依据。当一个倔强的太子面对一个高压手段的父亲，摩擦不可避免。朱标没少遭罪，被父亲打骂是常事，甚至曾被父亲拿剑追砍。

朱标有长兄之风，朱元璋有严父之威。朱元璋对杀贪官冷面无情，对整儿子也毫不手软。

1390 年，朱元璋的第八子朱梓，因为他的岳父牵连进胡惟庸案，朱元璋要他从封地长沙来南京禀报。朱梓夫妇吓得魂不附体，自杀了事，等于自绝于皇帝，封国被废除。

镇守山西太原的晋王朱棡是朱元璋第三子，是朱棣的主要竞争对手。朱棡长得帅气，修目美髯，顾盼生威，颇具才智。

年轻气盛的朱棡在就封太原的途中，因为一件小事，把厨师暴揍一顿。朱元璋修书一封，教他做人说：厨师掌管你的饮食。谁都可以得罪，你怎么能得罪厨师呢？你难道不怕被毒死吗？

朱棡后来多次杀人，先将人拴在马上，然后打马狂奔，将人车裂，属下见了无不胆战心惊。朱元璋听说儿子手段如此残暴，想将朱棡废为庶人。太子朱标为三弟求情，一把鼻涕一把泪，朱元璋才回心转意，还是让朱棡当晋王，守卫边塞。

君父之命不可违抗，但朱标有时委曲求全，迁就父亲。

朱元璋很宠爱孙贵妃，在妃子里排名第一，敏慧端庄，中规中矩，马皇后对她也很欣赏。孙贵妃18岁时就跟了朱元璋，生下四个女儿，就是没生出儿子，可惜只活了32岁，就死了。在如何处理丧事上，朱元璋和朱标又干起来了。朱元璋要为孙贵妃抬高丧葬规格，要太子服齐衰杖期，但是被直接拒绝。

说起来有点复杂。古代齐衰具体分四个等级：齐衰三年、齐衰杖期、齐衰不杖期、齐衰三月。朱元璋和孙贵妃没儿子，就命令周王朱橚，按照为亲妈服丧的规格——最顶级齐衰三年的规格服丧，时间为三年，而太子、各个藩王都按第二等齐衰杖期服丧，丧服与齐衰三年完全相同，只是丧期较短，时间为一年。

朱标和藩王们不是孙贵妃的亲生儿子，只是其他儿子为庶母（指父亲的姜）服齐衰杖期，在历史上还从来没有过。朱标拒绝有他的理由，他说："按照礼数，只有士为庶母服缌麻，大夫以上的人为庶母不用穿丧服，诸侯的庶子（低于嫡子）也不为庶母穿丧服。陛下贵为天子，更何况我是天子嗣君，怎么能为庶母穿丧服呢？儿臣为庶母缌麻，不是敬宗庙、重继世的做法。"缌麻丧是五种丧服中最轻的，以细麻布为孝服，服丧三个月。

朱标不愿意服齐衰杖期，大大伤了父亲的心。

朱元璋大怒，抽出长剑，就要刺朱标。太子大惊失色，一边逃跑一边嚷："你下手这么狠，我肯定要跑了（大杖则走）！"大杖则避，小杖则受，古人挨打也是有原则的。

太子赶快逃走了。江南大儒、太子的老师桂彦良就劝太子："礼数可以缓一缓，君父之命不可违抗，不然会生出嫌隙。"太子感悟，同意以齐衰之礼为孙贵妃服丧。桂彦良给太子穿上丧服。太子向朱元璋谢罪，求得朱元璋的谅解。

但是在关键问题上，每当朱元璋要跳出来杀人时，朱标挺身挡刀、绝不退缩，不惜以死相逼，逼迫父亲同意自己的意见，客观上起到了政治阀门的缓冲作用。

朱标精神上痛苦，几次真的想死。

宋濂的死，让朱标深受打击。

"浙东四先生"之一的宋濂是非常著名的作家、学者，浙江浦江人，是太子朱标和其他王子的老师。

宋濂早年入青萝山中著书，不下书屋若干年。得郑氏藏书数万卷，无不尽阅，阅无不尽记，著书凡千万言。不事生产，有名士之风。宾客不至，几天不整冠。或携朋友、学生赏花，谈笑竟日。或独卧长林，下看晴雪堕松、顶岭云出，悠然自乐。

1359年，朱元璋命婺州郡设学堂，召宋濂为婺州郡学"五经"师，开始讲学。后来到南京担任江南等处儒学提举（主管专门事务）、礼贤馆馆员、撰修《元史》总裁官、翰林院学士、太子赞善大夫、翰林学士承旨（翰林学士之长）等职。

宋濂与高启、刘基并称"明初诗文三大家"，文章淳厚飘逸，如武库一开，千珍万宝，光彩灿然。刘基自称文章不如宋濂，只能屈居第二："宋濂文章第一，其次，臣不敢多让，又其次张孟兼。"王世贞也推宋濂为文坛第一："文章写得最好的，无过宋濂、杨士奇、李东阳、王守仁。"

宋濂一生好学，未尝一日去书卷，于学无所不通。朱元璋有学问方面的事情，都会请教宋濂。朱元璋曾向宋濂请教帝王之学，应该读什么书最好，宋濂给他推荐南宋理学家真德秀创作的政治哲学类著作《大学衍义》。朱元璋命人将书中内容贴在宫殿两边墙壁上，召集诸大臣，让宋濂给大臣讲解《大学衍义》中司马迁论黄帝、老子之说。朱元璋说，宋濂事朕19

年，未尝有一言之伪、讥讽一人之短，始终无二，不只是君子，抑可谓贤者。

朱元璋和宋濂交情深厚。宋濂的孙子宋慎，与宋濂、叔叔宋璲共同在内廷为官，一时传为佳话。看到宋濂年老体弱，步履蹒跚，朱元璋必定命令宋璲、宋慎好好扶着。

1377 年，宋濂要告老还乡了，朱元璋亲自饯行，举杯道谢帝师教子之恩，并命宋慎送其安全回家。临行前，双方约定，宋濂每年来宫内觐见皇帝一次。此后，宋濂每年乘着帝庆节的机会，如约到南京觐见朱元璋，为他祝寿。

1380 年，宋慎牵扯进胡惟庸案被诛杀，宋濂与胡惟庸关系疏远，仍然连坐。宋濂自身无罪，只不过是宋慎的爷爷而已，朱元璋却不顾几十年的旧情，想处死宋濂。

朱标对老师感情深厚，听说朱元璋要杀宋濂，坚决不干，苦劝父皇留他一命。

太子哭泣进谏："儿臣愚笨憨直，无其他老师。希望陛下怜悯儿臣，宽恕他的死罪（贷其死）。"

朱元璋大怒，说："等你为天子后再赦宥他！"自己一定要严办宋濂的，坚决不听太子的。

太子惶惶然，六神无主，又气又急。

已是接班人的太子当着朱元璋的面，气得跳水自尽。这个完全是心境的写照，没有任何戏精表演的成分。

人们吓得魂飞魄散，纷纷跳下水救人，有些人连衣服和鞋子都来不及脱。

朱元璋且喜且骂："痴儿子，我杀人与你何干？"

等大家把太子救起来，朱元璋又对这些见义勇为者下了一道奇怪的命令：脱衣服的站一边，没脱衣服的站在另一边。

没脱衣服的，每个人官职连升三级（凡衣履入水擢三级）。

朱元璋对赤裸着身体、光着脚的救人者恶狠狠地说："你们到底是救人还是害人？脱了衣服去救太子，只怕太子早就淹死了！"把脱衣服、鞋子的都杀了（解衣舄者皆斩之）。

这就是他的混账逻辑。脱衣服去救太子，同样是见义勇为，而在他眼里，这些人是不忠不义的人。

儿子为宋濂求情的话他不听，马皇后劝阻朱元璋说："百姓家为子弟请老师，尚且尊师之礼始终完备，何况天子呢？而且宋濂家居，对孙子的事必不知情。"但朱元璋还是不听。

马皇后侍候皇帝吃饭，不喝酒也不吃肉。看皇后吃得这么清淡，皇帝问其故。马皇后回答说："妾为宋先生作福事也。"听到马皇后为宋濂斋戒求福，朱元璋感到恻然，投箸而起，不吃了。

第二天，赦免了宋濂的死罪，把他全家流放到茂州（今四川省茂县）。1381 年，72 岁的宋濂从浙江浦江向四川出发，一路西行，本来已经步履蹒跚了，艰辛的旅途让他疲惫不堪。不知道是走路，还是坐车，总之，走到今天的重庆奉节县，他得了一场大病。临终时，宋濂正襟端坐，拱手而逝。莲花山下，多了一座孤独的坟冢，后蜀王朱椿得知，将其转葬于华阳城东。

"（宋）公之量可以包天下，而天下不能容公之一身。公之识可以鉴一世，而举世不能知公之为人。"

一代宗师流窜蜀道而死，让朱标伤心欲绝。

直到 1496 年，明孝宗下诏恢复宋濂的官职，为他平反。

朱标又一次自杀，是同詹徽闹矛盾。

詹徽，是个"官二代"，父亲为吏部尚书、翰林学士詹同。詹徽颇有才智，勤于治事，办事果断，因为"好窥上旨"，做事能称皇帝心意，因此为皇帝信任。他大器晚成，考中秀才已经 48 岁，仅仅两年，就爬上正二品的左都御史，后位居太子少保、吏部尚书。蓝玉等重要案件，都交给詹徽审理。

詹徽喜欢窥探圣意，审案从重从快，但他报复心也有点强。

詹徽的同僚凌汉，升任右都御史，经常当面批评左都御史詹徽，为后者记恨。后来凌汉被詹徽弹劾，降职左佥都御史。朱元璋怜悯凌汉年老，赐凌汉回老家。凌汉赖在南京不愿意回去，说："臣愿生居京都，死葬京土。"等詹徽因为蓝玉案被杀了，凌汉才愿意退休回乡。朱元璋问他为什么这么贱骨头，不早早回老家。凌汉才说出自己的小心思："那时詹徽还在当官，臣有后顾之忧，不敢回去；现在詹徽伏诛，臣无后顾之忧，才敢回乡。"

詹徽和朱标一起审录罪行严重的罪犯时，朱标倾向于从轻处置，而詹徽倾向于从重处理。詹徽早对圣意摸得透透的，所以才敢跟太子顶撞。两人闹得不可开交，闹到了朱元璋这里。

朱元璋对太子说："詹徽的做法是对的，你的做法不对。"

朱标顶嘴："应以仁厚治天下。"

朱元璋勃然大怒："等你坐了天下，再来这样做吧！"

这句话是气话，可以理解为：你等我死了，你当皇帝，再实行宽仁之治，对罪犯宽大处理。

另一层意思是：只要有我在，你就得听我的。听起来没什么大不了。

但在朱标听起来，就接受不了，惊惧不已，竟然跳进金水河中自杀，被人救起后，一病不起。临死前，朱标对儿子朱允炆说："我的死，是詹徽那老贼引起的，别忘了替我报仇！"

后来朱允炆当了皇太孙，和詹徽一起审理蓝玉案，借机杀了詹徽。

这个有杜撰的成分，但朱标真正因病去世，是在考察西安之后。

朱元璋对建都南京不满意。当时，朱元璋以南京、开封为南北两京，安徽临濠为中都。

御史胡子祺上书陈述建都之地，分析各地优劣。他说："天下形胜之地，有四个地方建都。河东地区（指山西）地势高，可以控制西北，尧曾经建都于此，但是其地苦寒，太穷了。开封襟带黄河、淮河，宋代曾经建都，然而其地平旷，无险可守。洛阳古代周公占卜过，都是吉兆，周平王、汉高祖刘邦都把首都迁到这里，但是河南的嵩山、邙山没有陕西崤山和函谷关（今陕西潼关以东至河南新安县地）、终南山形势险要，洛阳的涧河、瀍河、伊河、洛河没有泾河、渭河、灞河、浐河水势浩大（注：西安有

'八水绕长安'之说，八水指渭、泾、沣、涝、潏、滈、浐、灞八条河流，在西安城四周穿流）。占据以二敌百的山河险固之地，让各地诸侯抬头仰视、俯首称臣，举天下都不如关中。"

胡子祺把西安这个地方夸成了一朵花，说它胜过了山西、开封、洛阳，忽悠得朱元璋一愣一愣的。汉唐雄风今犹在，朱元璋对唐太宗仰慕已久。而中国历史上，西北军力一直很强。建都长安，既可抑制北方蒙古势力威胁，还可防止西北势力崛起。有大臣提出在北平建都，但朱元璋不想劳民。元朝势力不灭，北平还不如南京安全。

1391 年，他以陕西山川最为险固为理由，派太子朱标考察陕西长安，是否适合迁都。

太子朱标走了以后，天上出现了奇异天象，让朱元璋忧心忡忡。一声声震雷忽起于东南，似乎是在引导朱标前行。但是天上光打雷，十天半月阴沉沉的不下雨。朱元璋认为这是天上示警，有威震之兆，让人一占卜，不得了：有人搞阴谋！

朱元璋立即给太子发去谕旨，叮嘱他举动谨慎、加强宿卫，施仁布惠，以挽回天意。

不过，长安同样偏居一隅，中国的政治中心早已东移。从西到东路途艰难，不便统治，走走路都能把朱标折腾出病来。

可不，朱标 1392 年一月回到南京，刚向皇帝献上陕西地图、汇报考察长安的情况，迁都大计未定，就病倒了。朱标身上长了个大肉瘤，折磨得寝食难安，异常痛苦。有人说他在西安感染了风寒。也有人猜测是他跟詹徽闹矛盾，气得跳进冰冷的金水河而得病。朱标病了 4 个月，在 38 岁的大好年华，不幸英年早逝。

精心培养 25 年，继承父亲大位的能力是有了，可是朱标的身体熬不住，换来了这样一个结果，朱元璋从心理上无法接受。

老天为什么对我这么无情？难道这就是天意吗？老年丧子，白发人送黑发人，朱元璋伤心至极，痛哭不止。对于勤恳的老皇帝来说，这是极为罕见的大事件，不是普通的丧子之痛——接班人没有了，整个帝国的命运怎么办？那么多大将，手握重兵，怎么节制？这件事折磨着老皇帝 28 天没有上朝。

根据礼官的意见，服丧为期一年，以日易月。到了除服的日子，朱元璋心里还很悲痛，不忍心脱下素服。礼官再三恳请皇帝节哀，朱元璋才脱下素服，上朝办公。以前，穿丧服、带凶器是不能进宫的，所以才有皇帝 28 天不上朝的事例。

我们现代人不理解：儿子死了，为什么老子也要服丧呢？

在古代，作为家族继承人的长子死在父亲前头，父亲也会服最重的丧服——斩衰，服期三年。子为父、父为长子，都服斩衰。古代礼制把人捆死了，36 个月时间上耗不起，汉文帝改为 36 天即释服终丧，所以称为"以日易月"。后来再变通，27 天就除服。当然，皇帝每天要处理军国大事，所以也有"皇帝宜三日而听政"的做法。

朱元璋把太子之死，归咎于南京宫城风水不好，是风水害死他的继承人！一头白发的老皇帝万念俱灰，从此不再提迁都，朱家王朝的兴废，只好"听天由命"！

朱标一死，朱元璋在世上仅余 6 年光景，15 岁的朱允炆被立为皇太孙，新君即位后臣强主弱的局面，让朱元璋感到了巨大的恐慌。

蓝玉是太子妃的舅父，极力维护太子朱标的储君地位。如果朱标顺利登基，也没朱棣什么事了。而朱棣对皇位早就垂涎三尺，在朱元璋面前挑拨离间，才使朱元璋在猜疑的心态下剿灭蓝玉集团。

肃反运动一波接一波，朱元璋似乎没有停过手，先后肃清胡党、处理空印案、郭桓案，逮捕为害百姓的官吏，几场大案，杀戮官吏近 10 万人，试图用别人的鲜血浇灭自己心头的怒火。

在蓝玉之前，已经有不少人已经被剿灭。

1365 年，朱文正被鞭打而死。

他坚守江西南昌城 85 天，阻挡住陈友谅 60 万大军的疯狂进攻，为朱元璋取得鄱阳湖决战的胜利奠定基础。然而他镇守江西时，骄纵不法，横暴害民，坏事做绝。

一是淫荡。有人专门在民间给他搜罗年轻女子,公然抢夺,毁其贞操,疯狂玩弄几十天后就腻了,将其投到井中淹死,遇害的女人为数甚多。

二是嗜杀。他夺人之妻、杀人之夫、灭人之子、害人之父,大肆抢夺财产。为封锁自己的恶行不让外泄,无所不用其极。对到按察司告状的,则割人舌头,杀人全家。对上边来人,他用银子、绸缎进行贿赂,让受贿者不说他的坏话。

三是不忠。朱文正用龙凤图案装修自己的寝室床榻。还违反禁令,到张士诚的地盘上走私食盐,无人敢于阻拦、检查。因为劳苦功高、暂未得到朱元璋的封赏,朱文正当面说不要,背后却心理失常,放任部将掠夺百姓妻女。江西按察使李饮冰揭发朱文正恶行,朱元璋派人斥责。朱文正恐惧不已,想投靠张士诚,又被李饮冰揭发。朱元璋亲自到江西将他逮捕,朱文正仓促出迎。

朱元璋厉声问他:“你想干什么?”一连数次,朱文正不敢回答。将他带到南京,将他的50多名部下割断脚筋,整成残废。本来要杀一儆百,但马皇后劝说:“朱文正虽然骄纵,但是从渡江以来,攻克太平,大破陈野先,攻取应天(南京),多有战功。坚守江西时,陈友谅强大的军队不能攻克他的营垒,皆是他智勇双全所致。况且是你的亲侄儿,就饶他一死吧。”

朱元璋念及亲情,饶他一命,幽禁于安徽桐城。但朱文正恣肆凶顽如故,用巫术诅咒朱元璋,谋奔敌人。朱元璋将他召来对质,他大骂,朱元璋怒不可遏,将其鞭打而死。

德庆侯廖永忠的免死铁券,第一个成为空头支票。他在很多战斗中有功,特别是在鄱阳湖之战中殊死战斗。他还淹死小明王,扫除朱元璋称帝的障碍。1375年,朱元璋将其杀死,理由是他私自穿绣有龙凤图案的衣服。穿皇帝样式的衣服属于逾制,等同于有篡国夺权的野心。

1380年,永嘉侯朱亮祖父子被活活鞭打而死。

朱亮祖原是元朝的一员猛将,作战非常勇敢,虽被明军多次俘虏,但从不求饶,誓死不降,一副要杀要剐全凭你处置的劲儿。朱元璋非常欣赏他的勇敢,委以重任。朱亮祖曾经参加平定四川的战役,因为擅杀部下,被皇帝取消奖赏。镇守广东，仍然恶习难改，鞭打当地官员，接受富商贿赂，做了很多违法犯罪的事情。

番禺知县道同，刚正不阿，给朱元璋写秘密材料，揭发朱亮祖的罪行。朱亮祖反咬一口，上奏污蔑道同对他傲慢无礼。对大官傲慢无礼，就等于自取灭亡，皇帝将道同判处死刑。

批示刚发下去，传达批示的人前脚刚走，道同给朱元璋写的秘密材料才送到。朱元璋阅后，立即派人去通知刀下留人，人赶到后，道同已经被处死了。

于是，朱元璋将朱亮祖父子召到南京，用鞭子活活打死。

1384年，临川侯胡美因为去皇宫探望身为妃子的女儿，犯宫禁被处死。

曹国公李文忠是朱元璋的外甥，南征北战，立下不朽功勋。他能文能武，1383年任大都督（军队最高领导人）兼国子监祭酒（相当于南京大学校长）。李文忠曾经批评皇帝太依赖宦官，对待官员太苛刻。他居然被毒死（有的说是病死），理由是——礼贤下士，周围知识分子太多，难道你想搞小动作不成？临死前，他对朱元璋说，我给你一句忠告：要少杀人，防止宦官作恶。朱元璋听了，猜测是幕府教唆他这么说的，大怒，把所有的幕府全部杀了，李文忠身边的医生、奴婢60多人全部灭族。不过，朱元璋还是采纳他的部分意见：禁止宦官干政，不许他们读书识字，否则剥皮处死。

开国第一功臣、魏国公徐达忠厚老实，和朱元璋从小玩到大，胆子很小。朱元璋还在当吴王时，故意把徐达灌醉，扶他到自己的大王床睡觉，试验一下他有多大的野心。徐达酒醒后，吓得魂不附体，在朱元璋面前叩头谢罪，如捣蒜一般。朱元璋看了哈哈大笑。

就是这个老实人，1385年，因为他老婆说错一句话，朱元璋派人把她杀了。

徐达的妻子谢氏是谢再兴的女儿、朱棣的丈母娘。朱元璋擅自作主把她嫁给徐达，没有通知谢再兴，谢再兴因此怀恨，投奔张士诚。朱元璋最痛恨叛将，对他的女儿大概也恨乌及屋。

谢氏武功很好，使百斤大铁锤，有万夫不当之勇，就是缺心眼儿，心里藏不住话。谢氏入宫朝贺时，好像刘姥姥进了大观园，见皇宫金碧辉煌十分气派，忍不住对马皇后夸奖："你家真不错，太好了！我家没有你家好啊！"竟然被朱元璋听见，你难道想弄个大皇宫不成？朱元璋又想起他父亲叛变的往事，十分不爽。他在宫中设宴款待徐达，席间觥筹交错之时，派勇士到徐府杀谢氏。勇士身手十分了得，杀掉谢氏后回来向朱元璋复命，宴席还没散。朱元璋高兴地对徐达说："你就放心吧，今后可以免除灭门大祸了！"徐达听着发晕，回到家里，看到妻子冰冷的尸体，才明白是怎么回事。可是面对杀妻之恨，他不敢说个不字，连一点恨意都不敢有。

据说，徐达背上长恶性肿瘤，最怕吃鹅肉。朱元璋不知道是好心还是故意，趁徐达病重，偏偏赏赐蒸鹅给他吃。不吃就是违抗皇命的死罪，徐达在使者的监督下不敢不吃，一边老泪纵横，一边硬着头皮，吃下这只致命的蒸鹅，几天后一命呜呼。

1392年，性格仁慈的朱标太子病死，而新立的皇太孙朱允炆还很孱弱。身后之事，成为65岁的朱元璋的一块心病，他杀起人来就更狠了。

当年，朱元璋的儿时伙伴、江夏侯周德兴因为儿子行为不谨被杀。他儿子可能与胡惟庸案有关。

周德兴跟从朱元璋起兵，参与平定陈友谅、张士诚，征讨广西、湖南、四川、福建，南征北战，功劳一时盖过汤和。平定四川，论功行赏，朱元璋认为汤和的功劳也是周德兴挣来的，重赏周德兴，而当面痛批汤和。

平定广西时，周德兴得到的赏赐是其他大将的几倍。在所有幸存下来的功臣中，数周德兴年纪最大，每次入朝，得到的赏赐不绝。

周德兴功劳既大，又仗着是朱元璋从小到大的伙伴，营造宅院时超出规格，被举报后，朱元璋特宥其罪，没有追究。

但是，1392年，周德兴胆大包天的儿子闯了大祸，要了他的老命。

史书上记载："洪武二十五年八月，以其子骥乱宫，并坐诛死。"

原来，他的傻儿子周骥，在宫中和宫女淫乱，祸乱了后宫，玷污了朱元璋的女人。这种情况，对任何一个皇帝来说都是无法容忍的。朱元璋自然把周骥以及这个宫女杀死。

儿子有罪，老子也要遭罪，祸从天上来，古代的连坐实在可怕。八月十日，江夏侯周德兴受株连被杀，公田被没收，其罪名是"帷薄不修"，就是指家庭生活淫乱，管不住自己淫荡的儿子。

1392年，有很大军功的靖宁侯叶昇，因为胡惟庸案被杀。

1394年，永平侯谢成因傅友德案被杀。谢成生前将山西太原经营得"壮丽甲天下"。这位山西王的长女嫁给晋王朱棡做正妃，也算门当户对。

1394年，两次得到免死铁券的颍国公傅友德自杀，死得十分离奇。而《明史》记载是皇帝赐死。

他为朱元璋效命33年，功劳不在徐达、常遇春之下。傅友德先是跟随陈友谅，不得重用，后来跳槽到朱元璋处。遇到明主，身冒百死，勇不可当。一路从偏裨升到大将，每次作战必身先士卒，受伤流血无所畏惧，越战越勇。

傅友德的荣誉是一身伤疤换来的。在鄱阳湖之战中，数次负伤，驾驶小船，挫败陈友谅前锋。陈友谅战死后，他儿子逃到湖北武昌，傅友德攻打武昌同样勇猛，城东南有一山，名叫高冠山，居高临下，下瞰城中，易守难攻，为汉兵把守。诸将心里胆怯，大眼瞪小眼，没有一人敢去。傅友德亲率数百人，一鼓作气攻下高冠山。大战激烈，汉兵拼死反抗，飞箭如雨，一枚利箭射在傅友德脸上。傅友德忍住剧痛，抹了一把脸上的血水，率领战士继续进攻。那箭雨仍然不停地飞来，在耳边飕飕直响，傅友德再次中箭。这一次，这枚箭力道更大，直接射穿了他的胸膛。傅友德死战不退，一举夺下据点，最终消灭陈友谅的残兵败将。

进攻湖北安陆，傅友德九次负伤，最终活捉守将任亮。与元将扩廓帖木儿的军队对战时，傅友德挥动一柄长长的马槊，单骑出击。那马槊为重装骑兵所有，通常4米左右。汉唐以来，武将往往以持槊为出身高贵世家的象征。傅友德甩起槊来，宛如唐初猛将程咬金，万众之中，能奈我何？傅友德拍马疾走，直接一枪将元军将军韩乙挑落马下，元军败走。

1368年，傅友德随徐达攻克元大都（今北京），又进军山西太原，元将扩廓帖木儿来援，1万骑兵如旋风一般突然而至，而傅友德身边的骑兵仅有

50人。

扩廓帖木儿又名王保保，有多厉害呢？朱元璋曾问诸将："天下奇男子，是谁？"诸将都说是猛将常遇春，因为"常遇春将不过万人，横行无敌，真奇男子"。然而，朱元璋听了哈哈大笑，说："遇春虽是人杰，但是我得到他，做了我的臣子。我不能使王保保俯首称臣，做我的部下，他才是奇男子也。"

这一场战斗如何获胜，确实出乎想象，50人对阵1万人，何况对方的首领是奇男子，进攻者虽有项羽、岳飞之勇，也恐怕少有胜算。傅友德翻身上马，带着这50名骑兵就向1万大军冲锋了。战斗结果出人意料："以五十骑冲却之。"1万骑兵，居然没能挡住50人的进攻，还退却了。退了多少里不知道，总之傅友德活下来了。

更精彩的还在后头。夜幕降临，傅友德吃饱喝足，带着50名骑兵竟然又来了，夜袭扩廓帖木儿大营。奇男子扩廓帖木儿仓皇逃走，溃不成军，被一路追击至土门关，上万计的士兵和战马被俘获。又大败元将贺宗哲于石州、脱列伯于宣府，克复太原，平定山西。

进攻四川成都时，蜀军戴寿出动大象战阵来战。

傅友德下令，以强弩、火器狂攻，勇猛冲击象阵。傅友德再次身中飞箭，却毫不后退，继续指挥将士们奋勇争先，殊死作战。

畏惧火炮的大象吓破了胆，调头就跑，一路狂奔，踩死蜀军士兵甚多，到处是淋漓的鲜血和残肢。戴寿看主子明升在重庆已经投降，胜利无望，才登记府库、仓廪钱粮，反绑双手到军门投降，成都至此平定。朱元璋亲自写作《平西蜀文》，盛赞傅友德功劳第一。傅友德以功封颍国公，封太子太师，两次得到铁券，等于有两次免死的机会。儿子做驸马，女儿做晋王嗣子的妃子，好不荣耀。

但是，时间到了1392年，朱标病死的那一年。

傅友德提了一个很混账的要求：

"请怀远田千亩。"

要求将安徽怀远的1000亩地白给他，要当大地主。他作为颍国公，食禄

3000 石，待遇已经不错了，还不知足。

朱元璋老大不高兴："你的俸禄和赏赐不薄了，还不满足吗？还要侵吞民利，是什么道理？你没听说过公仪休的事情吗？怎么不向他学习呢？"

公仪休是谁？是春秋时期鲁国博士、宰相，遵奉法度，按原则行事。他命令百官不得与群众争民利，做大官更不许占小便宜。有人给公仪休送鱼，因为他是个吃货、鱼类美食家。但是公仪休不接受赠送，要给那人钱。送鱼的人很奇怪："你这么爱吃鱼，为什么不接受我的馈赠呢？"公仪休说："就是因为我嗜爱吃鱼，所以不接受白送。我今为国相，有钱买鱼。如果我接受了你的赠送而不给钱，那坏了我的名声，谁还会给我送来鱼呢？"公仪休虽然身居高位，但是十分廉洁。

傅友德听了无话可说，但是也给老皇帝留下了坏印象。

蓝玉被杀后，傅友德感到芒刺在背，功劳这么大，平定云南时又是蓝玉的上司，这可如何是好？

定远侯王弼看穿朱元璋的心思，对傅友德说："皇上年纪大了，屠尽我辈老将，那是分分钟的事情（旦夕且尽我辈）。我们合纵连横，该早点找出路了！"

不幸又被朱元璋听到，心里老大不高兴。这年冬天，大家在皇宫开宴会。大家都吃好了，都光盘了，服务员上来撤盘子，傅友德不知道是吃得太饱，还是根本没有心思吃饭，他盘子里的一个蔬菜没吃干净。

没吃完，撤走就好了，哪有逼迫人家吃完的？朱元璋很不高兴，借题发挥，指着傅友德说：

"我赐的御宴，就你不吃完，浪费粮食，大不敬！"

傅友德始料未及，一脸蒙逼，挨了一番骂，要走。

朱元璋气呼呼地对他说："你把你两个儿子叫来（召尔二子来）。"他刚才看到傅友德的一个儿子在门口站岗。

傅友德起身刚走，皇帝叫卫士又传话："叫他把两个儿子的人头拿来（携其首至）。"

不一会儿，傅友德真提着两颗血淋淋的人头来了。气氛顿时紧张到极点，空气似乎凝固了。朱元璋吃惊地嗫嚅道：

"何遽？尔忍人！"

意思是："你怎么下得了手？你的心肠够硬、够残忍！"

没想到傅友德作出一个惊人的动作，只见他从宽大的袖子里拔出匕首，对朱元璋大声说："你不就是要我们父子的人头吗（不过欲吾父子头耳）？那你现在就拿去吧！"说完，把匕首往脖子上一抹，流血百步，自杀而亡。

朱元璋怒不可遏，把他的家属全部发配到当时两个鸟不拉屎的地方——辽东和云南。

傅友德其实没有什么罪，只不过功劳太大，遇到杀人魔，不如死了算了。

清代王士禛也认为傅友德被赐死冤枉："古代以来，功臣之冤，没有胜过傅友德的。"还写一诗为其鸣不平——

"跃马千山外，呼鹰百战场。平芜何莽苍，云气忽飞扬。寂寂通侯里，沉沉大泽乡。颍川汤沐尽，空羡夥颐王。"

感叹傅友德纵横战场之时，何等意气风发、英姿飒爽。傅友德被赐死，他的"汤沐邑"（指封地）没了，一片死气沉沉。白白羡慕那夥颐王陈胜，死了以后，刘邦还置30户人家给他看坟。相比之下，朱元璋是何等无情无义！

直到嘉靖年间，傅友德才得以平反。

傅友德死后仅3个月，"双刀王"王弼也自杀了。王弼骁勇善战，为人忠义。包围苏州解决张士诚时，张士诚殊死突围，在最紧要关头，王弼"尖刀连"出战，他一对双刀上下翻飞，帮常遇春将张士诚赶回城里。张士诚自此不再突围，直到死去。

1388年，王弼随蓝玉征战捕鱼儿海，英勇善战。

1392年，随傅友德、冯胜在山西、河南练兵。

王弼被赐死、剥夺爵位，仅仅因为说了一句要"合纵连横"的话，就被搞死了。

1395年二月二十二日，朱元璋又找借口杀宋国公冯胜。

冯胜降服元代丞相纳哈出的20万军队后，押送降将，胜利班师。冯胜还没来得及高兴，就被宣布有罪，剥夺兵权，发往安徽凤阳软禁。

另外一种说法是，他回到南京后，朱元璋赐给他一杯毒酒，将他处死。

冯胜在人生巅峰落马，可能因为他骄傲自大，行为不轨。1389年，他的女婿周王朱橚曾经秘密地去凤阳会见冯胜，可能他们的军事同盟关系威胁到皇权。

大概只有4人不是死于朱元璋之手。

主要谋士刘基后来重病，腹泻得很厉害，大概是胡惟庸等人下毒，于1375年将他毒死。

大将汤和救过朱元璋的命，1390年得中风症，瘫痪在床，不能动弹，让朱元璋很放心，1395年在安徽凤阳去世。

公侯只有两人幸存：长兴侯耿炳文和武定侯郭英。耿炳文逃出了朱元璋的掌心。朱棣发动叛乱后，建文帝命令65岁的耿炳文率军镇压，遇挫后被撤职。朱棣称帝第二年，刑部尚书郑赐、都御史陈瑛，弹劾耿炳文的衣服、器皿上有龙凤图案，玉带用红皮腰带，有谋反的迹象。耿炳文是个老好人，明知朱棣是秋后算账，吓得自杀了。

郭英其实罪行也不轻，私养家奴150多人，还擅自杀害其中5人。因为是朱元璋的心腹，放他一马。所以，开国功臣能得善终的，只有郭英一个人。

清代史学家赵翼说，明太祖靠功臣取得天下，天下既定后，尽取天下之人杀之，其残忍千古未有。"雄猜好杀"是他的天性。他的内心世界也真是不好猜测。

历史学家吴晗指出，朱元璋以猛治国，制造许多血案，野蛮残酷的刑罚，大量的屠杀，弄到贤否不分、善恶不辨的地步。许多大将和功勋卓著的文人毫无理由地被野蛮杀害。

重亲情、不重友情的朱元璋，称帝后信不过大将，出现"飞鸟尽、良弓藏"的结局并不奇怪。文武功臣居功自傲，违法乱纪的事情肯定不少，关键看皇帝是行人治，还是行法治。行法治，什么罪就判什么刑，所有人无话可说，天下亦可安定。行人治，出生入死的功臣们几乎被杀光，只有郭英一人独活，只能说明一个现象——功高震主总短命。

杀光功臣的后遗症，在朱元璋死后发挥效力：朱棣发动叛乱后，才能超过朱棣的将领绝迹，朱元璋钦定的继承人建文帝一败涂地，很快江山易主。

2. 磔死末相胡惟庸

案件：胡惟庸案、蓝玉案

死亡人数：超过 4.5 万人

案件结果：开国功臣仅两人幸存

朱元璋心胸狭窄，性格暴躁。他的气度，比不上从谏如流的唐太宗，也比不上杯酒释兵权的宋太祖。因为唐太宗和宋太祖出身贵族，至少见过大世面，不是小心眼。而朱元璋出身叫花子，一无所有，当了皇帝，渴望拥有绝对的权力，不想别人拿走半分。除讨饭时求过人，在郭子兴手下低过头外，他一辈子没对谁服过软。他就是一个大独裁者，胡惟庸碰上这个权霸，成为中国历史上最后一任宰相，也就不难理解了。

胡惟庸和李善长都是安徽定远人，淮西集团的领头羊。

胡惟庸没有军功，当过宁国知县、吉安通判等地方官，后来当太常少卿、太常寺卿等文职。他很有才，马屁功夫一流，特别是记忆力好，皇帝问什么都能回答上来，很得皇帝宠信，又依靠李善长大力提拔，1370 年任中书省参知政事，进入中央权力中枢机构。1374 年升为右丞相，再升为左丞相。左丞相是天下第二号人物，"一人之下，万人之上"，是臣子能爬到的最高职位，权力超过时任右丞相的汪广洋。

左丞相虽然是肥缺，但是干不好要丢脑袋。

在胡惟庸之前，只有 3 个人坐过左丞相这个位子，李善长小心谨慎，徐达经常带兵在外，汪广洋忙于饮酒赋诗。因为他们都深知朱元璋的臭脾气，不敢轻易摸老虎屁股，所以相权与皇权之间矛盾不大，看起来十分和谐。

登峰造极，一览众山，这种感觉实在美妙，胡惟庸飘飘然了。不过，有另外四个可怕的字在等着他——物极必反。

胡惟庸位高权重，你让他一时不高兴，他就可以让你一辈子不高兴，这就是权杖的魔力。他想捞点好处，动动嘴皮、使使眼色，想升官发财、受处分的功臣、军官，马上心领神会，自动献上金帛、名马、玩好（奇珍异宝）。因为他们以为，只要把胡丞相哄得高兴，不用担心有人给他们小鞋穿，永远可以安享荣华富贵。

金帛、名马、玩好，谁不喜欢呢？不过都是身外之物。有些人只是看看而已，看完照样让送礼的人拿回去。而胡惟庸看完，统统藏到家里观赏，因此得到的金帛、名马、玩好总量惊人，不可胜数。

大将军徐达对胡惟庸的行为深恶痛绝，曾向皇帝检举他的罪行。胡惟庸不思悔改，怀恨在心，引诱徐达府上的门卫福寿告密，妄图加害徐大将军。但是，福寿是个明白人，不贪财，不仅不愿意加害主人，反而把胡惟庸的阴谋捅了出去。胡惟庸又一次看错了人。

胡惟庸就是这样一个不能团结有不同意见的人，对仇人总是睚眦必报，大加迫害。刘基是浙江青田人，一流的智囊。朱元璋将他视为汉代的张良，不仅言听计从，而且要刘基当丞相。而以李善长、胡惟庸为代表的淮西集团，把持朝政 17 年，对浙东集团的人，包括刘基在内，排斥得很厉害，刘基在朝廷基本吃不开。

刘基知道朝廷派系太多，自己玩不转，就推荐淮西集团首领李善长当丞相。朱元璋又询问胡惟庸怎么样，刘基实话实说：胡惟庸根本不适合当丞相，比起杨宪、汪广洋来，差远了！他就像一部会解体的车子，最后一定车毁人亡。胡惟庸听说，气得牙根痒痒，恨死刘基。可是世事难料，朱元璋偏偏让胡惟庸当丞相。刘基的麻烦大了，一直夹着尾巴做人，最后还是被淮西集团砍了尾巴。

李善长和胡惟庸想尽办法，把刘基从朝廷赶走，四处散布坏话，剥夺他的退休金。刘基十分害怕，从老家跑到南京向朱元璋请罪，请罪之后还是很害怕，最后忧愤成病。

皇帝派人慰问，慰问团团长正是胡惟庸。胡惟庸带一个医术高明的医生去看病，开一些药。刘基吃药后，肚子里出现一块硬邦邦的肿瘤，一会儿发胀，肚子鼓得圆圆的，一会儿又腹泻，肚子泻得瘪瘪的。刘基的病情越来越重，于1375年病逝。刘基的儿子刘琏在江西做官，朱元璋非常欣赏，想大力提拔，因为胡惟庸等人的反对，刘琏官运不济，竟然于1377年掉进井里淹死。怪事一串一串的，其实他们父子是被胡惟庸等人害死的。

朱元璋把刘基之死算在胡惟庸头上，对刘基的儿子说，满朝都是淮西集团的人，只有你父亲，不跟他们同流合污，所以吃了他们的"蛊"。朱元璋怀疑刘基被胡党陷害，吃胡惟庸下的毒药而死。有人怀疑朱元璋本人毒死刘基，对刘基儿子说的话是演戏。刘基究竟被谁毒死，目前还是历史悬案。

刘基不是推荐好友杨宪当宰相吗？结果杨宪也遭殃。他和凌说、高见贤、夏煜等4人都是特务，专门告发南京官员做的坏事，即使道听途说的事情，都可以向皇帝报告，经常半夜三更把打探到的消息送进皇宫。朱元璋对他们很器重，说有这几条恶狗，就没有人不怕皇帝了。

胡惟庸和李善长等人当然非常怕他们，怕粘上就甩不掉。这4人在皇帝面前说李善长的坏话，阻挠他当丞相。李善长为自己当宰相，和胡惟庸联手，从背后捅杨宪刀子。杨宪不仅丞相没当成，还与凌说、高见贤、夏煜等人先后被处死，等于皇帝的耳目被胡惟庸和李善长搞掉了。

1377年，朱元璋还是非常信任胡惟庸的。浙江人、御史韩宜可在朝廷上当面批评胡惟庸对皇帝不忠，侵夺皇帝权力，请求杀掉胡惟庸。朱元璋不信，大怒，将韩宜可关进监狱，但没有杀。

韩宜可的举报并非空穴来风。胡惟庸当了7年丞相，处理不好"一人之下"这层关系，不喜欢向皇帝三天两头汇报新情况。要杀谁、提拔谁，不汇报皇帝直接执行。许多事干脆隐匿不报，朝廷内外官员呈报给皇帝的文件，他一定要自己先看，对自己有害的就扣留，不让皇帝知道一点消息，没有问题的才呈送上去，实际上侵夺了皇帝的权力。

但是，他并不了解对手朱元璋是一头猛虎。老虎不发威，他还以为是病猫呢！

1379 年，胡惟庸瞒上欺下的行径，终于露出马脚。

占城（今越南南部）大使团来南京朝贡，胡惟庸又照例隐匿不报。宦官向朱元璋打小报告。亲密友邦的使者来朝，居然不汇报！朱元璋大怒，严厉批评左丞相胡惟庸和右丞相汪广洋，大使来朝为什么不报告？他们两人赶快叩头谢罪，但是都把皮球踢给礼部，礼部又把皮球踢给中书省。朱元璋怒发冲冠，把这些大臣全部关进监狱，追查隐匿不报的主谋。

在追查的过程中，汪广洋的小妾陈氏被查出竟然是陈知县的女儿。陈知县犯罪，她的女儿被没收进官府做服务员。按规定，她只能给功臣家当奴仆，文官之家不能收留。汪广洋身为宰相也是文官，不允许收留她做服务员。汪广洋和小妾陈氏做梦都没想到，因为这一点点小事，双双被皇帝赐予死罪。

皇帝命令司法部门继续追查，胡惟庸和六部高官全部获罪。

第二年，胡惟庸的生命走到尽头，事件的导火索是他不争气的儿子。

胡惟庸的儿子是"富二代"，仗着"我爸是胡惟庸"，养成一个特别的爱好：喜欢在闹市飙"马"。

一次，他又飙"马"，没把别人撞死，倒是自己坠马摔死了，或者是被路过的马车碾死。"我的好儿子啊，年纪轻轻就死翘翘！"胡丞相心痛不已，一怒之下，一刀把马夫杀了。在他眼里，杀马夫算什么，杀你全家都赔不了我的宝贝儿子！

可是朱元璋认为小事不小，爆发出雷霆之怒，比胡丞相的怒气更大更猛。胡惟庸害怕了，想拿出很多金帛赔偿马夫家属，不管赔多少，只要摆平就行。但朱元璋偏不允许，非要胡惟庸拿一件东西来还，这件东西就是胡惟庸的项上人头！

胡惟庸不想死得这么窝囊，于是阴谋造反。

胡惟庸派李善长的弟弟李存义，游说哥哥造反。李善长年事已高，已经黄土埋到半截，很不乐意。后来经不起弟弟的聒噪，只好默许，但对胡惟庸谋反的事情隐匿不报。

胡惟庸曾经与御史大夫陈宁在中书省查阅天下兵马籍的档案。只有武官才可以看这些绝密军事档案，文官查阅就是犯罪。

胡惟庸派出林贤在宁波招收倭寇，与海盗勾结。并派遣元代旧臣封绩，带着他的亲笔信，信中向元朝新皇帝俯首称臣，请求元兵作为外应，出兵支持他发动政变。

他还网罗谋反同党。吉安侯陆仲亨从陕西回南京，擅自乘坐驿车。驿车是专门用来传递文件的，朱元璋对陆仲亨公车私用非常生气，大骂陆仲亨："如果官员都像你这样，百姓卖儿卖女，都活不下去！"命令他去代县捕捉盗贼，戴罪立功。还有平凉侯费聚，本来奉命安抚苏州军民，可他一到苏州就露出原形，每天喝酒、玩女人，令朱元璋十分恼火，命令他去西北招降蒙古人，也劳而无功。这两人生怕哪一天小命就没了，每天战战兢兢，如履薄冰。一天，两人在胡惟庸家愁眉苦脸地喝闷酒。胡惟庸屏退左右，密嘱两人在外收集军马，准备造反。

有材料说，胡惟庸还准备刺杀皇帝。他的家离皇宫不远，邀请皇帝去他家观赏醴泉，埋下伏兵，伺机刺杀。

宦官云奇不知道从什么途径获知这个阴谋，在皇帝将要出发时，站出来阻止皇帝送死。他是个结巴，因为一时太激动，说不出一句话。

小宦官居然跳出来阻挠我去做客！正在兴头上的朱元璋异常恼怒，命人痛殴。这些下人下手也真狠，云奇的手臂当场被打断。云奇忍住剧痛，依然抬起被打折的胳膊，指向胡惟庸的宅第。

朱元璋看他一脸焦急，登上宫墙，遥望胡家，隐隐约约看到府里有动静，怀疑暗藏刀斧手，于是取消观赏醴泉，让胡惟庸没能得逞。

胡惟庸还勾结御史大夫陈宁、御史中丞涂节等人阴谋造反，暗地向天下同党传递消息。

但是，祸起萧墙之内，告发胡惟庸的，恰恰是他最信任的涂节。

1380 年正月，涂节和中书省的另外职员上书皇帝，告发胡惟庸谋反。

朱元璋大怒，一场政治大地震在南京骤然炸开，顷刻间，成千上万颗人头落地。肃清逆党的大运动席卷全国，淮西集团被彻底清洗。凡是朱元璋认为心怀怨望、行为跋扈的大臣，不管跟胡惟庸有没有关系，说你是胡党，那你就是胡党，一律处死抄家。

胡惟庸三族被杀，他本人被磔于市，死得非常惨。

磔刑有两种解释。汉代以前是分裂肢体的刑罚，也叫"车裂"，俗称"五马分尸"。战国时期在秦国实行变法的商鞅死于磔刑。用绳子一头牢牢地拴住人的头、四肢，另一头连在马上，将人撕成几大块。到后来，磔刑可能不是车裂，而是凌迟，俗称"千刀万剐"，把活人用刀子一点点割肉，割几千刀，够数才放手，人这时多半死亡，如果没死，第二天继续割肉。

只有犯下滔天罪行的人，比如谋杀皇帝、起兵造反等，才适用这种刑罚，一般用来处置谋反罪。

胡惟庸不管是被车裂还是凌迟，死得都很惊心动魄。

告密者涂节也难免一死。陈宁、李存义、林贤、封绩等人先后被抓处死。李善长的家奴揭发他与胡惟庸勾结，陆仲亨的家奴也揭发主子与平凉侯费聚、延安侯唐胜宗、南雄侯赵庸等勾结。李善长、赵庸、陆仲亨、唐胜宗、费聚、郑遇春、黄彬、陆聚、朱亮祖等1公、21侯被处死。丞相汪广洋、工部尚书秦逵受胡案牵连而死。

一些小鱼小虾也难逃天罗地网。受牵连的吴县粮长于友被判处流刑，在脸上刺上"隐送同罪"4个字后，发配安徽凤阳种田。后来，于友找人把刺字弄掉，偷跑回乡，居然又混上粮长。里长盛宗，要到南京告发他。于友竟将盛里长绑起来，诬蔑他残害人民，向皇帝邀功请赏。朱元璋从盛宗嘴里得知实情，一听于友是胡惟庸一党，将于友枭首示众、抄没家产。此时已经是1386年，离胡惟庸被杀已过去6年，朱元璋仍然在清算不止。

由于连坐制度，许多无辜的人因为胡惟庸案被处死。例如，释来复是著名诗僧和书僧，书法神似赵孟頫。1370年，朱元璋将时任杭州灵隐寺住持的来复召到南京说法，听者众多，轰动朝野，亲封他为"十大高僧"之一，赐其金襕袈裟。还封其为僧录司左觉义（从八品），荣宠一时。传说他的诗中有"金盘苏合来殊域，玉盏醍醐出上方"的诗句，本义是谢恩，朱元璋看到里面有个"殊"字，拆开来就是"歹""朱"，心里十分不爽。来复与胡惟庸、宋濂等人交谊深厚，后来牵涉胡惟庸案，朱元璋下旨将这名已经 73 岁的高僧凌迟处死，实在太过残忍。

胡惟庸案前后延续达 10 年，株连杀戮 3 万余人。朱元璋做《昭示奸党录》布告天下。胡惟庸被杀后，朱元璋立即废除丞相和中书省，特意在《祖训》中明文规定不许变乱旧章，以后子孙做皇帝，不许设立丞相，立下臣子"敢议立丞相者，杀"的铁律。如果谁奏请设丞相，群臣就当场弹劾他，将他凌迟处死、全家杀掉。这样，丞相的手头工作大部分由皇帝承揽，中央六部吏部（管理人事）、户部（管理财税）、兵部（管部分军权）、礼部（管外交和教育）、刑部（管司法和监狱）、工部（管工程、水利交通）由皇帝直接掌控。皇帝的权力比古代任何一个君主都大，真是到了大帝"无极"的地步。

《明史》倾向于胡惟庸是谋反，把他写进《奸臣传》。胡惟庸被杀咎由自取，但谋反证据似乎不足。受胡惟庸牵连被杀的大批功臣是无辜的。捏造罪名在历史上是家常便饭，因此历史学家谈迁认为，胡惟庸不是谋反罪，而是"积疑成狱"，谋反的嫌疑越来越多，最后酿成大案。

废除丞相的后遗症，在朱元璋死后开始发挥效力。中国地方太大、人口太多，什么大事都集中到中央，皇帝要干的事情就太多了。没有好身体，谁也干不了皇帝这个活。举个例子，1384 年九月 8 天内，下面送到皇宫里的奏章共有 1160 件，共有 3291 件事需要皇帝裁决，平均每天要裁决411 件事情。

勤政的皇帝黎明就要起床参加早朝，此外午朝、晚朝，一天三次和群臣处理国家大事，到了夜深才能休息。

朱元璋和朱棣都是打仗出身的，身体、智力素质较好，可以亲自处理国家大事。但朱元璋晚年累得大病，朱棣累得病死于行军途中。而后来的皇帝们，生长于深宫之中，抚养于妇孺之手，跟外界、地方接触极少，不堪重任的，只好怠政荒政，有的干脆就不上朝，不和大臣见面了。自宪宗到熹宗前后 167 年，皇帝都很少召见大臣。最懒惰的皇帝几十年不处理政事，大臣的上奏看也不看，就那么放着，政府里官职空缺了，也不管不问。

负责点的皇帝，还把权力交给内阁首辅或者司礼监太监。而内阁大学士只是个五品官，地位不高。皇帝和内阁日常不见面，就重用太监。皇帝有事交给太监办，再由太监交给内阁条旨、票拟。内阁有事，还是要太监做中介，送给太监后，再由太监上呈皇帝。如果皇帝不干活，就叫太监批红写处理意见，太监就大权在握，变成了真皇帝、"立皇帝"。

这样就导致皇权旁落、宦官乱国，太监乱来一气，直到把明朝拖进死胡同。

3. 当世萧何夷三族

李善长档案：

简历：右相国、左相国、宣国公、左柱国、太师、左丞相、韩国公

口碑：当世萧何

国家和军队的卓越领导人，一等功臣李善长，死于莫须有的谋反罪，最令人心寒。

李善长的政治、经济、组织、法律和军事才能非常杰出，被朱元璋比作萧何，立国后晋封为韩国公，第一文臣，地位在一人之下、万人之上。

他为朱元璋平定天下出谋划策，制定制度、政策和法律；制定茶法和钱法，开铁矿，制定鱼税，使人民有钱花，国家日益富饶，为朱元璋打天下和治天下奠定很好的经济基础。朱元璋没称帝前，拜他为右相国、左相国，封为宣国公。朱元璋当了皇帝后，他帮助皇帝制定六部官制、分封诸王、奖赏功臣，1370年被授予左柱国、太师、中书左丞相，封为韩国公，排在六公之首。

可以说，没有李善长的辅佐，朱元璋能否得天下，未必可知。

当然，李善长的臭毛病也很多。他是淮西集团的领头羊，长期把持朝政，整过不少人，树敌太多，其中包括参议李饮冰、杨希圣、刘基等。朱元璋怀疑李善长等人毒死刘基，不过只是猜测，没有证据。

李善长作为大政治家，政治敏感性应该很强。他熟悉历史，监修《元史》，对历史上的君臣关系摸得透透的。但是在晚年，他也许丧失警惕性，不太讲政治。

作为一个贤能的人，他对朱元璋的过头做法很不赞同，朱元璋残暴一

次，他对皇帝的感情就变淡一次，两人关系很紧张。胡惟庸案，使他对政治心灰意冷：什么倒行逆施你自己干去吧，我无语就是，静静地等到老死，一了百了。他认为自己可以平平安安地走完一生，朱元璋不至于为一点小事找他麻烦。他正是这么想，也这么做的。

有两件事情可以说明君臣不睦。

一、朱元璋晚年生病，近 10 天没上朝。这么久没上朝，对于一个从早干到晚的工作狂来说是很不平常的事件，说明病得很重。但是，他的亲密战友李善长，竟然没去问候，这让朱元璋的心拔凉拔凉的。

二、李善长的弟弟李存义，其父子作为胡惟庸一党，理应处死。但是朱元璋网开一面，下诏免死，仅仅把他们流放到今天上海的崇明岛。这么浩大的皇恩，李善长竟然没说谢恩，让朱元璋十分生气！

还有一件事情也说明李善长丧失政治警惕性。

李善长的房子旧了，需要修缮。凭他 4000 石的高额年薪，按理说雇用几个百姓，修修房子不成问题。可是，他居然鬼迷心窍，从信国公汤和那里，借 300 名士兵，帮他修房子。

汤和是最忠于朱元璋的，一兵一卒的动向都会如实汇报。朱元璋又怒了：你一个文官，居然敢揩军队的油，真是活腻味了吧！你以为我不敢动你？

这时，李善长 77 岁，已经半截埋进黄土。朱元璋不想他这么老死。尽管胡惟庸被处死很多年，风头早就过去，但是李善长的罪行还是一件件被揭发出来。

在朱元璋看来，李善长实属罪大恶极。

据李存义招供，他和胡惟庸多次劝说李善长谋反，但是每次都被严词拒绝。李善长叹气说："我老了！我死了，你等好自为之！"看来，他没有谋反的主观动机，没有支持胡惟庸发动叛乱的想法，更没有任何实质行动。可是，在朱元璋看来，你知道胡惟庸谋反，就应该大义灭亲，进行举报。你不举报，"知逆谋不发，狐疑观望怀两端"，真是大逆不道！脚踏两只船，立场不坚定，把我置于何地？

朱元璋决心彻底清算。

他翻看了李善长帮他制定的《大明律》，里面有族诛的条文。现在，朱元璋最想做的，就是请君入瓮。你制定的谋反罪，你自己去享受吧！

这样一个有卓越功勋的人，因为没举报胡惟庸谋反，最后以谋反罪被杀，夷灭三族，妻子、儿女等70余人全部被杀。李善长免死两次的铁券，没有发挥一点效力，因为朱元璋不兑现诺言。

李善长的几个儿子因为是驸马爷，免除死罪，不再世袭爵位和铁券。已去世的营阳侯杨璟、济宁侯顾时等人被追究罪责。李善长的供词写进《昭示奸党三录》，布告天下，身败名裂。

李善长的一生启示：荣华富贵，功名利禄，神马都是浮云！

想当年，君臣坐而论道，何其融洽！1367年，朱元璋对中书省臣李善长等说："法有连坐之条，侵害损伤人。我以为审理案件应当平恕。先王之政，罪不及孥，真是非常忠厚。从今以后除大逆不道，不要连坐。"多次指示罪不及孥，刑止一身，不要连坐。但是，口头谕旨就是落不到实处，终究是空话，仅仅是苛刑止一身、不搞连坐的思想萌芽。李善长在制定法律时，没有废除连坐之条，这样每逢大案要案，成千上万的无辜者仅仅因为是犯人的妻子儿女、亲属受到株连，悲惨地死去，成为政治斗争的牺牲品。连坐的法律是李善长自己制定的，他哪里想到会自作自受呢？

一年以后，一个奇人竟然上书为李善长申冤。他就是年轻的天才——解缙。

解缙起草《论韩国公冤事状》，认为李善长"被谋反"。

理由如下：李善长为陛下打天下，成为第一勋臣。假使帮胡惟庸谋反成功，得到的待遇能有现在这么好吗？得到的职位又能高到哪里去？况且他已年迈，根本没有精力再折腾，何苦要去谋反！

解缙一针见血。朱元璋看了以后，觉得理亏，心里很不高兴，但也无话可说。

解缙又再次提刀，写了一封奏疏，交给郎中王国用，上书朱元璋，再次为李善长鸣冤：

李善长拼命帮你取得天下，勋臣第一，得到臣子所能谋求的最高待遇。说他帮助胡惟庸谋反，非常荒谬。人总是喜欢安享万全富贵，对于希望渺茫的富贵，必定不会心存侥幸。李善长即使帮助胡惟庸谋反成功，得到的待遇，能跟他今天相比吗？李善长难道不知道：不可以侥幸取得天下吗？李善长被扣上这样的罪名，其中必有深仇激变，被人诬陷，以求脱离祸患。连李善长都被杀，臣害怕国家会因此解体。

朱元璋一看又是解缙提刀，心里很不高兴，但也没有治王国用的罪。

后来，解缙又上万言书。万言书哪是能随便写的？朱元璋觉得他太不识趣，太不知天高地厚，于是把解缙一脚踢出京城，赶回老家，禁止他来南京。

朱元璋杀李善长，理由似乎站不住脚。其实他心里有小九九：不剿灭你淮西集团，我朱家的子孙后代能坐稳大明江山吗？

4.绝世名将被剥皮

蓝玉档案：

简历：永昌侯、征虏左副将军、大将军、凉国公

口碑：当世卫青、李靖

1393年正月，朱元璋又兴蓝玉案。蓝玉以谋逆罪被杀，连坐而死者达1.5万人。

蓝玉是一代名将，安徽定远人，是个高个红脸大汉。跟着姐夫开平王常遇春打仗，骁勇善战，所向披靡。常遇春很欣赏他，常在朱元璋面前透口风：蓝玉有大将之才。

在徐达、常遇春死后，蓝玉多次任军队主帅。他的军事才能，特别是在大明建立后得到极大发挥。

1371年，他跟随颍川侯傅友德，攻克四川，消灭夏国。

1372年，他跟随中山王徐达，征讨北元残部，大败元军。

1373年，他指挥军队再次大败元军，俘虏国公帖里密赤等59人。

1378年，他跟随西平侯沐英，征讨西番，活捉其首领，消灭和俘虏上千人。军队凯旋后，蓝玉封为永昌侯。

1381 年，他跟随傅友德，平定云南，在白石江大败元军，逼迫元梁王自杀，元代势力彻底灭亡。蓝玉的女儿嫁进帝王家，册封为蜀王妃。

1387 年，蓝玉任征虏左副将军，随大将军冯胜平定东北，降服北元悍将纳哈出。当时，天下大雪，蓝玉亲自率领轻骑兵奔袭庆州，杀了元朝平章果来。军队凯旋后，大将军冯胜获罪。蓝玉接替冯胜的职位，升任大将军。

1388 年三月，蓝玉率 15 万军队，征讨北元嗣君脱古思帖木儿。朱元璋告诉蓝玉："肃清沙漠，在此一举"，要求蓝玉勿失时机，必须一战成功。

这一仗，是值得大书特书的一仗，因为它让成吉思汗及子孙建立的横跨欧亚大陆的蒙古帝国，断了最后残余的一点根基。

明军出了大宁，来到庆州，蓝玉通过探子得知，元帝在捕鱼儿海驻扎。明军从小路日夜兼程，赶至百眼井，此地离捕鱼儿海还有 40 里，但不见敌军踪影，蓝玉想退兵。

定远侯王弼说："吾辈提十余万众，深入漠北，一无所得，仓促班师，何以复命？"

蓝玉点头称是，命令将士们在地下挖洞做饭，毋见烟火。到了晚上，悄悄来到捕鱼儿海附近（今贝尔湖附近），正值黎明。蓝玉侦知敌人的大营在捕鱼儿海东北 80 余里处。元军猜想明军缺乏水草，必不能深入，因此毫无防备。

天上刮起大风，沙尘漫天飞舞，白天好像变成了黑夜。定远侯王弼为前锋，直逼元军大营，而元军浑然不觉。

明军发动突袭，元军大尉蛮子率众拒战，不敌，蛮子及其军士数千人被杀，其余的纷纷投降保命。

北元嗣君脱古思帖木儿大败，带着太子天保奴、知院捏怯来、丞相失烈门等数十骑迅速逃跑，蓝玉率精骑穷追不舍，奔驰 1000 余里，没抓到，遂勒马而还。

北元嗣君的次子地保奴、嫔妃公主、吴王朵儿只、代王达里麻等 3000 多名官员及家属被俘，男女士兵 77037 人投降，还缴获 15 万多头马、牛羊、骆驼以及 3000 多辆战车。

俘虏们的兵器和铠甲，堆成了小山，在一场大火中烧了个精光。

脱古思贴木儿及其子天保奴，在逃亡途中，死于阿里不哥后裔也速迭儿之手，知院捏怯来、丞相失烈门等不久投降明军。自从元顺帝于 1368 年从元大都北平出逃后，这个以元帝为首的残元余孽，经过上都、应昌、和林、捕鱼儿海等一系列战役，至此基本瓦解。

朱元璋接到捕鱼儿海大捷战报，大赞蓝玉是汉代卫青、唐代李靖，晋封他为凉国公。

后来，蓝玉又多次平叛，大获全胜。

可以说，蓝玉是继徐达、常遇春之后的杰出将领。

但是，蓝玉是虎将，而不是儒将，生来天不怕地不怕，难脱赳赳武夫脾气，功劳越大，脾气越臭，专恣暴横，桀骜不驯。他在军中搞"一言堂"，进止自专，不接受组织监督，擅自提拔干部、降黜将校，培植私人势力，多次受到朱元璋批评。对皇帝也不够尊重，陪伴皇帝吃饭时，蓝玉语言十分傲慢，不把皇帝放在眼里。他给皇帝上了几次奏章，皇帝没同意，他快快不乐，以为皇帝已经在怀疑他。

每一次立下大功，都要说些屁话，惹得皇帝不高兴。西征凯旋后，他升为太子太傅，而同时出征的宋国公冯胜、颍国公傅友德被封为太子太师。他喜欢争功劳，对此十分不满，不甘屈居冯胜、傅友德之下，愤愤地说："我难道不配当太子太师吗？"

平定东北时，在宴席上，他好逞凶斗狠的臭毛病又犯了，差点坏了大事。

当时，已经迫使纳哈出率领的 20 万元军在其老巢吉林金山（今吉林双辽）投降，只等举行投降仪式。在仪式上，蓝玉只要客客气气，给足人家面子，把仪式平平安安地进行完，一切都万事大吉。

纳哈出带领数百骑兵，来到大将军营参加投降仪式。蓝玉大喜，请人喝酒。可是，蓝玉一喝酒，就要起了酒疯。纳哈出也是酒疯子，比蓝玉还疯，每次大醉之际，虽盛夏之时，常以冷水浇身降温醒酒，身体大受摧残。

感谢不杀之恩！纳哈出站起来向蓝玉敬酒。蓝玉说点哥们好，喝了不就是了？谁料，蓝玉脱下外衣，一定要纳哈出穿上，嘴里大声嚷嚷：

"请服此而饮！"

你穿此衣我就喝，否则，没门儿，我坚决不喝。纳哈出也是有身份、有尊严的人，属于蒙古人，元顺帝封其为丞相，后又封太尉，哪肯穿这种汉人衣服？两人僵持着，不穿衣，也不喝酒。两虎相斗，剑拔弩张。

双方越说越激动，纳哈出骂骂咧咧，将酒泼在地上，站起来要走。坐在一旁的一个年轻人，对了，就是常遇春的儿子常茂，身体里热血沸腾，看不下去。他抽出钢刀，一刀将纳哈出砍得鲜血淋漓。纳哈出带的几百名骑兵，一哄而起，保护元帅，差点引起哗变。最后由主帅冯胜出面，才将纳哈出招抚。朱元璋下令，将那闯祸的常茂锁了。

在捕鱼儿海大败元军后，蓝玉俘虏了数十个公主和妃子。后宫往往是战争的牺牲品，他又经不起美色的诱惑，犯了色戒，私自将一些公主和宫女纳为小妾。这些女人已经没有反抗的本钱了。

如果君主死了，妃子应该自杀殉节、殉葬，元代风俗如此。偏偏一个被蓝玉霸占的元妃，上吊自杀，不知道是殉节，还是不堪其辱。朱元璋一向优待战俘，对于侮辱元妃，导致其自杀，必然激发两方矛盾。元军尚有百万大军，对新王朝虎视眈眈，岂会善罢甘休？

然而，还有一个人所不知的原因。

本来，这些被俘虏来的公主、妃子作为战利品，应该敬献朱元璋，让他先过目。

为什么这么说呢？因为依照朱元璋的色性，本来就属于色鬼之列，只有他挑剩下的战利品，才轮得到你蓝玉，而你怎么好捷足先登、掠人之美呢？

这种心理非常好理解，因为朱元璋是和尚、乞丐出身，属于社会草根中之极品、弱势群体中的下等人。现在得势必猖狂，要占有就占有对方元帅的妃子、女儿，这种心理现在依然存在于一些人心中。

夺天下时，己方主帅是郭子兴，他父子让朱元璋遭了多少罪，差点就被弄死了，朱元璋得势后就占了郭子兴和张夫人的亲生女儿，封为郭惠妃，后生下蜀王朱椿、代王朱桂、谷王朱橞。

又如敌方主帅之一陈友谅。朱元璋称掠夺陈友谅貌美的妃子据为己有，是为了报复敌人。他说，朕在天下尚未平定时，攻城略地，与群雄并驱14年，在军中从未妄夺一妇人女子。唯有攻下武昌以后，因恼怒陈友谅屡屡起兵相犯，故夺其妾而归。抢夺来的这个妃子，被封为阇妃（或说妲定妃），生下第八子朱梓。

敌方主帅张士诚失败后，老婆刘氏、几个小妾都自杀了，所以朱元璋没有机会。

朱元璋还曾经跟臣子争女人，而这个少女已经许配朝官，朱元璋非要强行逼娶为宫女。这种霸道行径，跟董卓抢吕布的女朋友貂蝉有何两样？员外郎张来硕批评这种流氓行为，竟然被碎肉致死。

捕鱼儿海大败元军后，元朝皇帝的数十个公主和妃子被俘。对于这些以前高不可攀的美色，朱元璋难道没兴趣吗？不太可能。以此推衍，蓝玉私自纳妃，是抢了朱元璋所好，风险极大。果然，朱元璋怒火中烧，对蓝玉的纳妃丑闻，做了严厉批评。

北征回朝时，蓝玉又犯下大错。晚上，军队到达喜峰关。把守关口的士兵还没来得及开门，蓝玉竟然毁关而入。本来，朱元璋要封他为"梁国公"，听说这个消息，大怒，将封号改成"凉国公"，一字之差，一根栋梁就变成一瓢凉水。朱元璋把他的过错，镌刻在铁券上，希望他改过自新，但是蓝玉的态度很坚决：知错，就是不改！

蓝玉私自蓄养数千名家奴和干儿子，俨然蓝玉集团公司，到处搜刮民脂民膏。他非法占有东昌百姓的土地，百姓向政府告状。御史上门调查，他公然阻挠执法，一顿乱棍把御史赶走。他又令家人从云南倒卖国家专营的食盐，数量巨大。

可见，蓝玉之死，纯属咎由自取，虽然犯上作乱，但不至于谋反起事。

1393年，一个十分敏感的年份。朱元璋66岁，已经老了。太子朱标刚刚去世1年，皇位继承人没了，刚立的皇太孙朱允炆还是个小毛孩，朱元璋的内心又焦急、又凄凉。

恰恰此时，锦衣卫的一名指挥——蒋瓛，站出来揭发蓝玉谋反，一场政治大海啸再次席卷朝野。

蓝玉等人被捕，遭到严刑拷问。

审问蓝玉的主审官是詹徽，对，就是跟皇太子朱标吵架的詹徽。他德才兼备，人才难得，时任吏部尚书。1390 年，他曾经主持审理李善长案，很有审判经验。因为谋反案事关重大，与詹徽一同审问的，还有皇太孙朱允炆。

蓝玉坚决不认罪，坚称自己被诬告，没有谋反。

詹徽立功心切，冲蓝玉呵斥：

"赶快吐实！不要牵连他人！"

这员虎将气愤已极，高呼：

"詹徽，你就是我的同党！"

皇太孙大惊："有这回事吗？"

詹徽吓得头昏目眩，还没来得及申辩，立即被捕。

在那样恐怖的环境中，任何申辩都是苍白无力的，每个无辜的人都有可能"被谋反"。蓝玉，只不过临死拉个垫背的，在风头那么紧的情况下，一句话就使詹徽丢了命。

朱元璋编写的《逆臣录》中记录了一些人的供状。

府军前卫一个百户李成供称，蓝玉曾对他说："我亲家靖宁侯（指叶升）已经做到了侯的位子，如今却把他废了。前日说让我做太师，今番又让别人做了。我想上位真的挺难，公侯每废了几个，久后都是难保全的。你众人征南征北许多年，熬得个千百户、总小旗做，却没一日安闲快活，你若肯与我一心时，就来我跟前听候。"

靖宁侯叶升是蓝玉的亲家，因为与胡惟庸走得近，被杀，使蓝玉很受震动，有了兔死狐悲、公侯难以保全的危机感。李成的供状显示，蓝玉对没做太师感到不满。

兴武卫指挥金事董翰的供状称，蓝玉曾告诉他："我亲家靖宁侯征南征北，受多少苦，熬得做个公侯地位，也把他做胡党全家废了。我自征进回来，见上位（指皇帝）好生疑我，料想他必是招出我来。不如我如今趁早先下手做一场，免致后患。我已与库军等卫前几日商量定了，未知你众官人意下如何？"他的供状显示，蓝玉想早先下手对付朱元璋。

东莞伯何荣之弟何宏的供状称，蓝玉曾对吏部尚书说："你见本朝文官，哪一个有始终？便是老太师、我亲家靖宁侯也罢了。如今上位（指皇帝）病缠在身，殿下年纪又小，天下军马都是我总着。"他的供状显示，蓝玉作为天下军马的掌控者，想趁皇帝疾病缠身、殿下年小的时机搞事。

蓝玉最后的罪状是：串通景川侯曹震、鹤庆侯张翼、舳舻侯朱寿、东莞伯何荣、吏部尚书詹徽、户部侍郎傅友文等谋反。计划动手的时机——趁朱元璋出宫耕田的时候。

1393 年三月二十二日，朱元璋将蓝玉以谋反罪处死，剥皮，族诛。

凡连坐的称为"蓝党"，一律处死，1.5 万多人被诛。

凡是蓝玉的部下和上司，凡是其亲属，一律杀掉。

凡是与蓝玉沾边的，即使看过蓝玉家的画、为蓝玉题过字的，有一面之缘，全部处死。

有位孙进士，翰林院的书生，因为替蓝玉题过画，被捕判死刑。临死前，吟诗一首：

"鼍鼓三声急，西山日以斜。黄泉无客店，今夜宿谁家？"

真是好诗！视死如归，淡定从容！

监斩官把这首诗报告朱元璋。老皇帝眼皮一抬："这么好的诗，为什么不早报告？这么好的才子却死了，你抵命吧！"杀了监斩官。

经过这次大屠杀，明初的元勋宿将被屠杀殆尽。

朱元璋亲自编写《逆臣录》，布告天下，蓝玉等 1 公、13 侯（张翼、陈桓、曹震、赵庸、朱寿、张温、察罕等）、2 伯都列入书中。

蓝玉的人皮，被拿到全国各地巡回展览，逼人参观。展览好后，蓝玉的女婿蜀王奏请把人皮留在四川，获得皇帝批准。

这张人皮成为成都一景，供奉在端礼门城楼上。崇祯十七年，张献忠攻入成都蜀王府，那张人像还供奉在城楼上，身穿公侯品服，金装，皮肤为人皮，头、手、脚是肉身，看起来如同真人，不知道是什么高档工艺品。

蜀王和王妃都投井自杀了，农民军讯问蜀王府的太监，太监说："这是凉国公蓝玉的人皮。"

张献忠在蜀王府建立政权，自称大西国王。兵败撤出成都时，焚烧所有宫殿，蓝玉的人皮可能也被烧掉了。

对于蓝玉谋反案，清代不认同蓝玉有谋反罪，在《明史》中，他没有被定为奸臣。

《明史》认为，杀功臣不是朱元璋的错，而是他们桀骜不驯，咎由自取。治理天下，不可以没有法律。国家处在混乱的时代，法律对官员还比较宽松，天下太平，法律对官员就渐渐严格，这是时代发展变化的必然结果。论者总是感慨鸟尽弓藏，称朱元璋出于猜忌大杀功臣，这不是通达、识大体的话。天下大定，国家形势就稳如磐石。皇帝指挥大战时，他们争先恐后奋勇杀敌，这时朱元璋扶植他们不遗余力，哪有什么疑忌。这些功臣桀骜难驯，当他们锋芒毕露的时候，在疆场上还能立功，但是跻身富贵、志得意满，人就嚣张起来。皇帝亲近他，他就骄傲恣肆，制造危机；疏远他，他就心怀怨恨，破坏纲纪。皇帝不能不顾法律而委曲求全，杀他出于万不得已，不是为私利剪除异己。朱亮祖这些人，既不懂明哲保身，又不会节制谨慎，被杀都是自找的。

《明史》不反思皇帝的过错，一味埋怨臣子的错误，这是站在皇帝的立场，替皇帝说好话，算不上公允之论。如果功臣有罪该杀，定个普通的死刑罪名，杀掉他一个人也就罢了，何必一概定为谋反大罪？既然是谋反罪，杀掉一人、一家也就够了，为什么还要诛族，甚至大搞连坐，成千上万的人都惨遭杀害？维护法纪的皇帝，应该依法办事，做到法当其罪，而不是随心所欲拿诛族和连坐大开杀戒。

明末清初的史家谈迁也认为，蓝玉是"被谋反"。虎将粗暴，不能容人，他只不过想弄个太子太师当当，没有其他企图。蓝玉富贵骄逸，给皇帝造成太多的"疑网"，积疑不解，才终于招致杀身之祸。

有人认为蓝玉案与燕王朱棣有关联，是朱棣背后使坏。蓝玉是太子妃的舅父，极力维护太子朱标的储君地位，曾提醒朱标提防朱棣。如果朱标顺利登基，也没朱棣什么事了。而朱棣对皇位早就垂涎三尺，在朱元璋面前挑拨离间，才使朱元璋在猜疑的心态下剿灭蓝玉集团。蓝玉死了，朱棣也就不怕任何人了。

三、杀人不闻声

1. 官场恐怖人自危

朱元璋起自民间，熟知墨吏祸害百姓，对贪污的蛀虫、官员害人的行径特别痛恨，常以极刑处之，成为历史上杀贪官杀得最多的一位皇帝。

贪官最爱什么？当然是最爱钱了。谁都怕自己钱少、不怕自己钱多。但贪官怕死吗？真实的答案却是：贪官不怕死。

贪污有什么危害呢？作家柏杨说，历史沉痛地证实，贪污对中国的伤害太大，无数民变兵变、辱国失地、政权覆灭，以及大屠杀大流血，几乎全都起因于官员贪污，和由贪污引发的暴虐。

针对元代后期贪污成风的弊政，朱元璋在开国之初，实行以猛治国的政策，认为乱世须用重典，法外用刑的情况很严重，遭到惩处的官吏很多。

他登基的第二年，和大臣们交心说，我从前在民间的时候，看到地方官员大多不体恤百姓，往往贪财好色，对人民疾苦漠不关心，心里真是恨透了。现在我要严格立法，严禁贪污。凡是官员贪污、祸害百姓，绝不宽恕。

刚开始，朱元璋惩治贪污还不是特别毒辣。他鼓励天下百姓都来检举、监督官员。允许百姓直接到京城检举，告发贪官，甚至允许把贪官扭送京城。百姓闯入官府捉拿有劣迹的官员，谁也不能阻拦，如有阻挡者，诛灭全家。他把犯法官员的罪行在中明亭公布于众，让老百姓都知道，警戒官员不要作恶。

由于人才奇缺，官员犯罪了不是一杀了之，而是可以戴着脚镣手铐办公。他命令刑部，凡是犯罪的官吏，罪行可以宽宥，仍旧官复原职，但在官府大门上张榜公布他的罪行，督促他反省，死不悔改的再治罪。

有件事使他大受刺激，才大开杀戒。

浙西的官府征收百姓赋税，盘剥起来比虎狼还厉害。从浙西运 1 石粮食到首都南京，需要花 4 石的运费，老百姓苦不堪言。为把运费节省下来，后来改为缴纳钞，不用运粮，1 石米相当于 2 贯钞。但是，地方政府照样按照运粮的办法盘剥百姓，征收水运费、车运费、饭钱、验收粮食费、装粮食的蒲篓开支费、竹篓开支费、沿江祭拜神佛的香火钱等，总共比规定的标准多征税 900 文。

朱元璋得到举报后，气愤至极，下令以后官员贪污，不分轻重全部杀掉。

后来，杀贪官的手段步步升级，毫不手软。

1371 年立法规定，官员犯贪污罪，不予赦免。

1385 年，颁行《大诰》，朱元璋在序中严厉地说：“官府敢不奉公而捞取私利，一定要彻查罪行进行惩处。”

1392 年立法规定，官员贪污钞 60 两以上，不仅枭首示众，而且剥皮。

越到后来，朱元璋的脾气越臭，杀官员陷入滥杀，杀人就像捏死一只蚂蚁。杀人只讲感觉，完全凭自己一时喜怒；杀人不需要任何理由，不分任何时间地点，甚至直接在朝廷上立即执行；杀人也不讲数量，一杀杀一家、杀一族、杀一片地区。

在《大诰》等法令中，有成百上千的人被凌迟、枭首、诛族，死刑弃市以下达 1 万人。

朱元璋用凌迟处决一名不老实的贪官。

金吾后卫知事靳谦，贪婪无度，犯下一桩桩罪行。他手下原来只有 7000 名士兵，他到任后增加 8000 多人（可能是虚报），军队每月的开支数额很大。他贪污公粮倒卖，并且从中克扣军饷和赏赐。

为隐瞒自己的罪行，他故意不作账，销毁 90% 的会计账册。断事官对他进行财务审计的时候，因此只拿到很少的财务资料，于是向朝廷奏报靳谦贪污。

靳谦一看大事不妙，竟然指使妻子和妾，到南京击打皇宫前的登闻鼓"申冤"。他们知道，只要击打登闻鼓，皇帝就会亲自审案。

果然，朱元璋亲自审问靳谦的事情。在朝堂上，靳谦绝口不提财务资料的事情，却诬告断事官诽谤朝廷官员。朱元璋让他们当面对质，靳谦无法自圆其说，贪污竟然销毁罪证，还击登闻鼓诬陷审计官，朱元璋愤恨至极，将靳谦凌迟处死。

朱元璋执法很严，谁贪污就杀谁，即使是亲女婿犯罪，也照杀不误。他的女婿欧阳伦因为私贩茶叶，罪不至死，结果被逼自尽。

南方的地方官员很少有人能做到任期结束，就掉了脑袋。所以，翻阅《明史》，诸多有名的官员，人物传记看到文章末尾，最后都是被杀掉了。

剥皮

称朱元璋为"朱扒皮"，绝不是冤枉他。为什么叫他"朱扒皮"呢？因为他喜欢做一种从不出售的工艺品——剥贪官的人皮。

剥皮这种残酷的刑罚在明代如同家常便饭，朱元璋明文写进《大诰》。他用这种残酷手段，严厉镇压贪污罪和谋反罪。蓝玉是第一个被剥皮的名将。

剥皮就在府、州、县衙门左首的土地庙进行，因此土地庙也叫皮场庙。朱元璋是剥皮高手，杀掉贪官后，将剥下来的人皮塞上稻草，放在官员办公的座位旁边，吓唬官员。官员办公和审案的时候看到这张人皮，心惊胆战，不敢作恶。

此后，剥皮在明代没有断过。

靖难之役后，朱棣打败建文帝，不少大臣威武不屈，被朱棣剥皮。比如景清被抓之后，大骂朱棣。朱棣令人将景清剥皮，在人皮里塞上草，绑在长安门示众，并将他的骨肉剁成肉酱。胡闰被抓之后，牙齿被打光，掉落一地，胡闰仍然骂声不绝。朱棣大怒，将胡闰勒死，用灰蠡水浸泡尸体，将人皮剥下，塞上草，悬挂在武功坊示众。

统治者对农民起义军首领也剥皮。例如明武宗将农民起义首领赵璲在闹市处以磔刑，将为首的6人剥皮。又将人皮制作成脚踏，骑马的时候踩在脚底下泄恨。

反之，农民起义军对统治者也不客气。据《明史》记载，张献忠也喜欢剥人皮，而且是剥活人皮。如果皮没剥好人就死了，刽子手就会被处死。这种说法无非是形容张献忠残忍好杀，是否属实有待考证。

到魏忠贤掌权时，老百姓在民间偶尔发发牢骚，触怒魏忠贤，动辄被逮捕杀害，甚至被剥皮、打断脊梁骨、刺心、割舌头。魏忠贤剥起人皮来就像在饭桌上剥番薯皮一般，被他残杀的人不可胜数。一个姓徐的人和朋友喝酒，其中一人数落魏忠贤的恶行，说他不久会败落。到半夜熟睡，这喝酒的4人全被特务抓走。刚才乱说话的人，手脚被钉在门板上，魏忠贤命令手下人取来沥青给他"洗澡"，然后用槌子敲打，不一会儿一张完整的人皮就被剥下来，十分恐怖。

廷杖

朱元璋对官员很苛刻，工资不高，几乎没有休息天，而且还发明声势浩大的廷杖，侮辱官员。

廷杖是侵犯人权的侮辱行为，源于朱元璋的粗鲁和不文明。他出身低微，没接受过正规教育，长大后也没变成文明人，当皇帝后只要一发怒，就在朝廷上打人。

例如刑部主事茹太素，1375年上了一份陈时务书，博士买驴，又臭又长，多达1.7万字。朱元璋让中书郎王敏读给他听，听了半天，还不知道茹太素要说什么，有些话还说得比较难听，说"才能之士，数年来幸存者百无一二"。

朱元璋大怒，把茹太素叫到朝廷上辩论，当场廷杖。第二天晚上，继续读，终于搞明白茹太素说了4件事，朱元璋说，500字就能讲明白，何必这么啰唆，亲自作出批示去执行。命令中书省定下奏书格式，要简洁明了，不要文词太多。茹太素写万言书虽然挨了一顿打，但终究还是起了一点作用。

廷杖不是简单地打屁股，而是一种十分痛苦的刑罚。廷杖是由锦衣卫执行皇帝命令，在朝廷上杖责大臣。廷杖始于元代。朱元璋继承下来，并发扬光大，只要不高兴，不管什么官员，一律由锦衣卫廷杖，由司礼监太监监督，打完后就拖上来，打死了就拖走。

廷杖的具体情形是：

被杖的官员，两个手腕被绳索捆绑，身穿囚犯衣服，逮到午门外。每进一个大门，大门立即关闭，到达行杖的地方，只见100名锦衣卫手执木棍，威严地分立两旁。司礼监的数十名宦官捧着驾帖（驾帖是皇帝派人办事的凭证，相当于逮捕证或者处罚通知，由司礼监出帖并盖章，经过刑科给事中批准），来到犯人面前。司礼监太监宣读驾帖内容，犯人跪下听取判罚：着实杖多少棍。司礼监太监在午门西边的台阶下左边就座，右边则坐着锦衣卫使，此外还有穿着大红衣服的数十名锦衣卫忙前忙后。

不一会儿，被杖的官员捆绑好了，放在麻布兜上，由4人悬空抬着。为首的大喝道："带上犯人来！"每一次大喝，成百上千的人大喊应声，声音震天动地，很远的地方都能听到。初次大喝："阁棍！"一个人手持木棍出列，放在官员大腿上。这时再呵斥："打！"锦衣卫开始行杖。打三下后，喝令："着实打！"每打5棍，换一人继续打，比如打80棍要换16人。一边打一边喝道："着实打！""阁上棍！"千百人大喊应声，总共呼喊46声，被杖的官员吓得瑟瑟发抖，痛苦地挣扎翻滚，有的甚至下巴触地，磨掉了胡须。

打完后，锦衣卫再次大喝："踩下去！"4名锦衣卫将犯人狠狠地摔在地上，用麻布兜抬下去。这时，犯人十有八九处于气绝状态。

在打的过程中，如果司礼监太监秉承皇帝的意图，喊的是"用心打！"而不是"着实打！"锦衣卫就会心领神会，把人往死里揍，囚犯绝对没有生还的可能。

廷杖是侮辱人的体刑，甚至是死刑。被打成残废的很多，当场毙命的有时一次多达几十人。

如在嘉靖朝时，因为大礼议之争，134名官员被廷杖，其中17人被当场打死。

官场这么恐怖，很多人死活不愿意做官。某些知识分子为逃避做官，装疯卖傻，每天喝酒大醉，把自己的形象彻底搞臭。

因为人才奇缺，朱元璋在《大诰》中制定"寰中士夫不为君用"的法律，强迫知识分子做官。《三编》稍为宽容，但是所记载的进士、监生罪名，从一犯至四犯的人还是达到 364 人。大难不死而还职的官员，大多身负斩罪，照常上班做事。

贵溪的知识分子夏伯启叔侄两人，砍断左手大拇指，发誓不做官，被朱元璋杀掉抄家，以避免其他的狂人愚夫群起仿效。

元末翰林学士李征臣是头犟牛，死活不愿意在朱元璋手下做官。朱元璋把他的家属全部杀光光，把他发配到宁夏充军。人一旦充军，他的后代都得世代做军人，为国戍守边疆。

朱棣上台后，看李征臣实在可怜，把他接到南京，又逼迫他做官。李征臣说，原来我拒绝做官，全家都被杀了，现在孤身一人，何必还要做官？朱棣拿他没办法，问他想到哪里去？他说不愿意回家乡，因为他无家可归，家里人早死绝了，还是愿意回到充军的地方。这也太凄惨了！于是，朱棣免去他的戍籍，让他去老朋友的私立学校教书。

做官到哪里任职，全凭朱元璋说了算。不服？砍刀侍候。

苏州的知识分子姚叔闰、王谔，受人举荐，朱元璋想重用，安排他们到南京做官。可是这两个人拎不清，不想去南京，只想留在苏州混混日子。不去，总得有理由吧？他俩就勾结苏州府官员张亨等人，说在苏州已找到一份文职工作，就在苏州拿工资，不到南京就职。

朱元璋看他们不听话，将他俩枭首，家产抄没。

做了官不能随便辞职，否则安上"大不敬"的罪名，杀头也在所难免。程朱理学家李仕鲁因为上书请求推广儒学，别崇尚佛学，朱元璋不听。李仕鲁当场交还朝笏板要辞职，结果在朝堂上被摔死。

朱元璋这么狠毒，在官场上造成恐怖政治，官员们朝不保夕。

官员上朝前，都要和妻子话别，回不来你就安排后事，如果能下班回家，全家就庆祝一下多活了一天。上班后，第一件事情是暗中观察朱元璋当天玉带的位置。如果玉带滑到肚皮底下，那他肯定气鼓鼓的，当天要拿官员大开杀戒。官员们值班就分外小心，一个个战战兢兢、如履薄冰，吓得面如土色，生怕说错一句话、写错一个字。如果看到玉带高高地贴在胸前，表明他心里阳光灿烂，当天不会杀人。

2. 郭桓贪污杀光光

死亡人数：数万人

案件结果：许多机构瘫痪

明代的官员为国家辛苦打工，工钱却很低。清廉正直的官员靠工资养不活一家人，死时像海瑞一样，连棺材板都买不起。"当官不发财，请我都不来"，有些官员正是抱着这种错误的侥幸心理，为让自己过得好点，搞点小动作，揩点公家的油，结果搭上全家性命。

1385年五月，一场腐败大案浮出水面。

涉案的主角是郭桓，时任户部侍郎（副部长），主持户部工作。

御史余敏等人告发有人贪污官粮。朱元璋得知北平二司的官吏李彧、赵全德等人与郭桓狼狈为奸，上下串通，贪污官粮。

于是，命令法司严刑拷打。

主刑官是吴庸。郭桓饱受皮肉之苦，什么证词都有了——礼部尚书赵瑁、刑部尚书王惠迪、兵部侍郎王志、工部侍郎麦至德，全都跟我是一伙的。大大小小的官员、富商说了一大堆。

主审官们也全信了，于是定罪：郭桓等人在收浙江西部秋粮时，应上缴450万石公粮。但是郭桓等人，只上缴60万石粮食和80万锭钞票，折合粮食200万石，还有190万石没缴纳。郭桓等人收受浙江西部等府送上的50万贯钞票的贿赂，纵容黄文通等府、州、县的官员私分公粮。应天府等5个州府，数十万石公粮被官员郭桓、张钦等私分。

这样算起来，郭桓侵盗国家粮食700多万石。而根据《大诰》的说法，有2400多万石公粮被这些蛀虫贪污。

严刑拷打得来的供词，往往是不可信的。但是，朱元璋宁愿相信这是真的，杀贪官多过瘾、追赃多痛快啊！

于是，将他们全部逮捕。户部整个衙门全部完蛋，左右侍郎以下的官员全部杀掉，礼部尚书赵瑁、刑部尚书王惠迪、兵部侍郎王志、工部侍郎麦至德等人丧命。

随后在全国各地追赃，强迫缴纳官粮 700 万石，总之不管抓多少人、杀多少人，非得把官粮数量凑够才罢手。

全国各地血雨腥风，各省布政使等大小官员、江浙富豪、家里有点钱的，入狱被杀，数量多达数万人。中等以上收入的家庭大多因此破产，特别是浙江一带，很多人被抄家，富豪大族几乎全部被消灭。

老百姓不敢明骂皇帝，而是迁怒于审理案件的主刑官吴庸。吴庸就成了众矢之的。

御史余敏、丁廷举将刑讯逼供、民怨沸腾的情况向朱元璋汇报。为平息天下人的怨气，朱元璋将吴庸等人杀了，并假惺惺地说："我下诏让你们清除奸人，你们反而干坏事扰民，今后凡有这样的事情，一律遇赦不宥。"

这完全是朱元璋小题大做、捞财害命、乱杀一气。

刑讯逼供，永远得不到真相。

3. 空印无罪除头头

案件结果：各地衙门一二把手全倒霉

1382 年，兴起空印案。这是"朱扒皮"一手炮制的大冤案。

每年各省布政使司和各府、州、县都要派人到户部，报告地方财务情况，核对钱粮、军需等，由户部进行审计。

户部审核账本很严格，钱谷数字，一升一合、一分一毫对不上，整个会计簿就得重新造册填报。重新造册很麻烦，账本要盖上地方政府的公章才行。从南京回到地方上重新盖章，再回南京上交，一去一来要花很长时间，远的六七千里，近的三四千里，比如贵州的、新疆的，骑马到南京，一个月甚至几个月都赶不到。

因为路途遥远，地方官员就耍小聪明，带上备用的空白账本，先盖好公章。账本一旦被户部打回来，没有过关，就立即重新填写交上去，不用来去折腾了。这种做法就跟使用空白发票一样，先盖章后填写，虽然不符合程序，但在交通条件落后的情况下，也情有可原。这在明朝已经成为惯例，大家习以为常，没有人在意。

1382年，朱元璋第一次发现这种情况，他却在意了，勃然大怒，感到是大事一桩，地方官员统统在欺骗他，其中必有隐情。他是最恨贪污的，于是他的大头症又犯了，怒不可遏，不是杀一儆百，而是无限上纲上线。

他下令将郡守一级掌管公章的一把手或者会计师一律处死，二把手以下杖100下、充军边疆（凡主印者论死，佐贰以下榜一百，戍远方）。方孝孺的父亲方克勤是天下公认的好官，也在此案中蒙冤而死。

方克勤的事迹写入《明史·循吏》传。能称为循吏的，都是守法循理的好官、清官。他生活简朴，很少吃肉，一身布袍穿了10年却舍不得换一换。

履职山东济宁知府时，他以德化为本，不喜近名，以"功成不必在我"的精神境界和"功成必定有我"的历史担当，发扬钉钉子精神，埋头苦干，为民造福。他曾说："近名必立威，立威必殃民，吾不忍心这样做。"他招抚流民垦荒，三年不征赋税。到了盛夏时节，守将监督民夫筑城，干扰了抗旱等农活。"民病不救，焉用我为？"方克勤毅然上报中书省为民请命，群众得以免除劳役，在大旱年景，依然五谷丰登、丰衣足食。做官3年，济宁人口集聚，户口增加数倍，由以前的蛮荒之地变成远近闻名的富饶之郡。

在山东省官员考核中，其政绩列为六府之最。当地群众把他当作父母来爱戴，朱元璋也给予嘉奖，赐宴和他套近乎。济宁人以崇敬、美好的语言温暖他："孰罢我役？使君之力。孰活我黍？使君之雨。使君勿去，我民父母。"

但就是这样的好官，也因为牵连进空印案，被捕、丧生。

当时胡惟庸案还没了结，人们夹着尾巴自保，政治气氛比较恐怖。而皇帝正为空印案处于盛怒之际，丞相、御史无人敢出来说个不字。这时候，居然跳出两个不怕死的人，来跟皇帝论理。

一个是浙江宁海人郑士利，字好义，名如其人，一身正气。

他哥哥郑士元，进士出身，任湖广按察使金事，牵连进空印案，正在坐牢。郑士利不相信像哥哥这样刚直、有才学的人也会犯罪，而且又不是掌印的，应当打一顿就放出来。他感叹地说："皇上不知内情，误以空印为大罪。必须有人言说，皇上圣明，哪会不醒悟？"

他等来了上书的时机，当时天上发生星变，皇帝下诏求言，但申明假公言私者治罪。郑士利说："我所欲言，是因为天子杀无罪的人。等哥哥被杖一百、释放以后，我就上书，即死无恨。"

洋洋洒洒数千言，上书很快写好了，但郑士利心里也害怕，在旅店闭门不出，转来转去，哭泣了好几天，很犹豫。侄子问他："叔叔为何这么自苦？"郑士利说："我有书上呈皇帝，如果触犯天子发怒，必然招致大祸。然而杀了我，能使数百人活下来，我何所恨？"

等哥哥一放出来，郑士利就拼死上奏皇帝了。里面说了几件事，重点是写空印案。

他先陈述空印案的冤情，用空印文册完全是权宜之计，图方便而已：

"陛下欲狠狠地惩治空印案嫌犯，主要是担心奸吏把空印文册作为他用（比如贪污），虐民害人。官方账本必须加盖公章才行。今检查这些空印纸，是两缝印（即盖骑缝章），不是一页纸上盖一个章。即使拿着这些纸，也没有用，何况不能得到这些纸呢？钱谷之数，府必合于省，省必合于部，数额难以凭空决定，至户部才能确定。省府距离户部，远的六七千里，近的亦三四千里，账册造成而后盖印（如果弄错了要修改），往返非一年不可。所以，先盖印而后填写数字。用空印文册完全是权宜之计，实行已久，何必狠狠治罪？"

郑士利继续分析，应先有法律再治罪，跟今天的"罪刑法定"、程序正义类似：

"且国家立法，必须先明示天下而后将犯法者治罪，因为其明知故犯、触犯法律。自立国至今，未尝有与空印相关的法律。政府部门先后继承，不知道这些人犯了什么罪。今天一旦把他们诛杀了，何以能使被诛者没话说呢？"

他又从人才难得，朝廷培养一名干部不容易，人死不能复生的角度，批评朱元璋草菅人命：

"朝廷求贤士，置众多官员职位，得到人才很难。一个人位至郡守，皆数十年才能成就。通达廉明之士，不是像草菅一样，可以割而复生。陛下奈何以不足罪之罪，而坏足用之材乎？臣窃为陛下感到惋惜。"

入奏后，朱元璋看到了，果然大怒，让丞相、御史追查是谁唆使他来说情的。

郑士利笑道："我为国家建言献策，自知必死，我也要说！没有主谋！"朱元璋当然不信，把他和郑士元罚作劳役，而牵连进空印案的人竟然大多没有免罪。郑士利的正确意见付诸东流。

另外一个敢讲真话的是山西太原官员叶伯巨，不过真话一般都不好听。1376 年，叶伯巨引用空印案的例子，劝朱元璋少杀无辜，批评皇帝过度依赖严刑峻法，还说皇帝"分封太侈、用刑太繁、求治太急"，预测燕王朱棣将来肯定会篡位。虽然句句说在点子上，但终究是揭短，朱元璋又气不过。

皇帝拿到奏书，大怒："小子离间吾骨肉，速速逮来，吾亲手射之！"

叶伯巨被抓来后，朱元璋的气反倒消了，丞相趁他高兴的时候上奏，请求让刑部审讯，然而经皇帝同意后，叶伯巨被关进刑部监狱，活活饿死。

经过郭桓案和空印案两场大案，许多无辜的官员死于非命。

朱元璋大杀贪官，有的是真贪，有的则是冤枉，有的则是无辜而受连坐。大杀贪官，最后被证明完全失效，因为贪官永远是杀不完的。究其原因，一是法网太密，小鱼小虾都抓来处死，违纪轻罪也处以重刑，因此贪官越杀越多；二是治贪难度大，靠杀人无法解决体制痼疾。贪官一旦有机会，贪污纳贿如啖饮食，不以为意，朝杀暮犯，前仆后继，杀来杀去，无所畏惧，因此贪官怎么都杀不完，陷入"人为财死、鸟为食亡""你杀你的，我贪我的"的怪圈。

对朱元璋大开杀戒的做法，继位的建文帝不以为然，锐意改弦更张，鼓励大臣纠正司法不公。

建文帝把学士杨士奇、杨荣、金幼孜叫到榻前，说："近年法司很滥，朕怎么不知道？他们所判决的大逆不道罪名，往往舞文弄法，把无罪的人弄成有罪，先帝（朱元璋）多次严厉禁止。所以死刑一定要四五覆奏，而法司甘为酷吏而不知羞愧。从今以后审重囚，你们三人一定要去参加审理，有冤枉的，即使是小事情，也要向我报告。"这样，才阻止住了滥杀的势头。

四、狂暴大头症

1. 南京首富被裸捐

沈万三（秀）是元末明初的全国首富，先前靠从事先进农业起家，后来靠经营国际贸易致富。

他是浙江湖州吴兴南浔人，后随父沈佑迁居苏州市昆山周庄。南浔，自古以来便是经济文化重镇，两宋时盛产优质生丝，明代成为江南丝绸集散地，出产的辑里丝成为皇家织造的指定原料。

沈万三小时候家里很穷，是白手起家的创富典范。他本名沈富，又称沈万三秀。元朝将百姓分为"奇、畸、郎、官、秀"五等，秀为最高。能称秀的人，固定资产雄厚，拥有万贯家财。《明史》用"富敌国"描述沈万三秀家产丰饶。

元末明初，江南国际贸易非常发达，日本、东南亚、中亚、非洲等地都有"中国制造"的身影。沈万三跟现在的温州商人一样，利用南方的丰富资源，将中国的商品运送国外，将外国的商品引进国内，从中获得巨大财富，据说积攒的黄金有几百万两。

可惜沈万三生不逢时，叫花子出身的朱元璋是最恨富人的。朱皇帝贫贱之日受尽富人欺侮，对"朱门酒肉臭，路有冻死骨"的现象感受最深，仇富心理相当严重。朱元璋夺取江南地盘时，又特别恨浙江、江苏的富人。因为浙江、江苏以前是张士诚的地盘，企业、地主都向张士诚纳税缴租，帮助他拼死抵抗。沈万三作为纳税大户，间接是张士诚的帮凶。

朱元璋上台后，开始收拾浙江、江苏的富人。他把富裕家族迁移到安徽凤阳等欠发达地区充实当地人口，不许他们回来。只有不怕死的人，在每年清明节的时候，偷偷跑回老家祭祖。

既然朱元璋是仇富之人，当沈万三春风得意的时候，他的弟弟沈万四就看出苗头，写诗劝他：

"锦衣玉食非为福，檀板金樽也可休。何事百年长久计，瓦罐载酒木绵花。"

你穿锦衣、吃玉食，都不是什么福气，你也不要总是沉迷于音乐娱乐、吃吃喝喝吧。怎么做才能百年长久富贵呢？不如在瓦罐里藏着普通烧酒，安静地欣赏红艳艳的木棉花，低调过日子。

用花喻人，在中国文化里并不奇怪。为了熬过凛冽的严冬，人要像木棉树一样，总是事先脱去一身树叶，虽然看起来死气沉沉，却是暗地拼命向高处生长，静静地等候春天的来临。当严冬远去，木棉树便开出鲜艳夺目的红色花朵，让生命之花怒放枝头。木棉花的品性是坚韧的、向上的，同时也是韬光养晦的。

沈万四拿木棉花劝他不要太迷恋豪奢的生活，而过点低碳环保的生活，默默地在萧瑟的季节里低调低调再低调，以保全身家性命。

沈万四的话，当然有一定道理。一个人活着，所需的物质其实不多，财富过多，反而成为负担，使人做了物质的奴隶。即使大胃王，也吃不了多少山珍海味，平时常吃山珍海味，反而容易得各种疾病。豪宅造得再宏伟壮丽，可我们只能睡一张床；江河里的水再多，而只能取一瓢水饮。天地造人，总有不变的法则制约人的各种欲望，如果人的做法过犹不及，就会受到大自然无情的惩罚。

在明初那么严酷的政治环境下，显富露富的沈万三自然成为挨整的对象，人人都想吃一口唐僧肉。

朱元璋踏平江浙后，沈万三与沈万四给朱元璋送去 1 万担粮食、5000 两白银，作为军队开支。但朱元璋的胃口更大，要他们裸捐，掏光他们的口袋。

适逢南京要修建 3 道大城墙，富甲天下的沈万三做了一件轰动全国的大事——捐献家财，修筑南京城墙的三分之一。

修筑城墙本来就有被迫的成分。但是，城墙修好后，军队又找上门：你出点钱，犒劳一下军队吧。这不明摆着是敲诈吗？

还有一种说法是：当初他夸下海口，要与皇帝对半筑城。但是，沈万三毕竟以私人之力筑城，有时物资供应不足，官员和工人常常停工、误工。眼看工期要到了，沈万三又不敢发放奖金，激励他们加快工程进度。因为朱元璋惩治贪污极其严厉，奖金可能作为贪污的证据。沈万三向朱元璋提出"犒军"的要求，请求皇帝允许他发放奖金，加快工程进度。

"助筑都城三分之一"，朱元璋没说什么，但是请求犒劳军队，却犯了朱元璋的大忌。

一天，朱元璋怒气冲冲地回到宫中，对马皇后说，沈万三这个匹夫，竟然想犒赏天子的军队！是乱民，我一定要杀了他（匹夫犒天子军，乱民也，宜诛）！

马皇后劝谏说："妾闻法律，诛杀不法之人，非以诛杀不祥之人。民富敌国，民自身不祥。对不祥之民，天将给他带来灾害，陛下何必诛杀焉？"

在马皇后苦劝之下，朱元璋才没杀沈万三，免除其死罪，充军云南戍边，罚没全部家产。朱元璋干了这么一票大的，真是"万三倒，元璋饱"。

痛恨江浙人的朱元璋，把沈万三家里的账本拿来，按照他的缴税标准，向江浙人征收重税，税赋标准为全国最高，还不许江浙人在户部任职。

沈万三被朱元璋抄家，仍漏掉不少财产。

他的儿子沈文度，在朱棣当政的时候，成为锦衣卫指挥使纪纲的走狗，跪在纪纲面前，献上黄金、龙角、龙文被、奇珍异宝，请求收其为门下走狗，许诺每年都给他塞钱。纪纲十分好色，收下这个门徒，指使沈文度在江苏给他拉皮条，搜罗漂亮女子供其淫乐。

据说，沈万三也受蓝玉案牵连。沈万三曾经聘请一个叫王行的书生做私塾教师。后来，王行辞职，到蓝玉的府中做幕僚。蓝玉案发后，王行被杀，沈万三因此受到株连。

沈万三作为全国首富，为南京城市建设作出重大贡献，本来是杰出市民，却因为朱元璋的大头症而家破人亡。苛政猛于虎，沈万三秀即是前车之鉴。

2. 妄杀文豪如蝼蚁

朱元璋是偏执狂、狂暴大头症患者，性格上有极大的缺陷，听不得反对意见，谁一句话把他惹火了，立即就暴跳如雷，乱杀人。

对于文坛领袖，一般的皇帝都很尊重。在夺取天下的时候，朱元璋的确广罗人才、礼贤下士，吸引大批知识分子来投奔。而荣登宝座后，朱元璋就展露本性，乱杀人了。因为他深知秀才造反十年不成，杀个文坛领袖，只当放个屁。刘邦不也往知识分子的帽子里撒过尿吗？文人能说个"不"字吗？

朱元璋整死太子之师、天下文章第一高手宋濂就不说了，还杀了许多文人。

张孟兼是当时的文坛领袖，任山西副使。他的上司很奇怪，山西布政使（相当于省长）吴印是和尚出身，最喜欢读的是佛经。朱元璋小时候当过和尚，对佛教非常尊崇，经常给和尚高官做。

张孟兼和和尚上司政见不同，话语体系也大不相同，因此多次发生争执。因为吴印和尚是皇帝的宠臣，又是他的耳目，得到朱元璋的偏袒，因此张孟兼就倒了大霉。

皇帝告诉张孟兼："你跟吴和尚过不去，不就是与我作对吗？"山西布政使是皇帝利益的代表的确不错，但是毕竟不是皇帝本人，工作中发生争执是很自然的事情，何必上纲上线呢？

皇帝既然不满意张孟兼，也不将他免职，而是将他逮到南京，活活打死。

对朱元璋经常给和尚高官做，一般人不敢说什么，但是所谓"公知"的胆子就大了去了。

李仕鲁是著名的程朱派理学家，还是程朱嫡传，学问好，官也做得顺利，担任大理寺卿。

这名山东濮州（今山东鄄城）人从小好学，曾经三年足不窥户，就钻研学问，尤其是朱熹之学，终成大才。朱元璋对其相见恨晚，召来做官，不到几年李仕鲁就飞黄腾达，官居正三品。

但是李仕鲁有个毛病，精通程朱理学，却又过度执着、极力推广。这个倒也没有什么，关键是他以辟佛自任。

辟佛就是斥佛教、驳佛理，跟佛教对着干。佛教作为一种宗教，博大精深，信教者众，不是你想辟就能辟的。不识佛理，强辟佛；不识书，强评书，就会不得要领、适得其反。

朱元璋喜欢佛教，也比李仕鲁更懂佛教，善于利用宗教为自己的统治服务，只是对于政治和宗教的界限搞得不是很清楚。

朱元璋经常请高僧办法会，赏赐金色袈裟，还将和尚召入禁中，赐坐讲法，将吴印、华克勤等和尚提拔为大官。还设置僧录司进行管理。这些进入官场的和尚同时又是皇帝的耳目，大臣们很害怕，举朝莫敢言，只有李仕鲁与大理寺少卿陈汶辉敢怼他们。

李仕鲁上疏："陛下刚刚创业，凡是意指所向，都是指导子孙万世的法程，奈何舍圣学而崇异端乎！"

把儒家流派的程朱理学尊为圣学，而把皇帝尊崇佛教称为"崇异端"，看法过分而偏颇。上疏了几十次，皇帝没理他，也没治他的罪。

看不惯佛教在官场里大行其道，苦谏朱元璋推广他的老本行——程朱理学又无果，李仕鲁感到很绝望。

当面跟皇帝说道说道，皇帝还是不听。

性情刚直的李仕鲁又气又急地说："陛下深深沉溺于佛教，难怪听不进去我的话。将朝笏板交还陛下，乞求恩赐我这把老骨头回归故里吧。"

毕竟是个文人，还有点文人风骨，你不听我的，那我辞职不干了。但一个动作要了他的命——

"置笏于地"。

用的是"置"，而不是"掷"。"置"是放于地或者弃于地，轻轻地，动作幅度不大。如果是"掷"，狠狠地将朝笏板摔在地上，那小命自然没有了。

交还朝笏板，辞职回家，朱元璋对此不能接受。作为大理寺的一把手，竟然拿辞职来要挟我，简直反了天了。不为君用，就是犯罪。

朱元璋大头症犯了，命令武士在朝廷上把他抓住，当场摔死。一下、两下、三下……李仕鲁的身体在空中被抛起又落下，在大殿台阶下，终于不再动弹了。

陈汶辉由于忤旨，又听到上司被摔死，心里恐惧，投金水河自杀了。

这两人死了几年后，朱元璋才知道这些和尚出身的人也是会干坏事的，下诏清理整顿释、道二教。

皇帝除了因为政治原因处理文坛大佬外，还炮制文字狱杀文人。

高启也是当时的文坛领袖，曾参修《元史》。恰逢苏州知府魏观，新造了政府大楼，上大梁之际，请高启写《上梁文》，准备好好庆祝一下，宣传一下，以传播名声，留点政绩。

高启本来是想锦上添花的，一时犯糊涂，文章里面写了一句"龙盘虎踞"。文人都特别喜欢这个词，只要哪个地方好，写上"龙盘虎踞"，大家准高兴。高启没想到的是，这个新政府大楼的位置，偏偏就是原来张士诚建宫殿的旧址。

这下麻烦大了。

"龙盘虎踞"，你夸谁呢？龙指皇帝，凤指皇后。官员家里用龙凤图案装修，那就是谋反的死罪。传统的文化语境里，龙就是皇帝专用的文化图腾。

究竟夸我朱元璋是龙，还是夸那个死去的张士诚是龙？

高启写文章的时候，脑子少转了几圈，用今天的话说就是政治把关不严。朱元璋偏要说，你高启夸张士诚是龙，把我这条真龙置于何地？又说他写艳诗讥讽宫妃，那宫妃就是我的女人，怎么轮到你这个穷酸文人评头论足？

将高启腰斩，大卸八块。腰斩是从腰部把身体斩为两段，人一时还死不了，血液流尽，而后死亡。秦朝丞相李斯就是这样死于咸阳的，而今又轮到高启了。

魏观请人办事，把关不严，也被杀掉了。

文人的肉体，在政治面前不堪一击。人的肉体可以消灭，但是人的精神不死。

我们现在还能读到宋濂、高启等人的著作，这就是文人的价值所在。

3. 圣人切换神经病

苦难，能成就一个人的美德，也能使人变得更丑恶。

朱元璋当上皇帝十分不容易，历经寒彻骨髓的非凡过程。在艰苦卓绝的叫花子时期，他在刀光剑影中练就狠心，成为一块冰火淬过的钢铁，因为见到太多的苦难，所以对任何苦难都不会在意。他的狠心帮助他战胜一个又一个强大的对手。

朱元璋病态的偏执型暴虐人格，不是天生的，是由他所处的恶劣环境决定的。开国皇帝如果没有这样复杂的禀赋，在乱世中成功的概率几乎为零。只有脸皮厚、心肠黑的人，才能在大动荡的时代存活、成长。像项羽，厚黑功夫不如刘邦，设下鸿门宴，也不忍杀刘邦，结果沦为牺牲品和落败者。而他的对手刘邦却能做到：即使父亲被煮成一锅汤，也要抢着上去喝两口。朱元璋不是项羽这样的赳赳武夫，他的铁腕和智慧无与伦比，所以在群雄逐鹿的大动荡中，才能笑到最后。

印度诗人泰戈尔说，只有经历地狱般的磨炼，才能练就创造天堂的力量。朱元璋虽然在地狱里磨炼过，但他给天下百姓创造的却不是天堂，而是地狱。

当上皇帝后，朱元璋带领的统治上层，由农民翻身当家做了主人，但是受阶级局限，提不出新的治国理政思想，照样成为欺压百姓的统治阶级，甚至进行残暴的统治。

中国在高压的政治环境下，出不了人权、民主、自由等思想，更出不了孟德斯鸠、卢梭这样的大思想家。他们只能走历史老路，借鉴古代的统治方法，特别是模仿唐代的法律治理天下。

一个朝代、民族的幸福与苦难，都跟开国皇帝紧密相连。朱元璋是一个朝代政治、经济、法律等的奠基人，他的魔鬼人格渗透到帝国的方方面面，制度构建都深深地打上了个人烙印。

清代史学家赵翼评价明太祖的矛盾性格：圣贤、豪杰、盗贼的品性，在他身上兼而有之。

面对不听指挥的昔日部下，他的神经敏感错乱，重典治国，疯狂杀人，因一点小过错就可以对人用刑。以往宽宏大量、虚心纳谏、爱兵如子的朱元璋不见了，变成了一头暴怒不止的猛狮。平遥训导叶伯巨当时上书朱元璋，指出他分封太侈、用刑太繁、求治太速的弊病。

所以，"朱扒皮"的人格是变态的，性格可以在圣人和神经病之间随时切换。我们分析他的奇怪性格，也就不难理解他称帝后的所作所为。

朱元璋的性格奇怪、残忍，令人捉摸不透，有时候甚至歇斯底里。他勇猛如狮子，多变如猴子，狡猾如狐狸，阴险如毒蛇，威猛如巨龙。他一会儿像圣贤、智者、侠客、武士，一会儿又是屠夫、流氓、变态狂。他身上有虎气也有猴气，有豪气也有匪气，有侠气也有流氓气，是智慧、仁慈的美德与狡诈、凶残的恶行糅杂体。他头脑敏锐而猜忌多疑，用人不疑而又报复心强；有很强的原则性而又做事过火，杀起人来六亲不认。

朱元璋有自虐、虐人的变态心理，总把自己所承受的苦难，强加到别人头上。

我们来看看他大发神经的几个片段：

户部尚书（正部长级）茹太素性格耿直，是个老实人，"假话全不说，真话不全说"，言语上多次触怒朱元璋，被廷杖过，贬过官，还戴着脚镣上过班。

朱元璋一次和他在便殿小喝一顿，和他喝酒说："金杯同汝饮，白刃不相饶。"就是说，我跟你吃饭、套近乎可以，但是你若不识相，我照样杀你狗头。朱元璋就是这么个变态的人，只要有错，他必定会严厉处罚。知道茹太素刚直不屈，朱元璋对他还算宽宥的。

茹太素叩头，续吟出一句妙对："丹诚图报国，不避圣心焦。"朱元璋听后恻然。虽是忠臣，也会忍住悲痛，痛下杀手，朱元璋就是这么狠的人。

这个君臣佳话持续没多久，茹太素就因为连坐获罪，没能保住脑袋。

左都御史杨靖是很优秀的法官，因为别人散布他的流言蜚语，受到一名御史的指控。朱元璋没有查明罪行，就将杨靖赐死，死时还不到40岁。

办事不合他的心意，也要被杀。1397年，南京会试，北方没有一人上榜。北方当时文化程度当然比南方弱，考不上也属正常。朱元璋大怒，难道全国都由南方人统治？主持会试的刘三吾没有过错，但仍被流放，其他主持科举考试的官员被处以公开肢解。为了南北平衡，他亲自将61个北方人点为进士。

朱元璋的内心实际是自卑的，内心越自卑，表面就要表现得越强大。因为姓朱，老百姓就不能称呼猪为猪了，只能叫豚。他对自己的叫花子、和尚、农民起义军领袖的经历不以为荣，反以为耻，因此大兴文字狱，一些字眼成为禁区，如果人们用这些敏感词汇，必死无疑。光（和尚）、生（僧）、则（贼）、道（盗）、殊（由歹朱两个字组成）等字，朱元璋总能发挥无限的联想，牵扯上自己那段草根的历史，然后挥刀杀人。杭州一个教授的贺表中有一句："光天之下，天生圣人，为世作则"，其中3个字"光""生""则"全是朱元璋忌讳的，自然难逃一死。

皇后的一双大脚也是国家机密。一次，朱元璋在南京微服私访，偶然看见墙上画着一个妇女怀里抱着一个西瓜，再往下看，一双大脚。他认为这是讽刺马皇后有一双大脚，大不敬，将该处居民全部杀死。

柏杨非常憎恶朱元璋的性格，挖苦他是绝对自私和愚昧的蛇蝎性格，行为短见、冷血，喜欢看别人流血、看别人痛苦、看别人跪下来哀求他，而他又拒绝宽恕。这是人类非常可怕的一种品质。

五、毒夫民之贼

1. 乱世治国用重典

（1）酷刑大全《大诰》

朱元璋是刚猛治国的，刑罚都是比较毒辣的。我们从这些毒辣的法律中，能感受当时百姓所承受的苦难。

从 1385 年至 1387 年，朱元璋亲自动手找资料，编辑官员和百姓以前的犯罪事例，编写几本酷刑大全，严酷程度超过秦始皇、汉武帝、武则天时期的法令。虽然是邪恶的书，却被披上一层美丽的外衣——这些邪恶的书都有动听的名字：《大诰》《大诰续编》《大诰三编》和《大诰武臣》。

"大诰"本是个好词，"陈大道以诰天下"，出自《尚书》。孔子最崇敬的古代圣人周公，辅助武王灭掉商纣王。灭殷后的第三年，管叔等发动叛乱。周公举行东征，讨伐叛军。他进行占卜，发布《大诰》，训诫臣民。朱元璋颁行《大诰》，就是仿效周公，以当时的犯罪事例警示臣民，不要犯上作乱，用严刑峻法防范和镇压人民的反抗，严酷程度超过历史上任何一个封建王朝。

这几本邪恶的书，全国强行发行数千万册。罪犯如果家中有一本《大诰》，判刑可以罪减一等，目的就是使天下百姓熟知《大诰》的威猛，心生害怕，不敢轻易犯罪。相反，你如果对《大诰》不敬，拒绝收藏，全家会被迁到远方去，永远不许回来。朱元璋还亲临南京午门，给大臣讲解，政府组织宣讲团到处宣讲。《大诰》还成为教科书，国子监必须学习，是科举必考科目。全国迅速掀起背诵《大诰》的热潮，近 20 万人因为背得好，进京受到嘉奖。

明代以酷刑惩治官吏和百姓，是触目惊心的残忍。书中罗列几千件族诛、凌迟、枭首的案例，还有 1 万多种斩首、弃市以下罪行的案例。

酷刑种类有枭首、斩首、死罪、弃市、绞死、墨面文身、挑筋去指、挑筋去膝盖、断手、斩趾、刖足、枷令、常号枷令、枷项游历、重刑迁、充军、阉割为奴等，此外很残忍的有凌迟、剥皮、磔刑等，令人毛骨悚然。

一看这些罪名，人类就好像倒退到奴隶社会，人为刀俎，我为鱼肉，百姓只好任由政府宰割。同一种犯罪，《大诰》比《大明律》狠毒得多，而《大明律》又比《唐律》狠毒。不少按照明律只应处笞、杖的，《大诰》则直接判死刑。

治贪是几本酷刑案例大全中的重头戏。共有 4 编 236 条，惩治贪官污吏、打击地方豪强的酷刑多达 150 条。他在当叫花子时饱经世态炎凉，特别恨贪官和富豪，当皇帝了，对他们的处罚就特别严厉。

（2）百世不变《大明律》

走进南京明孝陵，我们就能看到一块大石碑，上书"治隆唐宋"，这是作为满族人的康熙皇帝拍朱元璋的马屁，好收服汉族人的心而作的。朱元璋真的"治隆唐宋"了吗？从法律看，这话虚假成分太多。

治理天下难吗？这事儿看起来挺难的，但是到朱元璋手里，复杂的事情就变得简单了，因为他有一件法宝——模仿古代，治理天下。

唐代的诗歌是一流的，典章制度也是一流的。古代唐代最强大，那就事事跟它学吧！1373 年，朱元璋亲自制定、颁布《大明律》，抄袭《唐律》，这里增加一些，那里删改一些，就成自己的法律，实际完全是《唐律》的盗版。

但是，朱元璋比李世民毒辣得多。《大明律》定罪量刑比唐、宋、元都重，老百姓实际上更苦。

《大明律》的地位相当于国家宪法，百世通行，一成不变。但是朱元璋搞了一个十分可笑的规定，《大明律》任何人不能更改，后来的皇帝也不能改一个字。如果大臣提出一点修改意见，立即扣上"变乱祖宗成法"的罪名处死。他以为这样就能确保江山永固。

法律既然不能修改，后来的皇帝拿它也没办法，只好提出一些临时的法律法规修修补补，推行自己的政策。

法律总是要与时俱进的，不与时俱进就阻挠了社会的进步，成了历史的绊脚石，必然引起百姓的不满。

"国势弱则刑罚峻，国势强则刑罚宽"，朱元璋把法律弄得那么穷凶极恶，并不能说明他的统治多么强大，反而说明国家的实力不够强大，外强中干，色厉内荏，只能采取重典治乱世的做法维护统治，用政治恐怖手段镇压反对势力，在法律之外加重刑罚，因此，实行的肉刑残忍至极，给人们带来极大的痛苦，全国政治也陷入白色恐怖之中。

百姓都希望法网宽松些，脖子上的枷锁少一些，不然活得实在太累了。有一天，朱元璋微服私访，进了一座破庙，只见墙上墨迹未干，画着一个布袋和尚，旁边还题有诗：

大千世界浩茫茫，收拾都将一袋藏。毕竟有收还有放，放宽些子又何妨？

朱元璋四处寻找画画的人，找来找去就是找不到。这当然只是传说，说明民意是希望法律轻些。

朱元璋晚年也幡然悔悟，感到严刑峻法不足以治理天下、教化人民，也想把袋子放宽些。他对皇太孙说，我治乱世，刑罚不得不重。你治平世，刑罚自然应当用轻刑。刑罚"世轻世重"的特性，完全是政治造成的，在朱元璋也是无奈之举。

2. 邪恶刑罚民不畏

（1）千奇百怪的死刑

明代的死刑分很多种，一般有斩首、绞死、枭首、缢死等，此外很残忍的有凌迟、剥皮、磔刑等。本节将审视整个明代刑罚的情况，让读者对明代刑罚的邪恶本质有大致的了解。

朱元璋制定、颁布《大诰》《大诰续编》《大诰三编》和《大诰武臣》，用峻令防范和镇压人民的反抗、肃清吏治，严酷程度超过历史上任何一个封建王朝。其中的死刑有：族诛、凌迟、枭首、斩、死罪、弃市等，比《大明律》处罚加重，而且做法十分过激。

族诛

族诛是连坐的最高形式，就是一个人有罪，不管他的家族别的成员是否有罪，整个家族的人也要全部杀光，非常荒唐残忍。具体分为诛一族、诛三族、诛七族、诛九族，甚至诛十族。要杀多少族，全凭皇帝一句话，他高兴就少杀点，不高兴就多杀点。

诛一族应该是指杀本人一族，即兄弟一族杀光，在明代比较常见。1386年十月，胡惟庸的同党指挥林贤以谋反罪被族诛，家族中的男人除了年幼孩子外，在南京大中桥全部被杀，妻子、妾因为是女人不杀，都做了奴婢。朱元璋将蓝玉以谋反罪处死时，除本人剥皮外，还实行了族诛。

诛三族是秦代商鞅的法律发明。明代诛三族有几例，比如左丞相李善长、户部侍郎卓敬都被皇帝诛三族，父母一族、兄弟一族、妻子一族全杀光。朱棣时，黄观、兵部尚书齐泰、太常卿黄子澄、魏冕、王度、卢质等人，多的被杀三族，少的被杀一族。

秦代时，荆轲刺秦王失败后，被诛七族，包括上至曾祖、下至曾孙，都被杀掉。明代诛七族的似乎很少见。

诛九族，包括上4代、下4代，包括本人一代全杀光。隋朝杨素曾协助隋炀帝夺取皇位，他的儿子杨玄感也是朝廷重臣。杨玄感后来起兵谋反，反抗隋炀帝的暴政，不幸失败，被诛九族。明代诛九族的似乎很少见。

历史上被诛十族的只有明代建文帝的忠臣方孝孺一人，亲戚都杀光，实在凑不齐十族，把他的学生算作第十族，逮捕杀掉。

族诛一般是用来处置谋反罪，但是朱元璋在《大诰》中扩大族诛的范围。

一是乱政。政府乱设官职，招收无业游民、没有户口的人为非作歹，如狼似虎地残害百姓，官员和这些残害者处以族诛。滥设官吏按法律是杖100、3年有期徒刑，紊乱朝政按法律当斩，妻子、儿女做奴隶，而朱元璋全部加重为族诛。

二是扰民的官吏族诛。公家的物资转运，包括金钱、军需、兵器等，必须由政府公务员负责看守转运，不许让百姓代为看守。征收赋税、从事劳役，官员如果偏袒富人、勒索穷人，允许百姓将官吏和唆使者绑缚京师治罪。

洪武年间就有一个这样的猛人——江苏常熟县百姓陈寿六。他被县里的小公务员顾英诬陷，陈寿六气不过，和弟弟、外甥三人，将顾英绑到南京面见朱元璋。朱元璋很高兴，给陈寿六等三人赏了一点钱和两件衣服，命令都察院对陈寿六的事迹在农村张榜表扬，并免除陈寿六3年劳役，以后谁敢诬陷他，一律族诛。

朱元璋这样做的目的，就是鼓励老百姓，群起监督官员的不法行为。

三是捏造官职、滥设官吏族诛。这个官职本来不在政府序列，自己随便弄一个骗人害民，假官员族诛，设立假官职的真官员凌迟处死。

四是百姓可以将贪官污吏抓到南京去，无论任何人，谁予以阻挡，就将谁族诛。

凌迟

凌迟也叫千刀万剐，是辽代人的发明。这是一种特别残忍、特别野蛮、特别不人道的刑罚。刽子手用刀子将活着的犯人，把肉一点一点全部割完，直到骨头上没有一点肌肉，最后一步割掉生殖器。女人则是先处以幽闭（捶打使其子宫脱落），剥夺她的生育能力，再掏出五脏六腑弄死，然后将人肢解，将死尸剁成肉酱。简单的凌迟据说是割8刀，按照头脸、手脚、胸腹的顺序割肉，最后砍头，因为法律上不明说，具体方法靠刽子手师徒口口相传，一般人不知道具体的情形。

凌迟的几种罪行。

一是罪行严重的贪官。这种例子有很多。比如御史刘志仁、周士良到江苏淮安查案，查出206名普通公务员有损害群众的罪行，口头上说要汇报皇帝，却并不起草奏章，故意拿这个做把柄，和当地军官勾结，勒索这些人的钱财，还经常和妓女在一起吃饭喝酒，寻欢作乐。本来是叫他们来追赃的，结果不办事，以追赃为名，纵容官员诬陷百姓，到乡村勒索。又接受里长鞠七等人的贿赂，得到150两银子、34两黄金、25200贯钞，将无罪的百姓夏良等人关押，对他们的妻子儿女进行拷打。事发后，刘志仁、周士良被锦衣卫逮捕。可笑的是，逮捕之时，竟然想用70两银子、4两黄金贿赂锦衣卫，求他在南京为他们说好话。朱元璋将刘志仁、周士良凌迟处死。

二是假官员凌迟处死。

苏州知府张亨、知事姚旭，就被假官员害惨了。一个叫沈仪的人，自称是千户，带着4名伙计和一张伪造的文件，上面还盖着皇帝的印章（御宝文书），来见这两个地方官。

张亨、姚旭马虎大意，履职不力，没查文件真伪，就宣读文件，让下边的县照办。

案件查实后，沈仪和4名同伙被凌迟处死。伪造皇帝印章按照法律是斩罪，这里却加重为凌迟。知府张亨、知事姚旭不认真履职，虽然受其蒙骗，仍然被看作是扰民的同犯予以杀头。

三是结交皇帝近侍。这招是防止朝廷内外勾结，对皇帝不利，同时防止泄露国家机密，危害国家安全。

胡惟庸倒台后，同党遭到清算。旗军到江浦县找到胡惟庸的同党李茂实，要追征食盐。

既然是胡惟庸的同党，谁都会落井下石，唯恐避之不及。而江浦县知县杨立头脑一时糊涂，阻止旗军将食盐拉走。因为杨立有"尚方宝剑"，这个事情跟中央部门的中层官员给事中句端商量过。句端口头同意，却故意不签字。

杨立就对旗军说："我从给事中那里得到指示，现在不要追征食盐了，折合成不多的钞票就行。"其实，他和句端对真正的政策精神并不清楚，在执行中拍脑袋。

案发后，杨立因为结交皇帝近侍，欺骗朝廷，被凌迟处死。句端身为朝廷官员，和地方官勾结，按法律杀头处死。

四是谋反处以凌迟。

在朱棣时，由于鱼吕之乱，皇宫里贾吕的侍婢被屈打成招，乱说要谋杀皇帝，导致多达2800人连坐，朱棣"皆亲临剐之"，有宫女临死前怒骂他"阳衰"。此处的剐，即是凌迟之刑。

刘瑾是明代臭名昭著的大奸臣。扳倒他的罪名是谋反罪。明武宗亲自将刘瑾抄家，搜查出一枚伪玉玺，500个穿宫牌以及衣甲、弓弩、衮衣、玉带等违禁物品。其中一些物品是皇帝专用物品，一些物品则是军队专用，普通人持有这些违禁物品便会成为谋反的证据。刘瑾本人经常拿的扇子中，里面藏着两把锋利的匕首，不知道是用于自卫还是用于谋刺皇上。刘瑾的某些衣甲是兵仗局的太监孙和私下送给他的，弓弩则是镇守两广的太监蔡昭和潘午提供给刘瑾的。

刘瑾被凌迟处死，实际凌迟2天，总共凌迟3357刀，是中国历史上死得最为凄惨的一个权臣，相比秦代被腰斩的宰相李斯不知道要凄惨多少倍。

我们从刘瑾被凌迟的情形可以看到这个刑罚的惨无人道。监斩官张文麟记述当时的惨状。

几天后，早朝完毕，我们接到圣旨：将刘瑾凌迟3天，锉尸枭首，将他画成图像，布告天下。同时将刘二汉一起斩首。那天，该轮到我的同年、陕西司主事胡远监斩，他接到这个命令后很吃惊，向尚书刘璟报告："这个差事我怎么担当得起？"刘璟回答说："我叫本科的人帮你。"我因此答应下来。

到官署吃过早饭，他们就喊我去监斩，一同邀请去的还有陕西司的掌印正郎。到了西角头，刽子手已经对刘瑾开刀。凌迟的刀数照例该3357刀，每割10刀歇一阵、吆喝一阵。头一天，照例该剐357刀。割下来的肉有大拇指指甲那么大。从左右胸膛开始割，刚开始动刀时，还会流出寸来长的鲜血，再动刀时就没血了。人们说，犯人受惊，血都流到小腹及小腿处。等凌迟完毕后，将刘瑾开膛破肚，鲜血会从这些部位涌出来的。当天晚上，把刘瑾押到顺天府宛平县的监狱，将绑他的绳子解开一小会儿。刘瑾还能吃两碗粥，这个反贼竟然这样长命！

第二天，把刘瑾押到东角头继续凌迟。头一天刘瑾就刑时，说了很多有关朝廷内的事情。今天则用麻核桃塞住他的嘴巴不让他出声，割数十刀后，刘瑾气绝身亡。当时方日升也在场，我们和监斩御史一起写报告上奏皇上。我们又接到新的圣旨：刘瑾凌迟已经足数，还要锉尸，但是免去砍头。当时，受害之家争相抢夺刘瑾割下来的肉片，以祭奠被他害死的亲人。将刘瑾锉尸时，刽子手朝刘瑾的尸骨当胸一斧子劈下去，胸骨飞出去好几丈远。

五是谋杀祖父母、父母、杀一家3人以上、将人杀死后进行肢解，要被处以凌迟。

磔刑

磔刑一种说法是车裂，就是"五马分尸"，用几匹马活活地把人撕裂。另一种说法就是凌迟。

朱棣大屠杀时，建文帝的旧臣兵部尚书铁铉、礼部尚书陈迪、御史大夫景清、左副都御史练子宁等都被磔死。

谋杀皇帝的人将被处以磔刑。

例如参与"壬寅宫变"的16名宫女都被处以磔刑。

"壬寅宫变"发生在嘉靖二十一年。嘉靖帝招致来自后宫的杀身之祸完全是咎由自取。他性格暴躁无常，经常虐待嫔妃宫女，打起人来心狠手辣。服侍嘉靖帝的宫女有近1000人，但是只要有一点微小的过错，动辄加以捶打，有200余人被打死，约占宫女总数的1/5。嘉靖帝又迷信道教，经常服食丹药，服食后浑身燥热、兽性大发，性欲特别旺盛，对嫔妃宫女进行性虐待。

即使皇帝最宠爱的女人，也从来得不到皇帝的半点宽恕。端妃曹氏漂亮温柔，歌舞双绝，又会曲意逢迎，活脱脱一个尤物，最受嘉靖帝宠爱。尽管如此，嘉靖帝对她也不留情面，照样责罚。她手下的宫女杨金英等人为端妃鸣不平，几乎被打死，激起杨金英心中刻骨的仇恨。

宁妃王氏性格倔强，被皇帝冷落之后口出怨言，经常被皇帝惩罚，她手下的宫女也顺带遭殃。

嫔妃宫女们对皇帝一方面畏之如虎，另一方面又恨之入骨。杨金英和宁妃王氏瞒着端妃，决心"舍得一身剐"，杀掉这个混账皇帝。两名主谋串联身边的15名宫女，在十月二十一日这天对嘉靖帝下毒手。

嘉靖帝当天晚上服用丹药后，把宁妃和端妃一起叫来侍寝。等嘉靖帝发泄完兽欲、死猪一般沉沉睡去，宁妃使计支开端妃。宁妃在进屋之前已经暗示杨金英等人做好谋杀准备。端妃走后，等待多时的宫女溜进寝宫，一拥而上，不一会儿就将嘉靖帝用绳子勒得昏迷过去。混乱之中，谁也没注意到一名叫张金莲的宫女怯场，偷跑出去向方皇后告密。这些宫女毕竟不是锦衣卫出身，杀人无术，一个死结套在嘉靖帝的脖子上，勒了半天也没能置皇帝于死地。方皇后带领太监张佐、高忠等人赶来，营救皇帝，将这些人犯全部逮捕。第二天早上，嘉靖帝被灌下几剂猛药，直到下午才苏醒过来，吐出数升紫血之后才能说话。

方皇后命令太监张佐、高忠对人犯进行严刑拷打，审问得知：宁妃是首谋，杨金英、苏川药、杨玉香、邢翠莲、姚淑翠、杨翠英、关梅秀、刘妙莲、陈菊花、王秀兰等10人参与弑君，徐秋花、邓金香、张春景、黄玉莲4人属于同谋，张金莲在事情暴露后才告密也属有罪。端妃曹氏虽然没有参与勒皇帝脖子，但是开始时也参与过合谋。方皇后下旨将这16名宫女不分首从，全部在闹市处以磔刑，同时锉伤尸体，斩首示众。同时，把她们的家族中10名亲人予以斩首，20名亲人交给功臣之家做奴隶，财产全部予以没收。

第二天，在西安门外四牌坊的西市，16名宫女被当众处以磔刑。宁妃和端妃在宫内被秘密处决，但嘉靖帝相信端妃是爱他的，没有参加谋杀。

"壬寅宫变"前，嘉靖帝生育8子5女。他的7个儿子陆续死去，可是自从"壬寅宫变"后，嘉靖帝再也没有生育子女，不是被这次事变吓阳痿了，而是乱服丹药当春药，拼命想要儿子却得了死精症。只剩下一个儿子"硕果仅存"，后来做了皇帝。

罪大恶极的奸臣被处以磔刑。

钱宁和江彬是武宗正德时期两个最大的奸臣。宁王朱宸濠起兵造反后，江彬揭发钱宁勾结宁王、密谋内应等事，武宗将钱宁逮捕，关进监狱，未等到处理，武宗自己先病死。武宗升天之后，江彬被杨廷和设计擒获。嘉靖帝即位不久，命令刑部会官审讯，查实罪名，于五月二十一日将钱宁处以磔刑。钱宁的儿子只有8岁，却已经是后府右都督，这次也被斩首。钱宁的11名养子都是锦衣卫官员，一同被斩首。钱宁的党羽全部被处决，并绘制成处决图布告天下。

经过刑部审理后，嘉靖帝于六月八日将江彬处以磔刑，江彬的4个儿了、家属以及党羽被斩首示众，也绘制成处决图布告天下。

触怒权臣的人被处以磔刑。另宦官王振是英宗时期的权臣，公卿都要到他府上拜谒，皇帝也称他为"先生"。1445年，锦衣卫的普通职员王永不畏强暴，采取以卵击石的做法，匿名揭发王振的罪恶，张贴在北京通衢等地，还张贴在王振的侄子王山家里，向世人宣告王振的种种丑行，令王振十分震怒。特务们抓到王永。刑部对此案进行审理，以制造妖言的罪名判处王永斩首。但是，英宗出于维护王振的脸面，加重刑部的判决，下诏将王永在闹市处以磔刑。下诏之后，官员们不必复奏，可以直接执行磔刑。

死罪

君主以刑赏二柄驾驭臣下，操官僚的生死荣辱于一己之手。操弄六柄，即生、杀、富、贫、贵、贱，驾驭国家机器、驱役全国臣民，所以杀人必不可少。马皇后曾经劝谏朱元璋，定天下，以不杀人为本。太祖善之，但是屠刀一举起来，就无法放下了。

官员犯罪本来不够死刑，到了朱元璋手里，加重刑罚，必死无疑。

浙江按察使陶晟，与会稽知县凌汉有矛盾，故意整他。陶晟吹毛求疵，将凌汉关进大牢5个多月，不管有罪没罪，就是不判决，就让他关着，让凌汉尝尝坐牢的滋味。

等朱元璋发现此事，陶晟已经被逮捕，在南京等候判决。朱元璋看在陶晟父亲的面子上，将陶晟释放，没治他的罪。朱元璋让陶晟去浙江立即提出凌汉，送到南京审问。

陶晟居然又将凌汉关押半个月才送到南京。在南京，又故意关押4天，才送给法司处置。

陶晟故意找茬儿，关押无罪的官员，加起来长达半年，但是没有将凌汉弄死，不至于获得死罪。

但朱元璋看他不思悔改，将陶晟处死。

大理寺左少卿艾祖丁，诬告本单位的杨吉不遵守礼法，并且在公堂上大肆侮辱审案的长官。按照法律，诬告要反坐，侮辱长官处以杖刑，而朱元璋直接加刑，将艾祖丁杀掉。

小军官董演是个武松式的打虎英雄，可惜品行不好。他一天去办公差，路过一座山下时，突然看见一个人正在和一头老虎搏斗。其他人早已吓得逃之夭夭，但情势危急，董演挺身而出，随手拿了一个家伙要和老虎较量。老虎一看来了新对手，转身向董演扑过来。经过一番激烈搏斗，董演将老虎杀死。上司把他的打虎事迹报告给皇帝，朱元璋很高兴，把董演弄到身边想好好培养一下。可是董演经不起捧，逐渐骄傲自大，没过几个月就因为侮辱寡妇被捕，朱元璋将他免予处罚。没过多久，他又跑到上元县指手画脚，阻扰公务。不是钦差大臣，哪有什么权力指挥县里呢？他又诬陷仓库搬运工王三等人死罪，证据全是捏造的。他还私自没收杨元宝的家产，给人扣一些罪名。而应天府京尹孙凤，看他是皇帝身边的人，不敢得罪，明明知道董演这个人说话不靠谱，但是仍然和董演站到一条船上。按照他们的罪行，董演诬陷别人死罪，但是没造成严重后果，应该处以流放、加 3 年有期徒刑，京尹孙凤故意给人捏造罪名，未造成严重后果，还不至于判处死刑。朱元璋对这两个人愤恨至极，直接将他们逮捕，以"乱政坏法"的罪名处死，显然就做得过头。

常枷号令

常枷号令就是让人一辈子戴着枷锁，直到死去。经纪人那时叫"牙行"，帮助交易双方谈成生意，从中抽取一点佣金。朱元璋错误地认为经纪人是寄生虫，抬高商品物价，靠剥削过日子，加以严厉取缔。1369 年，他命令全国各地不许有官牙、私牙，一切商品交税后直接销售，不经过中介人这一关。如果查到有人做经纪人，直接给你搬家到远方。但是市场的确需要经纪人的存在，于是政府又成立官办的中介机构，仍然禁止私人做经纪人。上元、江宁县的百姓刘二等、军人王九儿等 14 人，违反禁令，在南京百里之外一个叫"边湖"的地方，开设无证个体牙行，从中牟利。被查实后，判处"常枷号令"，就是戴着枷锁，直到死去。开设无证个体牙行，按法律只是杖 60，《大诰》加重为迁徙化外（搬家到远方），而这里更是加重为死刑。

（2）肉刑终身耻辱

明代还有折损人的肉体的刑罚——肉刑，就是把人身体上的一些部位割掉。

人一旦受刑，折断肢体，破坏肌肤，便造成肢体终身残疾，耻辱不可去除，犯人想悔过自新而无路从新，直到身死，还要带着耻辱的印记离开人世。因此，肉刑的弊害很多。

在永乐登基后的一段非常时期、在英宗复辟后的初期，因为政权根基还不稳固，国势比较弱小，他们都采取重典治乱世的做法，在法律之外加重刑罚，用政治恐怖手段来镇压反对势力，因此，实行的肉刑残忍至极，给官员和百姓带来极大的痛苦，全国政治也陷入白色恐怖之中。

《大诰》中有许多残暴的肉刑，例如有墨面文身、挑筋去指、挑筋去膝盖、砍掉手指、断手、砍掉脚趾、砍脚、阉割为奴、斩趾枷令等几十种，每种刑罚都有事例。

丢了膝盖的。龙江卫的守仓库官员，受郭桓案牵连，被处以墨面文身、挑筋去膝盖的刑罚，就是古代孙膑所受的膑刑一样，受刑后成了废人，无法养活自己，仍然回去看守仓库。

丢了手指的。光禄寺署丞刘辐，喜欢贪小便宜，第一次受贿47贯多，被判处流放，还是让他回去工作。第二次又受贿117贯多，被判处绞刑，但未执行，仍然让他回去工作。这老兄不知悔改，又不长记性，第三次贪污公家93贯，于是，朱元璋命人砍掉他的手指。

丢了手的。金华府的官员，故意纵容下属王讨孙等人殴打人，打人就要剁手，王讨孙等人真的被砍了手。

丢了脚的。刑部的胡宁等几名官员偷懒，接受贿赂，使用囚犯给他们代办公文，被司狱王中举报。朱元璋亲自到南京太平门，将这些官员打了个半死，然后砍脚，放回本部门继续办事。

丢了脚趾的。黔阳安江的驿臣（相当于邮政）李添奇，喜欢偷偷摸摸搞点家庭副业，损公肥私，把手下人的妻子弄到家里给他织布，把8人招来给他打工，擅自拆除公家的船，拿来改造自己的船，跑瓦器运输。还每个月向下边的人索要东西和金钱，比如70坛酒以及茶、油、盐各7斤，要几石大米、稻谷等拿来喂猪、喂鸡鸭鹅。后来李添奇当了江安司巡检，违法制作生牛皮鞭，身上带着腰刀，吓唬百姓。上边来人宣读皇帝诏书，他居然在外边耍腰刀耍得起劲，连皇帝诏书也不迎接。朱元璋派人将他砍了脚趾，在驿站前边带着枷锁罚站。这个刑罚叫"斩趾枷令"。

丢了生殖器的。郑和早年在云南的梁王手下当差，被朱元璋俘虏后，就被割掉生殖器。

朱元璋虽然将官员墨面文身、挑筋去膝盖、砍掉手指、断手、砍脚，只是给他们一个教训，工作不会丢。他如此嗜血，见到了鲜血，他的怒气才会消退。

宫刑

宫刑，为五种肉刑之中最为悲惨的刑罚。四刑只是伤害身体，宫刑则是割除男人的生殖器——对，就是西汉史学家司马迁所受的那种刑罚，使男人没有性生活，没有男人的尊严，并且断子绝孙。

在古代，人的最大价值就在于传宗接代，承传禅续。而男人受宫刑后，断子绝孙，被认为是人生最悲惨的事情。

朱元璋当上皇帝后，因为小事情，也要割人家命根子。

老部下薛祥，任工部尚书，督造安徽凤阳宫殿。

宫殿建好，皇帝坐在大殿中，总感觉不自在，侧耳倾听，大殿屋脊上有些奇怪的声音，似乎有人持兵器在打斗，就像在战场上一样。但是出去一看，那屋脊上什么也没有。

难道是闹鬼？这种声音，或许是风的声音，或许是共振现象，总之，是一种可以解释的物理现象，跟鬼神没啥关系。

朱元璋问丞相李善长，这是怎么回事？这么绝顶聪明的人，却胡说八道："是工匠们劳苦，心怀怨恨，用厌镇法，诅咒皇帝。"

这是把工匠们往死里整，太不地道了。厌镇法，就是偷偷摸摸的巫蛊之术，把人的画像烧了，或者是对某人的衣冠、姓名等进行破坏，诅咒别人遭殃，实际毫无作用，只不过心里泄愤而已。朱文正被囚禁后，就用巫蛊之术诅咒朱元璋。

皇帝怎么可能容忍厌镇法？大怒，下令将工匠们全部杀掉。

造大殿屋脊的人是活不了了，但是还是有办法救一批人。

薛祥冒死上奏："造大殿屋脊，是大家轮班进行，有一批人没有参与，所有的铁匠、石匠都没参加，他们不应该被杀。"

朱元璋就把参加营造屋脊的人全部杀了。因为薛祥的一句话，有1000多人存活下来。

营造谨身殿，有人办事马虎大意，造的工匠报表被朱元璋抓住漏洞：将中级职称的"中匠"写成高级职称的"上匠"。

皇帝是不允许一点错误存在的，命人将这个办事的人杀了。

薛祥急忙争辩："这个人奏对不实，是有罪，但是因此杀人，恐怕非法。"朱元璋要用腐刑处置此人。

薛祥复奏："腐刑之后，废人一个，不如实行杖刑，罚做苦工。"

皇帝同意了。这个马大哈，挨了一顿揍后做苦力，总算被薛祥救了一命。

《大诰》中将人"阉割为奴"的刑罚，于1395年废除。其后的每个皇帝都宣布宫刑非法，三令五申地发布禁令，禁绝宫刑。仁宗曾经下诏书说，文武诸司不得残暴地使用鞭打脊背等刑罚，不得擅自使用宫刑使人绝后，对于自宫者以"不孝"论处。但是，实际上明代的宫刑远未绝迹，在民间和官场上还有很多事例。比如，宣宗时还在用腐刑，即使是知识分子也有被割掉生殖器的。天顺二年，皇帝将44名煮盐的囚犯施以宫刑，真是惨无人道。宫刑毕竟是被政府禁止的刑罚，因此日渐衰微。

刺字

刺字也是一种肉刑，也叫墨刑或黥刑。

朱元璋《大诰》中有墨面文身，1395年废除。朱元璋的继承者始终没有放弃黥面和刺字的肉刑，只是刺字对象大大减少，比宋代滥用刺字好得多。汉代、唐代没有刺面的刑罚，最为宽仁。宋代继承五代的做法，犯人要同时遭受刺字、发配、杖刑三种刑罚，最为苛刻。明代废除宋代的刺面酷法，改为窃盗刺臂，宽仁不及汉唐。

综观明代的刺字，可以说已经大大衰落了。

建文帝即位之后，把刺面军和囚徒全部释放，让他们重回故里安居乐业，算是改弦更张之道。

永乐时，违反朱元璋的祖制，恢复刺刑，只是因为黥面不利于改良，不轻易使用。

1404 年，大理寺报告有一个犯人应当黥面，被朱棣制止。朱棣说，人谁能没有过错呢？人如果脸上被刺字，即使想改过自新，现在也自然懈怠了。

在明代，毕竟黥面、刺字的对象大大缩小，仅限于逆党家属、抢劫、盗窃 3 种重犯，而且越来越宽容。按照法律，犯徒罪以下的盗贼不管赃数多少，一律刺字。白天抢劫的，在右小臂刺上"抢夺"两个字，小偷在右小臂刺上"窃盗"两个字。公务员监守自盗，在右臂上刺"盗官物"。如果犯下斩绞死刑，直接就杀了，没有刺字的必要，所以不刺字。

刺字不能拿钱赎罪，除非皇帝赦免才免予刺字。按照法律规定，准盗者免刺，以盗论者皆刺字。但是明代对"以盗论者"也没有全部施行刺字之法，诸位皇帝对他们大都予以宥免。

后来，随着法律渐宽，免刺的范围也不断扩大。万历十四年，军人中的武职和文职，犯徒刑、流放以下的罪行不刺字。但是以盗论者、杂犯绞斩准徒的，仍旧刺字。原来的欺侵犯也是"以盗论"，要刺字。但是侵欺犯的犯罪性质比真盗轻，如果把良家子弟视同盗贼惩治，势必伤害他们的尊严，导致不积极为朝廷纳税服役。这样，万历十四年十二月，欺侵犯就不再以盗论处，免刺，只有真盗实赃才刺字。

肉刑，在我国有上千年的历史，但是从实际效果来看，全然没有止奸禁暴的功效，大大违背设置肉刑的初衷。

《商君书·赏刑篇》说，肉刑不是为了伤害百姓，而是为了禁止奸邪、制止罪恶。而要禁奸止过，没有什么比得上使用重刑。刑罚重则效果大，百姓不敢轻易以身试法，这样国家就没有死刑犯了。所以说，高明的刑罚是为了不杀人。

又比如战国末期时，韩国的贵族、法家代表人物韩非子也主张治国必须用严刑重罚。《韩非子》说，仁义爱惠用处不大，而严刑重罚可以治国。他的主张受到秦始皇的重视，在实践中也厉行严刑峻法。但是老百姓不堪其苦，秦王朝很快在农民起义的风暴中土崩瓦解。

朱明王朝建立之初，政权根基不稳，朱元璋靠铁腕手段猛烈治国，使国家由乱世平稳过渡到平世。但是，明初的实践也再一次宣告肉刑"止奸禁暴"论的破产。

其实，朱元璋的严刑峻法没起到多大效果。百姓也不是吓大的。"民不畏死，奈何以死惧之？"不光是贪官，还有各种犯罪的人，越杀越多，朝杀暮犯，怎么都杀不完。他自己也不得不承认，《大诰》出来后，恶人不以为然，照样犯罪，就像吃饭喝水一样（如啖饮食），一点都不害怕。朱元璋反思：是不是法网太密，杀人杀得太猛。

到了晚年，朱元璋才认识到严刑峻法不足以教化人民，于是废除亲手制定的《大诰》中的严酷法条。1395 年六月，他对官员们说，我从起兵到现在已经 40 多年，亲理天下事务，对人情的善恶真伪无不涉猎。对罪行深重、奸顽刁诈的人，我特令在法律之外再加重刑，使人警醒、害怕，不敢轻易犯法。但这些特别手段只是权宜之计，目的是顿挫奸顽之徒，不是守成之君能用的常用手段。即位的君主以后统理天下，只遵照《大明律》与《大诰》，不许用脸上刺字、身体上刺字、荆杖行刑、割鼻子、阉割生殖器等刑罚。

这项谕旨明令废除黥面和刺字等肉刑，成为后世执行肉刑的指导思想。明代法学家丘濬对此评论说，重视刑诛可以禁止奸邪、禁止暴力？早上惩治犯人，到晚上又再次犯罪，晚上治罪而第二天还是犯罪，尸体刚移走又有人接连而来，惩治越重犯罪越多，这都是明太祖的话，明明白白写在《大诰》上的。由此可知，用肉刑止奸禁暴必定是无效的。袁宏曾经说过，专用刑罚，不对人进行德教，真是离真理差得太远，这个话真是太有智慧了！这位学者型高官主张，不应使用肉刑减少犯罪，而应求助教化的手段，使人明白事理，远离罪恶。

朱元璋死后不久，《大诰》就被其继承者所抛弃。到明代中叶，一度家家收藏、人人诵读的御制圣书已经很难看到了。

朱元璋明令废除黥面和刺字等肉刑，但是，他的继承者始终冥顽不化，死死抱着黥面和刺字的肉刑不肯放弃。但是从整体来看，明代肉刑还是没落了，肉刑衰微而体刑增加，也称得上是刑罚的大进步。在历史上，大体上出现肉刑让位于体刑的历史趋势，但是肉刑的存存废废、盛衰起伏在历史上也是多次出现的。比如，明代肉刑衰微，但到清代，肉刑依然盛行，趋势决定论并不是在任何时候都行得通的。

（3）杀士辱人何其多

枷项游历

朱元璋还设立很多侮辱人的刑罚，有鞭刑、笞刑、妇女打屁股、官员戴枷锁等。比如"枷项游历"一条，就非常搞笑，就是脖子上戴着枷锁，到全国各地示众。王复春是宜兴县掌管文书的主簿，举报上级下乡扰民，朱元璋让礼部带着好酒去慰问他，立即升他为常州府同知。可是，下乡扰民这个罪名谁也把握不好。你下基层接地气，了解百姓疾苦，也有可能被说成下乡扰民。不到半年，王复春自己也"下乡扰民"，被判处戴着枷锁，游历全国。

怀宁县丞陈希文，知道指挥毕寅占有很多民田。毕寅听到百姓已经在举报他，连忙跑来找陈希文求情，府官也帮毕寅说情。陈希文知道这个事情瞒不过去，对他们大义凛然地进行斥责。朱元璋专门派人表扬陈希文办事公正，立即升为青州府知府。可是不到1年，陈希文就派手下人到3个县索要糯米等物品。朱元璋气坏了，认为陈希文表面上是君子，暗地里是小人，于是让他戴着枷锁，被人押解着，到全国各个城镇现身说法，加以侮辱。

这两个官员只是受到人格侮辱，但总算保住性命。而福建右布政（相当于副省长）陈泰就没那么幸运。本来官员应该多下基层，了解民间疾苦，但是，朱元璋禁止官员下乡，只需要在衙门里坐着，办办公就行。官员如果下乡，不管你做什么，就是离职办事，都有可能被扣上"下乡扰民"或者"乱政"的罪名。陈泰就是因为下乡，被朱元璋直接处以斩刑，完全是一件冤案。

妇女裸杖

元代的法律很残暴，所以百姓都痛恨统治者。明代仍沿袭元代单衣或去衣受刑的法律。妇女犯笞和杖罪，明代初期还允许妇女穿着单衣挨打，后来竟然也是让妇女脱光衣服，捶打屁股。

让妇女裸体受罚，不管在什么时候，都是奇耻大辱。妇女本人羞愧难当，其亲人、家族都觉得颜面无存，引起妇女精神抑郁、自杀、家族报复仇杀等等，都是可以预想到的不幸之事。体刑和羞辱刑并用，将两种刑罚一起加在妇女身上，实在是明代的一项弊政。清代学者俞樾非常看不起这种妇女裸体受罚的酷法，称等于是把妇女发配到教坊司做女演员一样。明代的教坊司主管乐舞和戏曲，举行演出活动，地位很低，被当作是下贱人。

再后来，随着明代国势渐渐强大，法律趋向变通，允许妇女缴纳大米赎罪，不用脱光衣服挨打。但是这种进步的取得也是十分艰难的，有的人支持纳米赎罪，有的人就支持要裸体受罚，出现多次反复。宣德三年，冥顽不化的御史郑道宁死守祖宗老法条不放，宣称：犯通奸罪的妇女，按照法律应当脱衣受刑，这样才能端正社会风气。而现在，犯通奸罪的妇女都是缴纳大米赎罪，司法机关听之任之，不闻不问。那些没有缴纳大米赎罪的女人同样关在监狱里，肯定比以前更加淫秽放荡。郑道宁请求皇帝下旨，对她们必须裸体受刑，结果皇帝竟然允许，妇女再次跌进深渊。

成化年间，妇人犯笞杖和徒罪，又允许穿单衣挨打。1472 年三月，广东按察司上奏朝廷，妇人犯笞杖和徒罪，穿单衣挨打，但许多妇女本身并没有罪，大多是受牵连而关进来的。这些妇女一向怀有廉耻之心，一旦遭受这种刑罚的侮辱，终身都不能洗掉耻辱，实在令人同情。皇帝依照"在京纳钞事例"，允许妇女缴纳金钱赎罪。但是，"奸盗不孝"的妇女、乐妇仍然是两刑并用，仍然要单衣或者裸体打屁股。

汪直把持西厂时，十分惨毒，特务们刺探情报次数多，苛刻细致，百姓之间吵架打架都要管，抓住后就痛打一顿，还把有的人家封掉，有时半夜搜查民宅。更恶劣的是，他们把捉到的妇女和她的儿女，剥光衣服，在裸体的情况下进行杖责。老百姓人心惶惶，真恨透这些特务。正是因为西厂坏事做绝，在大学士商辂、万安等人的反对下，西厂才被撤销。

（4）骇人听闻的刑罚

特务们还发明许多骇人听闻的刑具，折磨百姓。这里介绍几种。

琵琶之刑

有种是让人百骨尽脱的琵琶之刑。根据史书记载，明代有一种非常残酷的、让人百骨尽脱的刑罚——"琵琶"。用刑的时候，行刑人仿佛以刑具做手指，以犯人的骨头作琵琶，在上面放肆地弹奏。这时候，犯人全身的骨头噼里啪啦全部脱臼，痛得死去活来，汗如雨下。这种刑罚真是闻所未闻，动刑二三次，意志再坚强的人，也很难抵挡这种酷行。

昼夜用刑

还有将人变成木偶的刑罚——昼夜用刑。很多刑罚都是奸臣害人的工具，皇帝并不知情。"昼夜用刑"就是这样一种连皇帝都不知道的刑具。它不是不分昼夜地拷打犯人，而是将犯人放在四面钉满长钉的木笼之中，昼夜一动也不能动，一动钉子就会刺入皮肉中。犯人在里面关不了多久，就会成为不折不扣的木偶。

替海瑞说情的何以尚就尝到"昼夜用刑"的滋味。嘉靖四十五年，户部主事海瑞不顾自身安危，给嘉靖皇帝上疏，历数皇帝昏庸情形，请求皇帝悔过自新。嘉靖帝怒不可遏，命令将海瑞送到锦衣狱拷问。刑部判处海瑞绞刑，但皇帝鉴于海瑞是比干一样的忠臣，一直没批，想留他一命。就在这个十分敏感的时候，海瑞的同事户部司务何以尚站出来替海瑞说情，让皇帝减轻惩罚。皇帝气疯了，将何以尚打100杖，关进镇抚司狱，命令"昼夜用刑"。皇帝也不知道"昼夜用刑"是什么刑罚，心想如果昼夜拷打何以尚的话，不是几天就打死了吗？嘉靖帝询问后才得知，这是一种将人变成木偶的刑罚。

立枷重枷

庄烈帝不知道什么是"立枷"。"立枷"在清代叫站笼，是明代奸臣刘瑾发明的，锦衣狱常用之。此刑很残忍，笼上有口，卡住囚犯的颈部，昼夜站立，人支撑不住就吊死了。有的先在脚下垫物，套定并卡住脖子后，再一天天撤出垫物，致囚犯的脚底悬空，窒息而死。如果碰到炎热酷暑的时候，人即使变成一堆白骨，还必须在里面吊着。首犯自然要处以立枷，罪行轻的人往往凭他们一句话，就会被立枷或者大枷折磨而死。大枷也是刘瑾的发明，也叫"重枷"，重150斤，也有的重300斤。犯人扛着几百斤的枷锁，可以跪着或者坐着受罪，不几天就筋疲力尽地死去，没挨到惩罚期限就不能埋葬。被刘瑾、魏忠贤用大枷害死的人特别多，用什么刑全凭权臣一句话。这些奸贼，心狠手辣，真是可恨之极。

水牢

坐水牢的情形也很多见。明代矿监与税使就曾用它勒索百姓金钱。矿监与税使名义上是奉皇帝的特命采矿、征收税费，事实上他们往往纠集各地的无赖之徒，在地方上为所欲为，任意对老百姓进行敲诈勒索。如1601年五月，吏部尚书李戴上疏说，宦官们奉皇命出使四方，指称某人的房屋下有矿产，那这家立即就会因此破产；指称某人漏税，那这家立刻就会被搜刮到倾家荡产。《明史·食货志》也论述这些税使的残暴酷虐：这些收税的使臣看到那些懦弱的商人，就肆意对他们进行抢劫掠夺，没收全部财产，即使对他们背负的行李，也要搜索一空。矿监遇到富家大族，则诬陷他们偷盗矿产，对有良田、美宅的人，则指称下面有矿脉，率人围捕，侮辱妇女，甚至把人的手脚砍断，然后投到江里淹死。太监陈增的参随、徽州人程守川，曾经向朝廷捐银子以帮忙建造宫殿，被授以中书舍人的官衔。程守川自称是总理山东直隶矿税事务的钦差，勘究江淮地区的不法大户和私藏有珍宝的家庭。程守川出巡太平、安庆等府，允许老百姓告密揭发。所到之处，一些地方的无赖之徒就匿名告发某某人富裕而违法，某某人家藏有珍宝。那些不幸被告发者，立即被戴上枷锁示众，或者被关进水牢，施以酷刑，最后只好献出金钱、讨回性命，多的要送上上万两黄金，少的也要数千两。据统计，仅在扬州、仪真地区，就有 100 多家被严刑拷打、抄没家产。矿监甚至以采矿为名，盗掘古墓，攫取财宝。矿监税使将在各地搜括所得，逐年进奉给宫廷内库，供皇室花天酒地地进行挥霍。

3. 深牢大狱无间道

佛说："受身无间永远不死，寿长乃无间地狱中之大劫。"无间道，即无间地狱或者阿鼻地狱，在十八层地狱的最底层，佛经故事中有八大地狱，无间道是最苦的一个。凡被打入无间道的人，永无解脱希望，要经受五种罪："时无间""空无间""罪器无间""平等无间""生死无间"，就是无时无刻不受罪、从头到脚都受罪、各种各样的刑具都经受、无论男女一样用刑、死去活来无数回，还得继续用刑。

受苦的情形，在佛经中有详细描述。在无间地狱，狱卒抓住罪人，剥其皮从足至顶，即以其皮缠罪人身，着火车轮疾驾火车，辗热铁地周行往返，身体碎烂皮肉堕落，苦痛辛酸万毒并至，余罪未毕，故使不死。复次无间大地狱有大铁城，其城四面有大火起。罪人在中，东西驰走，烧炙其身，皮肉焦烂，苦痛辛酸，万毒并至。罪人举目所见，只见恶色；耳中所听到的，只有恶声；鼻子闻到的，只有臭恶；身体接触的，全是苦痛；头脑中所想的，全是恶法。罪人无时无刻不是受苦，故名无间地狱。而明代的监狱也形同这样的地狱，让人时刻感到苦痛、畏惧，从而让百姓不敢轻易犯罪。

监狱是个什么东西呢？它是文明社会的刑罚方式，有了政府力量的消解作用，代替人与人之间的仇杀，社会就趋向和谐稳定。它又是国家暴力机构的一部分，是彻底严厉的规训机构，是统治者惩治犯人或者政治对头的暴力机器。

在夏代，监狱叫"均台"或者"圜土"，周代监狱叫"囹圄"。汉代以前不采用"监"的叫法，而是叫"狱"。到汉代，监狱第一次被叫作"狱"。"狱"的繁体字是"獄"，是会意字。"獄"的一种说法是：打官司就像狗咬狗，互相揭发对方。"獄"的另一种说法是：打官司动动嘴，输了官司的人坐牢，左右有狗看守，使囚犯不容易逃跑。监狱也可以叫"狴牢"，看门狗是北方一种善于守备的野狗,名字叫"犴"。"牢"就是关牛马的圈,犯人关在牢里,过着牛马不如的生活。从明代开始,监狱被广泛地称为"监",到清代通称为"监"。

进监狱并不是坏人的专利。暴君夏桀曾囚禁过汤武王,汤武王出狱后,把夏桀灭掉。汉代的萧何、周勃、周亚夫等正部级干部都坐过牢房——廷尉狱。北宋文豪苏东坡在御史台狱坐过牢。在明代,大部分官员都有过坐牢的经历,坐牢并不是什么丢人的事情,只是因为法网太密,冤案太多,要坐牢的理由实在太多。

(1)中央监狱阴森森

监狱创始人:朱元璋

司法部门:刑部、都察院、大理寺

管辖监狱:刑部狱、都察院狱、大理寺狱

酷烈指数:4级

朱元璋给子孙打造了一只金饭碗——皇帝宝座,也为老百姓打了一个个铁笼子——阿鼻地狱。他是明代监狱体系的奠基人,和他的继任者前赴后继地在全国构筑起相当庞大的监狱系统,从中央到地方,从司法机关到特务机构,从京城皇宫再到皇族居住的凤阳高墙,都设有监狱。一张巨大的网络如同囚笼一般,惩治犯人或者政治对头,牢牢地维系统治者的权威、禁锢人民的自由。

朱元璋于1376年完成地方政治体制改革,4年后着手进行中央的政治体制改革,加强中央集权,防止皇权旁落。1380年,朱元璋以谋反的罪名灭了胡惟庸的族,剪除其党羽上万人。这还不算完,马上朱元璋以胡惟庸案为突破口,进行中央层面的政治体制改革,一举废除丞相职位,取消中书省,并为后世立下"敢议立丞相者,杀"的铁律。以后,丞相的手头工作由皇帝和六部承揽,中央六部吏部(管理人事)、户部(管理财税)、兵部(管部分军权)、礼部(管外交和教育)、刑部(管司法和监狱)、工部(管工程、水利交通)由皇帝直接掌控。其中,以刑部管理全国的司法和监狱,直接对皇帝负责。

在明代，刑部、都察院、大理寺合称三法司，是中央一级的司法系统。刑部管理全国的司法和监狱，直接对皇帝负责。刑部狱、都察院狱（也称台狱）组成法司狱。这是中央司法系统的合法监狱。三法司的一把手（相当于正部级）分别是刑部尚书、都察院左都御史、大理寺卿。

遇有重大案件，由皇帝下诏命令三个部门一起进行会审，我们在戏词里常听到的"三堂会审"指的就是这个。三堂会审时，在刑部大堂设3张案桌，刑部尚书为主审官，坐在面南的桌案后，而大理寺、都察院的长官则分坐在东西相对的两张桌案后，审案过程中均有发言权，最后作出统一的审判结果。

刑部管理全国的司法和监狱，直接对皇帝负责，刑部尚书就是司法部长和总监狱长。监狱的领导机构叫司狱司，领导狱吏，管理犯人。司狱有6人（《明史·职官四》言司狱为2人），从九品，是很小的官。作为最重要的国家监狱，刑部监狱的规模很大，刑具数量也最多，有长枷520面，手肘780副，拶指1300把，方枷260面，竹板3000片，铁索650条，铁镣780副，铁钉3000个。因为刑具的数量是法律规定的，多一件就是乱作为，少一件就是不作为，马虎不得。

都察院监狱也称"台狱"。都察院监狱也设有司狱司，初设6人，后革为5人，领导狱吏，管理囚徒，也为从九品。还设有理刑进士、理刑知县，但到明武宗的时候这两个职位被废除。由于都察院只负责惩治官员犯罪，所以刑具比刑部少了很多，有长枷120面，手肘420副，拶指800把，方枷260面，竹板3000片，铁索90条，铁镣400副，铁钉2000个。

比如，1460年，曾经帮助英宗复辟、杀害于谦的石亨因为权势过大，广植党羽，为英宗所不容，以图谋不轨的罪名下诏狱病死。宦官曹吉祥是石亨的同党，当年两人一起发动夺门之变、迎英宗复辟。石亨被处死之时，曹吉祥早已是司礼太监，密谋组织军队，门下厮养冒官近千人。曹吉祥恐怕落得和石亨一样的下场，于1461年发动叛变，拥立太子做皇帝，自己做内应，指使其嗣子、昭武伯曹钦率兵进宫。曹钦等人随后攻打并焚烧北京长安门，杀死数名高级官员。叛乱被平定后，曹吉祥被抓进都察院监狱，后来被诛杀。

都察院监狱只负责惩治官员犯罪，所以刑具比刑部少。

刑部狱、都察院狱可以审问犯人，审问过程中可以对犯人动刑。审问完毕后，按照法律给犯人定罪，其中重刑犯须向皇帝请示是否将其移送诏狱处理（诏狱是皇帝亲军锦衣卫掌管的监狱）。

刑部狱、都察院狱组成法司狱，这就是明朝中央司法系统的合法监狱，二者主要职能相似，但与现代监狱有很大的不同。一是关押未决犯。官员一经被劾，或案件一旦告发，即被关押入狱。二是审问犯人，审问过程中可以对犯人动刑。体刑分答、杖，各分五等。待审问完毕后，按照法律给犯人定罪，其中重刑犯须向皇帝请示是否将其移送诏狱处理。三是对判处有期徒刑的犯人进行关押，直到犯人刑满释放。自由刑即徒刑，也分五等。五刑之外还有准徒 4 年、准徒 5 年。判处有期徒刑的人都必须受杖刑，较前代为重。

三法司中的大理寺主要职责是监督纠正，平反冤案，维护司法公正。凡是刑部、都察院、五军断事官等所审判的案件，全部要交给大理寺复查。大理寺也设有监狱，弘治年间以后大理寺监狱废除，就只负责审阅案卷，提取案犯作进一步审查，但不再关押犯人。

朱棣迁都北京后，三法司也迁往北京，北京出现中央法司监狱，在南京则留下雷同的一套法司和监狱机构。南京刑部有司狱 2 人，都察院有司狱 2 人，从九品。官员品级一样，只是人数上较少一些。

（2）美女苏三曾来过

帝国的地方监狱遍地开花。

朱元璋在登基 9 年后，于 1376 年也进行地方政治体制改革，将地方的一些权力收归到自己手里，把行中书省改成承宣布政使司，在地方上实行行政、军事、司法"三权分立"制度。他把全国划分为浙江、江西、福建、北平、广西、四川、山东、广东、河南、陕西、湖广、山西 12 布政使司（相当于省），6 年后又增设云南布政使司，总数为 13 个。布政使司由元代的行中书省演化而来，人们口头上一般称布政使司为行省或者是省。明成祖 1403 年把北平布政使司定为北京，11 年后又加贵州布政使司，总数为 14 个布政使司。明宣宗在 1428 年把南京、北京除开，全国还是定为 13 个布政使司。

除将地方的一些权力收归到自己手里外，朱元璋还废除行中书省，分设布政使司、都指挥使司和提行按察使司，实行行政、军事、司法"三权分立"，不相统辖，互相牵制，直接听从皇帝指挥。布政使司的一把手叫布政使，主管一省的财政和民政，不再拥有军权。地方常备军的军权由都指挥使司（相当于军区）掌握，首脑称都指挥使，不受地方管辖，直接隶属于中央的五军都督府。

王府的军队由朱元璋的儿子亲王们指挥，每个王府设亲王护卫指挥使司，直接对皇帝负责，不受地方节制，但只管王府之内的事情，不能干预地方事务。布政使司的司法、监狱权掌握在提刑按察使司手里，负责人叫按察使。所以，地方监狱的主管部门是提刑按察使司。

布政使司以下地方政府又分两级：第一级是府（相当于市），其中顺天府（北京）、应天府（南京）是"直辖市"，负责人都叫知府。此外还有直隶州，负责人叫知州，地位比知府稍低。第二级是县，还有相当于县级市的州，负责人分别叫知县和知州，两者的地位实际上并没有区别。

布政使司、府、州、县都设有监狱。提刑按察使司的司狱全面负责本省司法和监狱事务，负责行政的布政使司也设司狱，但只起监管作用。各府也都有专管监狱的司狱官。而州、县的监狱，一般就由本地行政长官兼管。

建于 1368 年的山西省临汾市洪洞县的苏三监狱，是我国唯一保存最完整的明代县衙监狱，是研究明代监狱格局的重要实物。明代的北京名妓苏三蒙冤落难囚禁于此，因此俗称"苏三监狱"。

"苏三监狱"在今洪洞县政府院内西南，即明洪洞县衙西南角，占地 610 平方米，由过厅、普通牢房、狱卒房、狱神庙、死囚洞和死囚牢等组成。

明代监狱的设计十分严密。外院是监狱的办公场所，右边的院落是 12

间低矮的监牢，东西相对，中间是一条狭窄的通道，过道顶上布有铁丝网，上面悬挂许多响铃，犯人越墙逃跑，会触响铜铃报警。

牢房空间狭小，只有4平方米，门低窗小，里面阴暗潮湿，土炕占去大半，距地面不足1尺，人站在炕上无法抬头，躺下腿无法伸直。狭小的牢内少则关五六人，多时关十几人，十分凄苦。

通道南端有两间狱卒的管理室。西侧的墙上有石刻的狱神庙，囚犯入狱要参拜狱神。狱神下面的墙基处有砖券门洞，为死囚洞，犯人死于狱中，尸体由此洞拖出。

狱神庙对面是死囚牢，双门双墙，门上有狴犴石雕。狴犴是龙的儿子，专门掌管刑狱，形似老虎，人们误称为"虎头牢"。牢门很矮，进去的人都要在狴犴像前低头，显示对法律的敬畏。牢门两端各有一道铁门，一扇向左开，一扇向右开。不明就里的囚犯如果越狱，往往出第一道门却打不开第二道门，拖延犯人越狱时间。

进入死囚牢，有一个小院，中间有苏三洗衣的水井和石槽。为防止死囚投井自杀，井口非常小。西侧为囚禁苏三的牢房，窑体坚厚，高处开小窗，内设双窗棂。东侧为男死囚牢，窑内阴暗潮湿，白天需要灯光。围墙很高，内外砌砖，中间灌以流沙。犯人挖墙越狱，流沙便会从挖开的小口源源不断地流下，使犯人一时间难以挖通围墙。

从明代小说家冯梦龙《警世通言》中《玉堂春落难逢夫》，来了解苏三蒙冤入狱、逢夫遇救的状况。苏三的一生跌宕起伏，充满了爱恨情仇。

苏三，父母给她取名周玉姐，河北人氏。父亲曾是山西大同高官，任职府尹，即大同市主要负责人。

她本来有一个幸福无忧的童年，可惜父母双亡，政府照顾不周，家族不管不问，苏三由金枝玉叶堕入凡尘，连衣食都成了问题。

造化弄人，万不得已，不知道经过怎样的遭遇，她被坏人拐卖，沦为苏淮会所里一名靠出卖美色换取一切的女子，人的尊严被践踏在地。昨天还是锦衣玉食，今天就要挣扎求生了。是过山车一般的命运和犯罪分子的黑手毁掉了她本来美好的一生。

　　然而，苏三并没有在这个罪恶的世界沉沦。她出身高贵，花容月貌，经过技艺的熏陶，成了男人眼中色艺双绝、声名显赫的女神。

　　苏三的身体不洁，但是让男人销魂，梦寐以求；她的心灵高洁，不受尘世的一点污染。这样矛盾的综合体，的确是存在的。李师师、苏三、柳如是，命运坎坷，身不由己，虽然曾经是男人的玩伴，但她们都是我们常人无法理解的女人。

　　在她供职的苏淮会所里，"玉堂春"是她的花名，排行第三，跟宋代李师师一样，身份高不可攀。会所里的女子，身价都是不一样的，苏三处于这个食物链的最高端。跟宋代李师师喝酒的，只有宋朝的极品皇帝才能做到。同样，能坐在苏三酒桌上把酒望月的，只有非富即贵的男人。

　　她遇到了改变一生命运的人——"官二代"王景隆。这莫非就是命运冥冥之中的安排？给你一种苦难，再给你一点甜头。

　　你要问王景隆家底怎么样？为什么苏三偏偏看上了他？他又为什么不顾世俗，偏偏爱上了沦落风尘的苏三？只有一种解释，苏三不是一般的美女，王景隆也不是一般的俗物。

　　一个高官显贵、亿万富豪的儿子，能爱上一个会所里的女子，本身就是不可思议的事情。人生需要修炼，而他们修炼到了一种一般人达不到的境界。

　　王景隆，老家南京，父亲礼部尚书（正部长级），家庭显赫，诗书传家。两人在苏淮会所一见钟情，罗密欧与朱丽叶的故事就开始了。王景隆为她神魂颠倒，苏三为他如痴如狂。他们是天造地设的一对，琴瑟和鸣、相见恨晚，他们的爱情已经超越了伦理，超越了身份。王景隆的爱，是告慰苏三悲惨身世的一剂良药，让她忘记了孤单和凄苦，心灵有了依托，不再漂泊，往昔枕头上的泪痕，终于可以风干了。

　　苏三是王景隆的鸦片。为了和苏三厮守，王景隆的银两哗哗地流淌，他一出手，就像一个顶级富豪。时间不长，就耗尽3万两银子。按照当时的购买力，4两银子可以买一头猪、一只羊、五六坛酒，鸡鸭、香烛纸钱等祭祀用品。耗尽3万两银子，相当于一个千万富翁消失了。可见，王景隆用情至深，钱可以证明他的爱情。他觉得心上人值得。

她发誓不再从人，连皇帝也不要，激励爱人报考科举，只要他有个功名，就跟他远走高飞，把自己救出火坑，一心一意跟王景隆生儿育女，做个平凡的人。

可惜他们生不逢时，命运跟他们开了一个残酷的玩笑。

在贪财的老鸨那里，他们的爱情一文不值，就是一桩爱情名义下的交易，是浪荡子对会所女子的暂时痴迷。

苏三资助王景隆回到南京。王景隆狂啃书本，两次进京考试，终于考中进士。成了进士就有了做官的资格。

可是这个会所的老板娘为了金钱，比蛇蝎还毒，比豺狼还狠，美女在她眼里，只是吸引男人供她吸血的聂小倩。苏三已经为她赚取了亿万的财富，她还不满足，已经压榨了一幢大楼，还想从苏三身上压榨十幢大楼、百幢大楼，直到失去利用价值。

苏三不再见人，宁死不从。老板娘恨得牙根痒痒，恨不得把她扒皮抽筋。老板娘就起了坏心眼，把她高价卖掉，一次性变现。

买家也是大老板——山西洪洞县马贩子沈燕林。品位不高，就是有钱。

苏三万不得已，没有联系到爱人王景隆，就稀里糊涂地被带到山西，做了马贩子的小妾。在这个大宅子里，遇到了生死劫。

沈燕林的妻子皮氏，跟他缺乏感情，表面是夫妻，私底下却耐不住寂寞，与邻居赵昂相好。偷情的每一刻，都随时面临死神的威胁。在愚昧的婚姻制度下，私通是大罪，并被家族残酷迫害，因此出轨的人一般命运悲惨。这两个人也是吃了豹子胆，是死也要在一起。为了将私情进行到底，两人合谋毒死沈燕林，嫁祸苏三。世上不止一个潘金莲，也不止一个武大郎。是制度的悲哀，还是感情的凶猛，要将人推向死亡的绝境？

反正都是沈燕林的钱，两人使劲花。如果连性命都没有了，要钱有什么用？常言道："衙门口，冲南开，有理无情拿钱来。"他俩用 1000 两银子贿赂王知县，并买通政府其他人。王知县受贿了，办事很给力。1000 两银子，可以在县城购买两个住宅。

金钱将司法践踏在地，真相被扭曲。苏三扛不住严刑逼供，只好招认，被判处死刑。

冯梦龙这样写道：

却说皮氏差人秘密传与赵昂，叫他快来打点。赵昂拿着沈家银子，与刑房吏一百两，书手八十两，掌案的先生五十两，门子五十两，两班皂隶六十两，禁子每人二十两，上下打点停当。封了一千两银子，放在坛内，当酒送与王知县。知县受了。

等于邻居赵昂给所有人都塞了钱，从皂隶到知县，都拿到不菲的好处。

拿了人家钱财，就替人办事，乱来一气了——

次日清晨升堂，叫皂隶把皮氏一起提出来。不多时到了，当堂跪下。知县说："我夜来一梦，梦见沈洪说：'我是苏氏药死，与那皮氏无干。'"玉堂春正待分辩，知县大怒，说："人是苦虫，不打不招。"叫皂隶："与我拶起着实打。问她招也不招？她若不招，就活活敲死。"

做梦的内容就能定罪。招了就不打，不招就打死，苏三一点分辩的机会都没有。当时刑罚就是严刑逼供，经常把人打死，连皇帝下令也管不住严刑逼供。

玉姐熬刑不过，说："愿招。"知县说："放下刑具。"皂隶递笔与玉姐画供。知县说："皮氏召保在外，玉堂春收监。"皂隶将玉姐戴上脚镣，送进南牢。禁子、牢头都得了赵昂的银子，将玉姐百般凌辱。只等上司详允后，就递罪状，结果她性命。

监狱里的这些公差，都来凌辱苏三。"想当初在院中凌辱受尽，到如今又落得罪衣罪裙。"苏三不知道心上人在哪里，王景隆也不知道前女友身在何方。达摩克利斯之剑高悬头上，命运之舟似乎已经走到了尽头，等待秋后问斩该是何种的煎熬，过一天就算多活一天，不知道是该笑还是该哭。

当苏三关押在洪洞县死牢里时，王景隆已升任山西巡按。巡按是中央下派的钦差大臣，监督地方各项事务。他密访洪洞县，探知苏三的冤狱案情，命令押解该案全部人员到太原重审。苏三从洪洞去太原复审之时，向公差诉说自身的遭遇，这就有了著名的戏曲《苏三起解》：

"（唱西皮流水）苏三离了洪洞县，将身来在大街前。未曾开言我心好惨，过往的君子听我言。哪一位去到南京转，与我那三郎把信传：就说苏三把命断，来生变犬马我当报还。"

苏三起解，前途漫漫，她心惊肉跳地上路，殊不知，待她恩重如山的人就在前方等着她。

王景隆委托刘推官代为审理。

刘推官判处皮氏凌迟处死，赵昂斩罪，王知县免职。皮氏、赵昂纵使有再多的钱财，也无济于事。孽缘让他们选择了罪恶之手，现在连性命也丢了。王知县因为对金钱的渴望，丧失了做人、为官的良知，也受到了应有的惩罚。天日昭昭，社会的公平正义得到了维护。

苏三历经劫难，终于平反，和王景隆成为眷属，苦命的鸳鸯收获了爱情的回报。

从苏三的遭遇，可以看到当时监狱的腐败。

以上是中央监狱和地方监狱的基本情况。对监狱的刑罚实质，丘濬有一段十分精辟的论述：

"先王之于恶人，不徒威之以刑，而又愧之以礼，去衣冠以耻之，加明刑以警之，任事役以劳之，凡此，欲其省己怨以兴善念也。能改则止，不能改然后加之以刑。"

他说，先前的大王对于恶人，不只是动用刑罚使他感受到法律的威严，又用礼仪使他感受到羞愧，剥夺他衣冠使其感受到耻辱，用明确的刑罚措施给予警示，用劳动使他感到劳苦。所有这些措施，都是希望他反省自己的罪过、培养起自己善良的品行。囚犯如果能改造好就停止使用刑罚的手段，如果不能改过的话，然后再给他动用刑罚。

从丘濬这段话可以看出，狱政即是通过刑罚立威示警，用礼教使罪犯感到羞耻，以劳役使罪犯感到劳苦，从而达到使他们反省罪行、改恶从善的目的。

（3）闻风丧胆锦衣卫

特务机构：锦衣卫

管辖监狱：锦衣狱、镇抚司狱

酷烈指数：5级

朱元璋的杀人机器主要是锦衣卫。蓝玉案等大案都是锦衣卫发动并执行的。

锦衣卫的全称是"锦衣亲军都指挥使司"，由朱元璋1382年设置，主要职责是保护皇帝和皇宫的安全。从名称上，它最初为皇帝的亲军之一，其地位非常特殊，不隶属任何部门，由皇帝本人直接指挥，在皇帝上朝时掌管礼仪，出行时是仪仗队，保卫皇帝安全。由于他们整天在皇帝身边活动，成为皇帝的耳目，又得朱元璋重点扶植，被赋予侦察和逮捕臣民的权力，最后发展成为国家的安全和情报部门，并渗入司法体系，成为上自皇亲国戚，下至乡间小民谈虎色变、闻风丧胆的机构。

锦衣卫设置的监狱也叫诏狱，由锦衣狱、镇抚司狱组成。锦衣狱由锦衣卫的最高指挥机构——都指挥使司直接管辖，人数最多的时候达到2万多人。

锦衣卫又仿效元代设置，其下设置镇抚司。在南京的镇抚司叫南镇抚司，在北京的叫北镇抚司，这两个部门都设置有监狱，分称南镇抚司狱和北镇抚司狱。北镇抚司直接听从皇帝指挥，权力特别大，专门处理重大案件，所以关押在北镇抚司狱的一般都是重要案犯。诏狱用刑特别残酷，专以酷刑折磨犯人，人进了诏狱就如同下到十八层地狱，进去时是站着的活人，出来的多半是躺着的死尸。

北镇抚司监狱比法司监狱防范更为严密，建筑半截埋入地下，囚犯几乎没有逃跑的可能，厚达数仞的墙壁有很好的隔音效果，即使囚犯高声大喊，外边的人一点都听不见。家属从外面送进来的食物等日常用品，要经过许多关口检查，十有八九会被狱卒没收，能落到囚犯手上的不到十分之一。对待犯人十分恶劣，即使数九寒天，在北京零下三十摄氏度的天气里，北镇抚司监狱都不生火，囚犯只能吃冷菜冷饭。

在宦官猖獗的时候，中央一级还设立过几个非法的特务监狱，它们是东厂狱、西厂狱、内行厂狱等。

东厂的权力比锦衣卫还要大。朱棣为镇压前任皇帝的追随者和官员中的反对派，于1420年在北京东安门北设立东厂，从事特务活动，有事可以直接报告皇帝。东厂用宦官担任负责人，常以宦官中的最高级人员——司礼监秉笔太监中的二号人物或三号人物担任。委派一名锦衣卫千户担任掌刑千户，一名锦衣卫百户担任理刑百户，称为"贴刑官"，下面的特务都由锦衣卫充当。

权力比东厂还大的是西厂。明宪宗为加强特务统治，于1477年在东厂之外增设西厂，任用太监汪直负责。西厂甚至被称作皇帝的"耳目""神镜"，皇帝有了它，仿佛就能照见人世间他想知道的东西。它的活动范围从北京遍及全国各地。汪直在把持西厂期间，屡兴大狱，弹劾罢免数十名公卿大臣，即使对民间的细小琐事也用重法惩治。后因遭到反对，西厂被迫撤销。明武宗时，宦官刘瑾专权，西厂一度死灰复燃，1510年刘瑾以图谋反叛罪被杀后，西厂才得以废除。

权力比东厂、西厂更大的是内行厂。内行厂就是"内办事厂"，也是宦官刘瑾设立，办公地点在北京荣府旧仓地。他本人直接指挥，从事镇压人民和反对他的官员，即使两厂也在被监视之列。刘瑾靠这些特务四处活动，引进私党，镇压异己，斥逐大臣。刘瑾被杀后，内行厂得以废除。

诏狱以及朱元璋死后出现的东厂狱、西厂狱，是明代独创的监狱，与古代的监狱制度都不相同。三家厂狱的一把手都由太监担任，而《大明律》严格规定宦官不得干政，其非法性是不言而喻的。这三种监狱是中国监狱史上最黑暗、最惨毒的典型，像地狱一样阴森血腥。

这些囚犯为什么会受到这么残酷的虐待？这是因为，这些监狱关押的都是大案要案的囚犯，多是政治犯和重刑犯，案件都跟威胁皇帝权力、颠覆朝廷或者严重危害社会有关，有的案件则是权臣打击迫害反对派的冤案，监狱只不过是关押政治角斗士的囚笼。在皇帝以及当权者的授意和默许下，他们可以法外用刑，如狼似虎地虐待朝廷重犯，对囚犯任意拷打，百般折磨，创造性地发明很多常人难以想象的酷刑。杀人的手段特别残忍，完全不受法律约束。它们的地位和权力远远超过法司监狱，对待犯人的残酷狠毒、对法律的破坏程度都不是司法系统的监狱可以比拟的，而且酷烈坏法代代相传，没有人能改变它的残忍和堕落。到明代末期，酷烈的程度更是达到极点。

这三种监狱只有酷刑、压迫和刑罚，只有审讯拷打的功能，其目的不是教化改造犯人。明朝的很多冤假错案都是在这样的淫威下炮制出来的。在这里，人命如草菅，尊严被践踏在地，法律只是一纸空文。

（4）皇亲国戚关凤阳

明朝的皇亲国戚也不能逍遥法外，还有一处特殊的监狱等着他们。它就是设在朱元璋老家安徽凤阳的皇族监狱，称为"凤阳高墙"。犯罪的藩王、皇族成员一般关押在这里。由管理皇室宗族内部事务的机构——宗人府管辖。宗人府以皇室的亲王担任负责人，叫"宗人令"，后来它的职权统归礼部管理。"凤阳高墙"由一名太监做负责人，另外还守护朱元璋祖宗的陵寝。

例如，宣德年间，宦官刘信举报晋王朱济熿私自取走 10 万多石国家的储备粮食，其目的是接应赵王朱高煦起兵造反。经过调查，朱济熿偷盗官粮的情况属实，被剥夺皇族身份，沦为普通平民，被送往安徽凤阳县的皇族监狱关押。

弘治八年十一月，晋府宁化王朱钟鋐很凶残，犯了罪，被废为平民，关押在安徽凤阳县的皇族监狱，他的妃子武氏也被剥夺封号。

4. 走进监狱看等级

（1）官员京师蹲大牢

中央法司监狱是国家设立的关押拷问嫌疑犯、执行体刑和自由刑的中央公立机关。刑部监狱和台狱具有很多相同的功能。

一为关押还没判决的嫌疑犯。官员一被弹劾，或案件一旦被告发，当事人立即被捕入狱。如 1416 年，锦衣卫的最高长官指挥使纪纲想谋反，被抓进都察院审讯，被捕当天就被磔死。弘治时期，国家天文台——钦天监的监副吴昊等预报天象，说当月十六日晚上有月食，结果预报不准确，月食并没有出现。月食在当时看来跟政治密切挂钩，吴昊等被逮下台狱治罪。

　　诏狱、刑部监狱和都察院监狱的关系是既分工合作，又相互制衡。遵照回避原则，一个系统的人员犯罪一般投入另一个监狱审问。比如，正德七年，锦衣卫指挥使杨玉、镇抚司指挥使石文义有罪，因为是锦衣卫的高级官员，所以逮进都察院监狱审问。天顺七年，刑部尚书陆瑜，侍郎周瑄、程信等犯罪，因为是刑部的官员，所以被逮进锦衣狱审问。

　　地方上的要犯和犯罪的官员一般都押到北京的中央监狱关押。1419年，朱棣下令，北京之外的官员如果犯死罪，全部送到北京审判。如1478年，江西省吉安的一把手黄景隆治狱十分酷烈，残酷地虐待囚犯，在3年中导致417名囚徒死亡，将106名无辜的人判处有罪。这位昏庸残暴的知府被戴上脚镣和手铐，从江西押到北京，处以死刑，后来在监狱中一命呜呼。按照惯例，械送入京的囚犯在年末时不能进入北京，必须在京城的外围良乡、通州等处暂时关押，等待新上任的高级官员向皇帝朝贺完毕之后，这些囚犯才可以进入北京。1424年，这条惯例被废除，囚犯在年终时不必停止进京，直接送两法司监狱关押，等待朝廷举行大祀之后再审理案件。天顺四年后，改送镇抚司监狱关押。1467年，皇帝听从锦衣卫的请求，仍送两法司监狱关押。

　　二为审问犯人，罪行严重的移送诏狱关押审问。按照《史书》记载，刑部的职责是，凡是军人、平民、官员、皇室人员、功臣、外戚犯了法，刑部审问清楚，查实事情真伪，按照法律和法律条例商议罪行轻重，作出判决。罪行严重的向皇帝请示是否移送诏狱。都察院的职责则是专门核查和纠正所有国家机关的错误，辨明犯人是否被冤枉。

　　三为执行体刑及自由刑。执行体刑就是拷问犯人，可以对犯人动刑，执行笞和杖两种刑罚，笞和杖又各分五等程度不同的刑罚。都察院也有笞、杖之权。执行自由刑就是执行有期徒刑，也分五等。五刑之外还有准徒4年、准徒5年。明代徒刑的特点是徒杖并用，就是判有期徒刑的，同时还必须受杖刑，刑罚比前代加重。

　　法司监狱与前代相比，有许多特点。

　　从中央法司监狱的历史沿革看，刑部设监狱是从元代开始的，明代继承元代的这一制度。废除大理寺监狱是从宋代开始的，宋、金、元的大理寺都没有监狱。明代继承这一制度，不是继承隋唐的制度。

刑法是政治的延续。1380年，朱元璋废除丞相制度，取消中书省，将中书省的权力全部细分到六部，官制发生天翻地覆的变化。唐宋以刑部监督大理寺，明代则以大理寺监督刑部。

政治上的变动必然会引起法司狱职能的改变，监狱的规模及行刑的权限也随之改变。刑部监狱的规模大大扩张，从刑具的数量上看，刑部监狱的刑具最多。都察院因为只惩治官员犯罪，显然次之。大理寺负责监督纠正，不设监狱，只有审问用的拶指和竹板。

在司法上虽然实行的是三权分立制度，但是由于人治的影响，司法最后还是丧失独立性。

司法上实行三权分立制度，在初期执行很严，各司其职，不能互相干扰，怎么判案是不能泄密和干预的。永乐年间，礼部尚书李至刚的岳父犯罪被关在都察院，要被判处重刑。李至刚就向朱棣求情，希望判刑轻一点。朱棣就问他：法司判案轻重，你作为一个外人是怎么知道的？李至刚说是从右副都御史黄信那里打听到的。黄信因为泄露判案机密，被朱棣处死。

明代中期内阁制形成后，随着内阁权力的加强，权奸用事，俨然宰相。权臣压制六卿的职权，对司法和监狱进行大量干预，司法屈服于政治。随着诏狱先后设立，对囚犯的生杀大权，不是操纵在皇帝宠幸的奸臣之手，就是被宦官所掌握，忠良之臣都惨遭残害。在权奸弄法、诏狱侵权的情形下，大案要案的犯人绕开司法部门，大多直接被关进锦衣狱，法司的监狱几乎成为摆设。大理寺虽然是监督和纠正部门，但也受权臣操纵，想辨明冤情无能为力，甚至自身难保，所以驳正之权也流于有名无实。这就造成有人治没法治、有制度无实效的局面。

比如，奸臣王振当权时，一个指挥撒手西去，身后留下非常漂亮的妾。王振的堂侄王山与这个遗孀产生感情，不料遭到指挥大太太的反对。在当时，如果大太太不同意这门婚事，小妾是不能自行改嫁的。那个小妾为谋求新生活，就诬陷大太太毒杀亲夫。大太太被抓进都察院监狱审讯，屈打成招，毒杀亲夫在当时会被处以极刑。大理寺的高级官员左少卿薛瑄和其他官员挺身而出，多次为指挥的妻子辩明冤屈。但是由于都御史王文秉承王振的旨意，从中作梗。大理寺虽然坚决抗辩，但是无济于事。薛瑄因此得罪王振，遭到狠毒的报复。王振暗示向皇帝提建议的言官，在朝廷上弹劾薛瑄等人接受指挥妻子的贿赂，故意偏袒她。薛瑄这位正直的官员被捕入狱，竟然被判处死刑。然而在行刑的当天，他在刑场上戏剧性地获得释放。从这件事情可以看出，在人治的社会，官员要维护正义、维护法律的尊严是一桩相当难的事。不与黑恶势力的保护伞做斗争，当事人的合法权利就没有丝毫保障。

（2）功臣显贵夫妻房

拘禁犯人的目的一为执行自由刑，二是使囚人感到困苦。

监狱里的生活与世隔绝，内情不能向外泄露，外情也不能使监狱里的犯人知道。这样做的目的是使囚犯知道幽囚的痛苦，使他狂野不羁的心得到平复，消磨他的意志，顿挫他的顽劣之心。囚人如果通过某种渠道知道外面的情况，主管官员则将受到惩罚。

比如，1484年，行人司副张瑾在监狱中服刑，知道外面的情况，并提出申诉，替自己辩护。皇帝朱见深对监狱内情外泄的情况大为恼火，对中央主管官员右都御史李裕和右副都御史屠滽等进行严厉斥责，批评他们疏于监狱管理，使囚犯知道外面的情况。李裕等将罪过推到御史于璧身上，于璧因此被投入锦衣狱进行审讯。后来，这些渎职的官员虽然都得到宥免，但李裕这位中央大员还是因为此事失宠，被派往南京任职。从这个例子可以看出，明代监狱的管理是相当严格的，监狱的首要原则就是将囚犯与外界彻底隔离。

明代的拘禁至少有四种分类：男女异狱、贵贱异狱、轻重异狱、证人与嫌疑犯分开，已经相当科学合理。

男和女分开关押，如果同关一室，女囚的身体肯定会受到男囚的虐待。妇女在明代相当受优待，关进监狱的罪名非常少。妇女进监狱的只限于两种罪名：通奸罪和死罪，犯其他的罪一般都不坐牢。这是因为当时的妇女社会地位不高，社会活动不多，因此所犯的罪行对社会危害不大，而且宗族势力相当大，代替部分司法职能，对妇女有相当强的约束力。妇女犯罪后改过自新的过程放在家族中进行即可，不用送进监狱关押。

女囚被分开关押后，身处特殊之地，自主能力受到很大限制，她们的尊严和身体也受到法律严格的保护。监狱看守如果强奸女囚，要被判处有期徒刑 3 年，并且杖 100，女囚不加刑。这条法律至少可以保护女囚免遭任何人的强奸。但是，按照明代法律，男子强奸女人，要被判处绞刑，男女通奸要各处 80—100 杖。同样是强奸罪，前者判刑 3 年，后者被判绞刑，差别很大。相比普通的强奸罪，监狱看守强奸女囚仅仅被判处轻刑。法律没把女囚作为具有完全人格的人来看待，认为女囚卑贱，受到强奸这样的侮辱也不是大不了的事情。这显然是贱视苦辱囚人的思想在作祟，对女囚来说极不公平。

功臣、显贵、官员不仅在社会上享有各种特权，即使身处监狱也高人一等，亲人可以进监陪护，对八议之人还不能用刑。1368 年朱元璋下令，官员犯私罪，除了死罪之外，有期徒刑、流放罪被监禁时只能戴锁，犯杖罪以下的轻罪不要关押。1382 年，朱元璋又下令，功臣和五品以上的官员被关进监狱，允许亲人进监狱陪侍，照顾犯人的生活。自然，他们的妻妾也可以进入监狱，这些特权人物在监狱里还有"夫妻房"的待遇，也不失为人性化的一种举措。

而一般的囚犯，只有在患重病时，才允许亲人进监看望病情。法律规定，犯死罪的在任何时候——即使病入膏肓也不能去掉枷杻。有期徒刑、流放罪、杖罪的囚人病重，必须去掉枷杻，允许亲人进去看望。笞罪以下，甚至可以保外就医，身体康复后依法裁定是否继续关押，如果要关押，再次收监服刑。为保证囚犯的这些权利，法律还规定，如果监狱看守违法，狱囚请求给衣服、粮食、医药而不给，患病应去掉枷锁杻而不去掉，应保外就医而不批准，应让家人进去看望而不允许，监狱看守则要被处以笞刑、杖刑、有期徒刑，监狱官员司狱官、典狱卒笞 50。如果囚犯因此死亡，如果囚徒是死罪，司狱官、典狱卒处以杖 60；囚徒流放罪，监狱官员被杖 80；囚徒是徒罪，监狱官员被杖 100；犯杖罪以下，监狱官员被杖 60，并判 1 年徒刑。提牢官知情不报，与上同罪。

轻罪和重罪分开关押。1368 年朱元璋下令，监禁的囚徒，轻罪和重罪不许混杂关押，要分开监禁。

证人与嫌疑犯分开，证人一般情况下不关押。比如，嘉靖四十三年准奏，凡抚按审录重囚，全部按照京师会官热审事例，不必再拘押证人，先查文卷，只将被监禁的囚犯送审即可。如果对案件有疑问，即可奏请皇帝定夺。如果需要再审，案行守巡道、转委府州县正官或推官，就近传原告进行再审，必须设定时限迅速审完，不许拖延时间。如果原来的证据因为年代久远不存在了，就明白地说一声，不许混提家属。各府州县的审问官不许转给首领等官审问，以滋繁扰。所有证人只是暂候，不许一概混监。由这段话可知，证人是不拘禁的。

根据日本近代监狱学家小河滋次郎的理论，拘禁分为极暴乱杂居式、分类杂居式、严正的分房式、宽和的分房式、阶段式等多种方式。那么，明代法司监监狱是依照罪囚的性别、身份尊卑、罪质轻重分别关押的，应当属于分类杂居制。

当然，狱治也有悯囚的一面。狱囚患病，可以得到照顾，给药治疗，轻罪可以保外就医。还设有专门的医疗机构给犯人治病。1412 年，朱棣下令顺天府派遣医生治疗犯人，1476 年又设立很多惠民药局给犯人治病。这样的悯囚制度也是教化囚人的重要方面。

法律对老人、幼儿和残疾人等几类人网开一面，犯罪后不关押，可以缴纳金钱和粮食赎罪。当时的人认为，老人是应尊敬的对象，幼童不具备刑事责任能力，残疾人是应哀怜的弱势群体，所以都不关押，不戴刑具。但实际上，老幼废疾被关押的违法事件也不少。正德七年十月，一个姓刘的人被杀，他的亲戚叫刘二汉，年仅 10 岁，竟然与他一齐被杀。10 岁的孩子无辜被杀，足见当权者的残忍。当然，犯了谋逆大罪，老幼废疾是不予宽恕的。正德年间，朱宸濠发动叛乱被杀。正德十五年，吏部尚书陆完被查出与朱宸濠有勾结，以交结朋党紊乱朝政的罪名被捕。陆完 90 多岁的母亲以及妻子、子女受到牵连，家被查封，全部被关押。他的母亲心力交瘁，最后死于狱中。

非犯奸、死罪的妇女也受到优待，不逮捕关押，这是因为当时人认为，夫妇正则父子亲，保持一个家庭的完整性，就能维护好家庭和睦和家庭伦理。妇女不拘禁可以保全妇女的贞节和名誉，防止她们破罐子破摔，防止品行不端。那犯罪的妇女怎么改造呢？在明代，改良和感化犯罪的妇女是靠家庭和家族的力量来完成的。《大明会典》卷171载，凡妇女犯罪，除犯奸及死罪要在监狱关押外，其余杂犯都交付她的丈夫看管。如果没有丈夫，则交给有服亲属、邻里看管，随时听候政府的传唤。这种做法被称为"亲族法"，就是借助于家庭的感化以及夫权、族权的约束力，使妇女回归正道。以亲族法代替自由刑，优势是很明显的，对女犯人的改良效果也远远胜过拘禁。一方面，亲族法使妇女维护自己的尊严，免受监狱暴力的摧残；另一方面，它直接将妇女放在家庭和社会中改造，而囚禁的最终目的不就是使犯人改过之后再重新回归社会吗？因此亲族法是明代改造妇女的一大特色，体现刑罚的变通方式。可以设想，有些妇女犯轻罪，对社会的危害并不大，如果偏偏要将妇女进行责打、监禁，将人的羞耻之心破坏殆尽，反而会将人推向深渊，这跟逼良为娼没有区别了。

5. 刑讯逼供岂无冤

（1）囚犯出钱造刑具

明代刑罚仍有可取之处。刑具和刑罚在明代中前期多有创新之处，自成特点。

明代刑罚懂得变通，以赎刑代替体刑，保护人的廉耻。工部尚书黄肃违法，按照法律应该受笞刑。朱元璋下令，六卿之职，不宜因为犯小错加以侮辱，可以罚俸赎罪。黄肃拿俸禄赎罪的事，是明代以赎刑代替体刑的第一个例子。嘉靖时，给事中霍韬也建议，士大夫（指官员）被定罪、贬职、被罢官、被诛杀，不要加以笞刑、杖刑和戴铁索手铐，以培养廉耻、振奋人心、鼓励知识分子的气节。

刑具的制作、使用皆有法律明文规定。罪囚"打断起发"有规定日期，刑具有规定的器具，停刑有规定的月日，检验尸伤有规定的方法，恤囚有固定的规定，籍没财物也有规定的物品，体现罪刑法定的特点。常用的七种刑具：体刑刑具笞、杖、讯杖和桎梏狱具枷、杻、铁索、镣，都由三法司拨出定额，统一采办制造。南京的应天府采办笞杖，龙江提举司承造枷杻，宝源局打造铁锁、铁镣。依照1485年之制，囚犯戴的刑具实际上还要自己出钱制造。刑部、都察院徒罪以下的都送工部服劳役，犯笞杖罪的囚犯，不用运灰，而是量为收银，买办狱具；修仓的囚犯，命令每天出银一分，按月送部打造枷镣等刑具，以备法司取用。嘉靖时，贫病不堪者每个月出工价银一钱，委托监狱官雇用其他人顶工。

刑具的规格和适用对象皆由法定。犯轻罪的人脚上戴3斤的铁镣，这种小铁镣也称为小锁。犯死罪的人最苦，不论男女都戴35斤的枷，脚上戴镣，此外男子手腕上还加有杻。犯杖罪的人要戴15斤的枷。判处徒刑的人要戴20斤的枷，戴脚镣从事劳役。轻罪者系长1丈的铁索，也称为大锁，非常痛苦。

笞、杖、讯杖分别以小荆条、大荆条、荆杖为之，后改为竹制。明代法司监狱的笞和杖，其规格与唐代的笞杖、常行杖相同，比宋代则轻了许多。但讯杖却比唐大一分三厘。如果回头看看刑具的历史，我们会发现，梁杖与汉箠大约相等，唐讯杖比隋杖大二厘，常行杖视隋制更小。所以，明代法司监狱的杖为历代最小，杖的规格有逐渐减小的趋势。为什么会有这种变化呢？丘濬对此的解释是，祖宗（指朱元璋）有好生之仁，即使对于作恶的罪人，唯恐打伤他们，所以才采取这样的"薄刑"。丘濬认为，仁爱思想是笞杖规格变化的动因，这或许可以解释笞和杖变小的原因。其实，丘濬马屁拍错了。明代法司监狱的讯杖其实为历代中规格最大的，从历史的角度来看讯杖也有逐渐增大的趋势，从这里看不到朱元璋的仁恩厚德。

从身体的受刑部位看，明代较元代有所进步。元代为杖脊背，非常残酷，容易造成人终身残疾。明代废除元代的杖脊酷法，改为笞刑和杖刑打屁股，讯杖更狠一些，要打屁股和腿部。《大明会典》还规定，如果官员使用刑具不当，或者犯人受刑部位不合法，那么官员就会受到惩罚，情节轻的受笞杖之刑，情节重的最高判处 3 年有期徒刑。

明代还缩小拷讯对象的范围，应该算作是对拷讯的新贡献。法律规定，八议之人（议亲、议故、议贤、议能、议功、议贵、议勤、议宾）、年 70 岁以上、15 岁以下、残疾人都不能拷讯，而是根据证据来定罪。怀孕的妇女犯罪，产后 100 天才能拷问，延续历史上保护八议贵族、保护老幼孕残的人道主义的法律传统。法律将禁止拷讯的对象扩大到除死罪、窃盗抢夺重犯之外的一切罪犯，则是巨大的革新。

明律还禁止狱卒虐待罪囚，狱卒打伤打死犯人受到的惩处比元代重，在法律上比元代更重视保护囚犯的生命。对监狱管理人员殴打罪囚，按照明律，将犯人打伤以斗伤论，殴打致死判处绞刑。而元律则处罚很轻，狱卒殴死罪囚仅仅被处以杖刑，为首者杖 107，从犯减一等。明代的官员打死囚犯只是削职或充军，比狱卒打死囚犯要处绞刑轻得多。

（2）刑讯逼供成常态

明代监狱具有压迫和惩罚的内在机制，对犯人施展几乎绝对的权力，企图强力迫使邪恶者洗心革面。对人行刑便是规训的做法之一。当时的人错误地认为，"人是苦虫"，不打不招。体刑的目的首先是索取口供，其次是执行刑罚，比如判徒刑必处以杖刑，再次是侮辱囚人。朱元璋制造那么多大案，杀死那么多人，看似很多人都招供"我有罪"，其实，大多是刑讯逼供造成的冤假错案。

刑讯逼供是司法的毒瘤。刑讯逼供之下，审问的人想要什么证词就能得到什么证词。郭桓案中，郭桓受不了严刑拷打，乱咬人，几个正副部长级官员、江浙富商都被牵扯进来被咬死。胡惟庸案中，山水画家王蒙，担任过泰安州知州，基本上不问政治。直到有一天被抓，他才想起来很早的时候在胡家看过画。看过画也算胡党，免不了一番拷打，后来这位画家在监狱里被饿死。

明代统治者煞费苦心，制定法律严禁酷刑，但就是禁不住。《大明会典》规定，内外问刑衙门，惟死罪、窃盗抢夺重犯，必须用严刑拷讯，其余罪名只能用鞭扑（指鞭子和棍棒）常刑。法律禁止使用酷刑，若官员不论情罪轻重，辄用挺棍、夹棍、脑箍、烙铁等严酷刑具，伤人官员会被降级，致死者处以革职，官员致死三命以上充军。诸帝屡申酷刑禁例，重惩酷吏。正统初年，禁止京城内外诸司锻炼刑狱。1475年，又重申酷刑之禁，凡是盗贼赃杖还没审出真相，人命死伤案件还没有经过勘查检验，官员如果动辄实行重刑，将囚犯打死在监狱中，查清官员是否出于故意，不管是军队还是地方官员，一律参照酷刑事例，削职为民。

但是因为人治和这些落后刑具的存在，不能停止酷刑，有时反而愈演愈烈。翻阅史册，冤死惨死的受害者触目皆是。

1437年，评事马豫奉英宗命令审刑，给皇帝的汇报材料称，我看到各处捉获强盗，多是因为仇人指攀，拷掠囚犯，成为冤案。还没等到详细上报，死伤者已经非常多。

弘治时，李东阳称京外的官府，犯人本来应受的刑罚较轻，但是官员将犯人置之不可复生之地，多的有数十人，甚至数百人，积骸满狱，流血涂地，可为伤心。

成化年间，京外的审案衙门，对抓住的盗窃犯，不管是初犯还是再犯，不论偷盗的赃物有多少，动辄用竹杖打死。

酷刑屡禁不止，是体刑刑具存在的必然结果。七种常用的狱具笞、杖、讯杖、枷、铁索、镣，件件皆杀人利器。笞和杖，是五刑中最轻的刑罚，行刑轻者伤及肌肤，重者夺人性命，笞死、杖死的痛苦甚于斩首、绞死这种速死的惩罚。犯人受体刑，本来只应遭受皮肉之苦，不至于被剥夺生命。但是，实际上许多人被打死。举几件实例。弘治九年有一件"满仓儿案"。满仓儿是个女孩，家境贫寒，先是被卖给地位卑微的乐妇张氏。张氏又把满仓儿转卖给袁璘，袁璘把她弄去做妓女。满仓儿的母亲看不过，乘人不备将女儿偷回来。案发后，刑部郎中丁哲、员外郎王爵审理此案，判决满仓儿归母亲，拷打卖良为娼的袁璘，袁璘几天后就死了。法司对案件进行复审，判决满仓儿诬告母亲（具体什么事情还不知道），满仓儿承受棍棒之苦后，被发配到浣衣局，丁哲因为动用重刑打死囚犯，按律被开除公职。又比如，正德六年，陕西总兵曹雄因为依附刘瑾，被逮入台狱。曹雄的儿子曹谦因为娶刘瑾的堂侄女为妻子，结果在监狱中被拷打致死。本来是体刑，结果却剥夺人家的生命，无异于是国家对个人的犯罪，毫无仁爱可言。

　　合法的刑具就能打死人，而夹棍等狠毒刑具更能把人一下子打死，这样的刑具泛滥成灾。成化时，使用非法刑具相当普遍。祭酒周洪谟向皇帝上奏说，天下的有司审理案件，动辄使用夹棍等刑具，百姓非常痛苦。请求皇帝敕令法司禁约，除人命、强盗、窃盗、奸犯死罪，须用严刑，其余的犯罪只用鞭扑审讯。对违反的官员，风宪官记录其残暴行为以备考核。周洪谟的建议得到皇帝批准。丘濬也向皇帝上奏说，近年，有许多酷虐的官吏，任意制作非法刑具，比如突棍、脑箍、烙铁之类，名称不一，数量不一。这种做法不但违反祖宗之法，而且还能伤害天地之间的和气。他乞求皇帝重申明太祖朱元璋的旧制，命令官府毁弃所有的非法刑具。

　　非法狱具为法律所不容，但是一直禁而不绝。1395年，朱元璋下过一道峻令，要对使用非法狱具的官员进行严厉制裁，谁敢用非法狱具处置犯人，就以非法狱具处置谁。执法者动辄听从上级指使，使用非法狱具，也一起处死。天顺六年，皇帝又下诏禁止全国的官府增置夹棍等刑具。

　　酷刑的存在，还因为明代的法律本身很不完善，拷讯之法过于简单，情重律轻，客观上纵容酷刑。唐代拷囚之法很详尽，明代没有采纳唐法，《明律》仅仅概而行之，将拷讯之条予以删除。其后果是：遇到疑难案件，心地仁厚的人对此束手无策，难以实行，暴戾的人对囚犯恣意捶打，枉滥之害，势所难免。谋反罪、死罪等必须严刑拷讯，随便打，法律对他们是不保护的，是酷刑的最大牺牲品。

　　法律对官员出于私心、故意拷讯平民惩罚很严厉。挟私仇故意监禁平民，官员处以杖80，致死者绞。故意审问平民，官员处以杖80，折伤以上以斗伤论，致死者官员处以斩刑。

　　但是法律纵容官员因公对犯人进行拷讯，打死人得到的惩罚很轻，酷刑伤人仅降级，打死人仅革职，打死3人以上才充军，文官发配附近的军队，武官发配到边疆的军队。这种机制很可怕，不能有效保障百姓的生命安全。如果嫌疑犯有罪，赃账证据确凿，但嫌疑犯不招供，偶然被打死，不追究官员的责任。法律又规定，如因公事，平民如果与案件有关联，没招，官府出于失误，平民在关押时死亡，官员杖80。如果明文规定应当监禁，不追究官员的责任。这样，官员便可以不问罪之有无轻重，因公将人监禁、拷打死。酷吏更是大钻法律空子，假借公事之名，或公报私仇，或受贿杀人。即使杀死几十人还能因公还职，连降职都做不到。在这些人眼里，人不过是一只蚂蚁，生命的价值比一根杂草更为轻贱，比牲畜还不如。

弘治六年，太常少卿李东阳即称，京外的问刑衙门，现在往往将那些犯笞杖罪的人打死。纵使事情败露，官员还能因公还职。法律规定，故意打死平民者抵命，使用非法刑具者开除。可是实际上，官员只要以公事的名义，即使有再多的违法犯罪都无伤大雅。官员违法犯罪情节很严重，而法律规定的处罚太轻，朝廷不可以不商量对策。他提出建议，官员将犯轻罪的人当场打死，累计达到20或30人以上，除按照本律治罪外，仍然要降职处理。犯人病死不实，并将医生一起治罪。从李东阳的奏书里，我们可以看出，当时官员打死囚徒的现象比较普遍，草菅人命的情况十分严重。官员假借公家名义杀人，这是明代法律的一大漏洞，也是酷刑屡禁不止的一大原因。

正统年间，官吏出于私心故意将平民打死，本应判处死刑，不予宽宥，英宗则以"官员的本意不是要故意杀害犯人"为理由，全部宽恕这些官员的罪行。对故勘平人致死的官吏处罚如此之轻，又如何能阻止酷刑呢？景泰中，御史左鼎等指斥其弊说，老百姓因为无知而犯法，是可以加以宽恕。如果官吏钻法律空子，利用手中的大权，怎么可以怀私受贿而杀无罪的人？从情理上讲，这与官员故意杀害囚犯有什么差别？先朝屡有恩宥，皆不包括这些官员。法律是天下之公器，不能出于私心而乱定轻罪或者是重罪。这样，景泰帝就恢复前朝的做法，官吏出于私心故意将平民打死，判处死刑，不予宽宥。

有些官员喜欢好大喜功，一心要把小案办成大案、悬案办成铁案，即使普通的犯罪，也常常舍弃常刑审问，而用酷刑逼供，造成冤假错案。针对问刑官对于罪行轻的人一般都用酷刑拷讯，将人打伤打死的情形，嘉靖五年，给事中谢黄请求革除严刑，保全百姓性命。嘉靖帝说，人命至重，死者不可复生。问刑官对于罪行轻的人宜使用常刑，都用酷刑拷讯将人打伤打死，朕十分哀悯这些犯人。你们立即将朕的意思告诉各抚按官、各问刑官，必须宽恤些。今后用严刑打死打伤人者要追究罪行，所在的部门也要一起追究责任。

执行刑罚的人出身于老百姓，但以辱人、打人的职业，也算是有编制的公务人员，但地位很卑贱，一向被大家看不起。在大家眼里，这些官府打手在社会上排名只能算是第十等人。按照《左传》的说法，天上有十个太阳（疑为恒星），人分为十个等级。在十等中，贵族依次分为王、公、大夫、士四等，奴隶依次为皂、舆、隶、僚、仆、台六等，至于养马的"圉"和放牛的"牧"则连第十等人也排不上。这些行杖之人就被贱称为"皂隶"。皂和隶都是我国古代对奴隶或差役的称呼，其含义就是贱官贱臣。

第二章

仁夫逊国

凶猛
国治

一、不爱武夫爱文人

朱允炆档案：

学历：饱读经典，学问高深

出身：皇室贵族

简历：皇孙、皇太孙、皇帝、流亡者

口碑：仁爱之君，绰号"半边月"

1. "半边月"感动中国

精心培养 25 年之后，储君朱标已经 38 岁，继承父亲大位的能力是有了，可是朱标的身体熬不住了。

1392 年一月，朱标从陕西视察回来后，身上长了大肉瘤，异常痛苦。

朱标的长子朱雄英 10 年前已经死了，伺候父亲全靠次子朱允炆。

朱允炆年仅 14 岁，日夜守在父亲身边，至少也算是 1392 年度"感动中国"的孝子人物。他的脑袋有些发偏，朱元璋给他起绰号叫"半边月"。朱允炆从小生活在深宫之中，在知识分子中间长大，知识渊博，而且以德服人。但他性格仁柔，心太软，脸不厚、心不黑。

朱允炆非常有孝道。毕淑敏说：孝心无价。"孝"是稍纵即逝的眷恋，"孝"是无法重现的幸福。"孝"是一失足成千古恨的往事，"孝"是生命与生命交接处的链条，一旦断裂，永无连接。

而在争夺皇位的斗争中，"孝"就是夺取皇位继承权的秘密武器。所以，朱允炆一定要将"孝"进行到底。

朱标病了 4 个月，不幸英年早逝。

朱允炆将 3 个年幼的弟弟照顾得十分周到，这一切朱元璋都看在眼里。

朱元璋不得不重新选择继承人。周王、晋王、燕王等都有野心。秦王荒唐成性，是一摊扶不上墙的烂泥，差点被废王号。晋王外表残暴，违法乱纪，然而本质上是个胆小鬼。鲁王是个天大的蠢货，为长命百岁，乱吃丹药，把眼睛吃瞎了。其他的王子有的杀人犯罪，有的沉溺酒色，稍微几个成器的，却是舞文弄墨、没有任何政治经验的艺术家。

老皇帝一声长叹。

现在，只剩下四子、燕王朱棣和朱标次子朱允炆 PK。

朱元璋对朱允炆抱着一种复杂的感情，对他仁柔的性格又喜又忧：他柔弱的肩膀，能担负得起治理国家的重任吗？这么仁柔，跟个兔子似的，多么大的缺陷啊。做皇帝，必须有狮子、老虎的硬汉性格，否则必定会被政坛上的狮子、老虎吃掉。

朱元璋倾向于立朱棣为储君，曾经就立储问题悄悄征询大臣的意见。他问翰林学士刘三吾："太子死了，皇长孙（朱允炆）年幼不懂事。治理国家必须选对人，我想让燕王接班怎么样？"

刘三吾是知识分子，你问他谁当储君，他当然只推荐自己的同类。他头摇得像拨浪鼓："立燕王绝对不行！如果立燕王，那么秦王、晋王怎么办？皇长孙朱允炆四海归心，大家都拥护他，您可以安心睡大觉。"

文官们拥护朱允炆，因为他是文人，是大孝子又是大好人，上台后能实行文明德化之治，而不是军事化的高压独裁。朱元璋的统治太过猛烈，官员暗地叫苦，百姓生活在水深火热之中，长久下去没人吃得消，国家客观上需要一位温和、仁爱的皇帝，让人民歇歇脚、喘口气。

对于第四子朱棣，朱元璋确实非常欣赏，尤其欣赏他的"武"，这是朱允炆不具备的特殊优势。

朱棣是闻着战争的硝烟味长大的，1360 年四月十七日出生于南京，正是陈友谅大举进攻南京的一年。他 11 岁封燕王，17 岁迎娶徐达的长女，20 岁就藩北平。朱棣的才能不在朱元璋之下，弯弓射大雕不在话下，尤其喜欢打仗，智谋过人，知道怎么打胜仗。作为罕见的勇士和智慧人物，朱棣可谓一代"战神"。现在他 33 岁，正当青春年少。

论才能和胸襟，朱棣都胜过朱允炆。传说，一次，大家在宫里看赛马，朱元璋出上联："风吹马尾千条线。"朱允炆没有打仗经验，所见不过平凡琐事，憋足劲想出："雨打羊毛一片毡"，软绵绵的，没什么味道。而朱棣见过世面，巧对"日照龙鳞万点金"，气魄宏大，朱元璋听了非常高兴。

燕王朱棣就藩北平，以他为众藩王之首，与宁王、晋王、肃王、秦王等沿长城一线封国，为天子守边，抵御北方蒙古人的侵犯，号称塞王。朱元璋允许他们拥有3000人的护卫，最多的可以达到1.9万人。燕王、晋王、秦王势力最强，多次奉诏攻打蒙古，即使傅友德、蓝玉这样的大将也要听塞王指挥。尤其是燕王朱棣，负有控制北部门户的重任，能够直接指挥的军队多达30万人，军中大小事自己裁决，只有天大的事才向朱元璋汇报。

1390年，一场战斗使年仅30岁的朱棣威名远扬。那年元旦刚过，朱元璋命令燕王和晋王分兵合击，打垮元代丞相咬住、太尉乃儿不花。

朱棣首先派出几股哨兵四处侦察，摸清乃儿不花的确切位置。三月，天下大雪，千里荒原上银装素裹，车马辎重行进十分困难，士兵们冻得直打哆嗦。将领们请求燕王安营扎寨，等大风雪过后再想办法。

朱棣说：战机就摆在你们眼前，你们怎么看不见呢？这正是出奇制胜的大好时机！命令大军顶风冒雪，快速前进。大军出现在乃儿不花面前，他竟然还在帐篷里烤火。

朱棣围而不歼，派乃儿不花的好朋友、降将观童劝降。乃儿不花知道是鸡蛋碰石头，只好请降。朱棣摆酒设宴，酒喝得十分爽，令乃儿不花感动得眼泪哗哗的，主动要求劝降咬住。

朱棣第一次大规模出征，兵不血刃就大获全胜，让朱元璋非常高兴，赏赐宝钞100万锭，夸赞朱棣：扫清沙漠里的蒙古人，就全靠你了！

而另一路晋王，生性怯懦，一踏上当年成吉思汗征战的土地，就两腿发软，走一走停一停，不敢深入蒙古腹地，连个兔子都打不到。

2. 指"马"为母为哪般

朱棣和朱元璋是同类，雄才大略，各方面能力都比朱允炆杰出，更适合当皇帝。

但是，血统给他带来大麻烦。他真的是龙子吗？

《明史》记载：马皇后前后生五子二女，四子明成祖朱棣。朱棣自称母亲就是马皇后。

《南京太常寺志》记载：孝陵神位，右一位硕妃，生成祖文皇帝（朱棣）。

太常寺是管理宗庙祭祀、礼乐的官方机构，记载现已丢失，说淑妃李某生了朱标、秦王朱樉和晋王朱棡，跟马皇后没什么事儿，而朱棣为硕妃所生。

清初有人称，明成祖的母亲瓮氏，以前是元顺帝的妃子，后来跟了朱元璋。如果这个说法成立，朱棣的母亲可能是蒙古族人。

清代有人称：马皇后不孕不育。

如果朱棣是马皇后亲生，继位有可行性。江山当然只能交给亲生骨肉坐，必须是很纯的龙种。嫡长子继承制在中国延续几千年，朱元璋要为后世定规矩、作表率，跳不出这个框框。只有嫡长子继承皇位，大家才拥护。

朱棣称帝后，把能得到的资料全部篡改，篡改《太祖实录》，拼命证明自己就是马皇后生的，还拿出很多证据证明他当皇帝是合法的，证明朱元璋有意传皇位给他。

而朝鲜的一条史料，足以戳穿朱棣的谎言。1389 年，朝鲜使臣权近等人在北平拜谒燕王，回国后写了一本《奉使录》。里面说，他到北京燕府去见燕王，可是很不凑巧，那天是农历七月十五日，是燕王母亲的忌日，燕王不见客人。

马皇后是八月初十去世的，所以说朱棣不是马皇后亲生。

朱棣可能是一个妃子生的，或许还是少数民族。有可能是高丽人（究竟是北方高丽民族，还是来自朝鲜半岛，都不清楚）或蒙古人。如此，朱棣继位的可能性为零。

经过权衡，朱元璋作了一个异常艰难的决定：立 16 岁的朱允炆为皇太孙。

这让朱棣十分窝火，十分不服气。一次，他用手拍拍皇长孙朱允炆的背，讥讽地说："没想到侄儿还能有今天的荣耀啊！"这一情景，恰好被朱元璋看见，厉声责问朱棣：怎敢对皇长孙如此无礼？朱允炆急忙打圆场，没让朱棣十分难堪。

立皇太孙的第二年，朱元璋还是担心朱允炆太文弱，压不住阵脚，管不住军队，于是开始大杀功臣，蓝玉、胡惟庸集团先后被清洗。

用历史的眼光来看，血统论不足为凭，只要是自己的儿子，只要有能耐，管他是谁生的？明代的嫡长子继承制，也不如清代的"密储制"。朱元璋当初的选择，是个错误。如果选朱棣当皇帝，就不会出现后来历时4年的内战。

但历史不相信道德，也不相信眼泪，只相信实力。朱棣发动战争，将朱允炆赶下台取而代之。为抹杀篡权的形象，防止天下人心不稳，朱棣拼命说谎，证明自己就是马皇后的亲儿子。

指"马"为母，万不得已，这就是政治。

3. 万岁升天妃殉葬

1398年，马皇后早已病逝。朱元璋称帝后没有忘记马大脚当年的救命之恩，立为皇后，立嫡长子朱标为太子。朱扒皮脾气火暴，动辄打人杀人，没人敢劝，只有马皇后从旁规劝，才保住不少大臣的性命。她病重时，担心医生治不好她的病，朱元璋会杀医生祭刀，因此马皇后拒绝医生治疗，主动放弃生命。这么伟大的女性，世界上恐怕绝无仅有。

马皇后病逝后，朱元璋悲痛欲绝，不再立皇后，臭脾气就越发厉害。

人不可能万岁不死，71岁的朱元璋也累病了。老皇帝在最后的日子里，脾气异常暴躁，动不动就杀人，没有人敢跟他靠得太近。只有朱允炆不怕，亲自服侍，常常整夜无法入睡，没有一句怨言。朱元璋病逝前，留下一份遗诏："皇太孙允炆仁明孝友，天下归心，宜登大位。"夸朱允炆道德好，命这位21岁的皇太孙立即继位，这就是建文帝。

1398年六月二十四日，杀人狂的生命终于走到尽头。

皇帝的死，总是那么轰轰烈烈，死了也要拉些垫背的。

平生最恨蒙古人破坏汉族人的行为准则，不过这一次，朱元璋害怕黄泉之下寂寞，还是学着蒙古人的那一套，皇帝升天，妻子、妾也跟着殉葬。殉葬制度早在商代以前就有，到秦始皇时，已经不用活人殉葬，殉葬品换成兵马俑代替。而到朱皇帝时代，40个妃子中，居然有38人被逼殉葬！

这些妃子没有生育过皇子，处在豆蔻年华，没人愿意白白送死。她们哭得死去活来，但依然在太监的监视下，一个个自尽上吊，终究难逃一死。女人嫁入皇宫，不是嫁入豪门，而是飞进狼窝。生前不过是皇帝的性奴隶和生育工具，在层层叠叠的森严等级中，卑微地活着。脱离苦海，只有生育皇子一条路。而后宫佳丽三千，享有生育机会的又有几人？皇帝一升天，她们就只有殉葬，以换取家属得到一点封赏。更可叹的是，殉葬在明代成为一种制度，几个皇帝都效法朱元璋大搞殉葬，行径令人发指。

亲王们听说父皇升天，纷纷来南京奔丧，一时间泪雨纷飞。朱元璋怕这些亲王闹事，朱允炆镇不住，早就留下遗诏，不许亲王们到南京奔丧，留在封地不要动。

朱棣不顾禁令，带上第一谋士、道衍和尚姚广孝等一帮人马，从北平直奔南京而去，想趁机在政治上捞一把。朱允炆听说朱棣来了，只许他单骑入城。朱棣大怒，要强行驾船渡江。船走到长江江口，见有重兵把守，朱棣也走不动了。道衍和尚劝他说："大王，您孝敬父皇才渡江，但是违背他不许亲王奔丧的命令，反成不孝之举。希望殿下养成龙虎之威，等到风云际会，高举羽翼，那时脚下的长江，就可以投鞭断流了。"朱棣采纳他的意见，含恨返回北平。

尽管朱元璋杀人无数，但他伟大的功绩不容抹杀。

这位中国唯一的叫花子皇帝，从卑微中崛起，用自己71岁的生命，以伟大的战功、超凡的智慧，换来蓝天下最美好的东西——天下太平。他就是一只永远无悔、坚定执着的荆棘鸟，为世界奉献出最响亮的歌声。不管这歌声是天籁还是聒噪，他都用全部的生命在唱，直到他生命结束的最后一刹那。

他的战功，配得上"洪武"之称谓；他的经历，本来就是一首伟大的史诗。

朱元璋给朱允炆留下大好河山，也留下一个平世：天下统一，国家安定，经济兴旺，吏治清明。凭这些，朱元璋也足以入伟人之列。

4. 书呆子朝廷行善

但朱元璋一会儿是圣人，一会儿又是流氓，总之不是圣君，留下一连串弊政：政治上实行白色恐怖，从朝廷到百姓人人自危；法律严酷，杀人如麻，社会矛盾尖锐；分封天下，存在军阀混战的危险。国家最突出的问题有"三忧"：宗藩、边防和河患。

朱允炆稚气未脱，但是血气方刚，一上台，立即着手纠正朱元璋的弊政，大刀阔斧进行改革，力图创造宽大仁慈的和谐社会，表现出过人的胆识。

当时的政治体制过于军事化。朱元璋用武力夺得天下，建立军政合一的政府体系，这是国家必经的历史阶段。武官在朝廷掌权，地位很高，封公、封侯、称王，南京大都督府的左右都督都正一品，比六部尚书高一级。而文官不许封公侯，在政府中基本没话语权。刘基功劳虽大，也只是诚意伯。

建文帝一上台就着手建立文官政府，相对削弱武官的地位。他将六部尚书升为正一品。建文帝把黄子澄、齐泰和方孝孺 3 位儒家师傅作为主要谋士。黄子澄是学问渊博的儒家学者，1385 年会试第一名。他在朱元璋手下担任过很多官职，现在被建文帝任命为太常寺卿兼翰林学士，参与国家政事。齐泰是 1385 年的进士，经书学权威，特别精于礼和兵法。朱元璋在弥留之际命令他辅佐新皇帝，被朱允炆任命为兵部尚书。方孝孺是名儒宋濂的学生，虽然没有中举，但 40 多岁就已名满天下，文章写得非常好，以文章家和政治思想家闻名，精通宣传乌托邦式政府的经典著作《周礼》。他进入官场时间不长，被召为翰林侍讲。

但是，朱允炆是个理想主义者，重用的这些人和他本人一样，大多是书呆子。什么是书呆子呢？"读书太慢会头脑松弛懒惰，为装潢而读书是自欺欺人，完全按照书本做事就是呆子。"（培根语）他们学问深厚，但是缺乏实际经验。新政府看起来是秀才朝廷，实际是书呆子朝廷。朱棣的谋士能献务实之策，说得到做得到，叫智囊团。而朱允炆的谋士，献务虚之策，只管说不管干，反正吹牛不上税，说起来头头是道，但是干起来又干不动。拘泥书本，脱离实践，知行不能合一，这是教条主义者的通病，人们称作"猪囊团"。依赖这些"砖家"进行改革，这是他犯下的致命错误。

朱允炆一上台，大量平反冤假错案。因为朱元璋刚猛治国，监狱里人满为患，大家怨声载道。朱允炆将无罪的官吏恢复自由，被发配充军的人回到家乡。监狱里的人被大批释放，数量比朱元璋时减少2/3，人人拍手叫好。

江南地区经济发达，人口稠密，是国家主要的财源，但人们的日子并不好过。因为朱元璋痛恨江浙人当年支持张士诚，对富人拼命打击，对江浙地区很苛刻，收税很重。1393年，仅苏州一地，耕地只有全国的1/88，而全年缴纳的粮米，约占全国土地税的9.5%。人民根本就交不起土地税，只好抛荒，变成游民，而留下来的农民，税收更加沉重。朱允炆减轻江浙地区的田赋，尤其是减少苏州和松江两个府的土地重税。1400年初，朱允炆下令，江浙地区的土地税按照每亩地收1石粮的统一标准征收，江南人民为之欢欣鼓舞。朱元璋禁止苏州或松江人当户部尚书，怕他们把持财政，偏袒家乡，朱允炆则起用浙东人担任户部官员。

建文帝还派能臣夏原吉等人分头到各地视察，了解百姓民生，有什么弊政立即革除。

这些"文人"属于儒家一派，以修身、齐家、治国、平天下为己任。他们满怀理想，满腔热情地改组帝国的行政，加强皇帝的权威。方孝孺建议皇帝根据古代儒家经典提出的理想和形式来实行仁政。

但是读书人喜欢复古，什么都是古代的好，所以也搞了一些搞笑的事情：

方孝孺建议皇帝恢复西周的井田制，把中央部门的官职名称全改成周代的官名，遭到很多人反对。官名就是个符号，改它有什么用呢？不仅没用，反被朱棣安了一个天大的罪名：变更祖宗制度，成为朱棣起兵的一个借口。

朱元璋治理国家毒辣，而朱允炆实行仁政，这都是国家形势所逼迫，必须采取的政策。读下面一段文字，我们就可以理解为什么会有这种变化。

借用北宋文学家秦观的一段高论："天下有强势，吾则有宽术；天下有弱势，吾则有猛术；非强非弱，天下无势，非宽非猛，吾亦无术。盖无势者，天下之常势；而无术者，天下之至术也。虽然御强势者以宽，而强之弊，实生于宽；御弱势者必以猛，而弱势之弊，实生于猛……是故救强之弊，必于崇宽之时；救弱之弊，必于尚猛之日。夫强弱之相乘，宽猛之相代，犹东之有西，昼之有夜，理之所必至，事之所固然也……则先王之法度，大抵皆审天下之势而为之者也。《传》曰：政宽则民慢，慢则纠之以猛；猛则民残，残则弛之以宽；宽以济猛，猛以济宽，政是以和。"

他认为，政策、法度皆是审天下之势，强弱相济，宽猛相乘，并且互为因果。所以，国家的政策总是一会儿紧、一会儿松。朱元璋时期，初期统治力量呈现弱势、国力也不强，就采纳了"猛术"，就是凶猛治国的策略；而到了朱允炆时期，统治力量呈现强势、国力变强大了，老将等反对势力都被朱元璋铲除了，就采纳了"宽术"，就是宽仁之治。凶猛治国会导致人民受到伤害，受到伤害后就要放松一些政策，宽大一些；政策宽松了，人民就会轻慢起来，太轻慢了就要用凶猛的政策加以纠正。宽济猛、猛济宽互为表里、互相支撑，政治才会趋向和谐。

日本近代学者小河滋次郎也作出精辟的解释：

"故国家权力尚弱之国，当其法律之秩序未十分成立时，其刑罚每不能不峻酷，而于此时代，若不用此峻酷之刑罚，则其国家之安宁，万不能保……故国弱者不能不用严重之刑罚，以保护其国，是昔日之所以有死刑、体刑、斩刑等残酷之刑罚也。但国家之势力渐强，法律渐完全，警察之力渐严重，则个人微弱之势力，无论其强至若何，决不足摇动社会基础，于是刑罚日趋于宽大，国家以自由刑以代死刑、体刑等……是故国愈开化，国权愈强，其刑罚必愈宽大。"

两者的论述有异曲同工之妙，都认为国家形势和政策好坏之间存在必然联系。

5. 岂能招惹熟睡狗

你不要轻易惹一只熟睡的狗，因为惹醒它，会很麻烦。

但是仁慈的建文帝不得不惹一只大狗，因为他的存在，让年轻的皇帝睡不好觉。汉代八王之乱的教训告诉朱允炆："卧榻之侧，岂容他人安睡？"要弄掉一个你讨厌的人，最好的办法是温水煮青蛙，让他慢慢老死。改革是需要过程的，但朱允炆等不及，一年就要做别人一辈子都做不到的大事——削藩。

削藩这种事，"早来晚来早晚得来，先到后到先后全到"。

分封是朱元璋埋下的一枚苦果。古代天子将土地分给王室子弟、功臣，所封之地称为"诸侯国""封国"或"藩国"等，统治封地的人被称为"诸侯""藩王"等。

朱元璋本质是个自私鬼，对手下的大将信不过，只相信自己的儿子，施行郡县制与分封制相结合的统治体制，设立官府管理百姓，分封藩王拱卫朝廷。

朱元璋于1370年、1378年、1391年3次分封25人（24个儿子和1个重孙）为藩王，统治四方，主持地方军务，监督地方将领，特别是巩固北方边防。

最著名的是九大塞王：辽、宁，燕、谷、代、晋、秦、庆、肃九王，扼守从东北到西北的漠北边防线，对抗北元军队。每个王府约配备3个护卫指挥使司、2个围子手所、1个仪卫司。

秦王朱樉：明太祖二子，建藩国于陕西西安府。

晋王朱棡：明太祖三子，建藩国于山西太原府。

燕王朱棣：明太祖四子，建藩国于北平。

代王朱桂：明太祖十三子，初封为豫王，后改封为代王，建藩国于山西大同府。

肃王朱楧：明太祖十四子，初封为汉王，后改封为肃王，建藩国于平凉府。

辽王朱植：明太祖十五子，初封为卫王，建藩于广宁府。

庆王朱㮵：明太祖十六子，就藩韦州。

宁王朱权：明太祖十七子，建藩国于大宁卫。

谷王朱橞：明太祖十九子，建藩国在上谷宣府（今河北张家口市宣化区）。

这些塞王权力很大，授金册金宝，岁禄万石，府置官属，可以任命王府官吏，可以调动地方部队。护卫甲士少的3000人，多的达到11.9万人，隶籍兵部。冕服、车旗、邸第，仅低天子一等。亲王的服制朝冠和皇帝一样，有帝王使用的冠冕，只是皇帝的冠冕是十二旒，而亲王和皇太子的冠冕是九旒。世子冠冕用八旒，郡王冠冕用七旒，臣子不可用旒。公、侯、大臣必须伏地拜谒亲王，无人敢待以平等之礼。

朱元璋大封天下，对于这个错误的决定，官员们明知其荒谬，因为怕死，没人敢开口反对，谁先说，谁先死。

1376年，趁天变朝廷求言之机，只有山西太原官员叶伯巨跳出来反对分封，甚至预测朱棣将来肯定篡位。

叶伯巨的奏疏名叫《奉诏陈言疏》。里面指出朱元璋犯了三个大错误——

"臣观当今之事，太过者三：分封太侈也，用刑太繁也，求治太速也。"

他分析分封给亲王们权力太大：

"（古代）先王之制，大都不过三国之一，上下等差，各有定分，所以能强干弱枝，遏制乱源而崇尚治本。今裂土分封，使诸王各有分地，这是纠正宋元孤立、宗室不强的弊病。而秦、晋、燕、齐、梁、楚、吴、蜀诸国，无不连邑数十。城郭、宫室，亚于天子之都，而且更具有甲兵卫士之盛。"

他从历史的纵向角度，分析亲王们权力太大，必然尾大不掉，削地夺权会导致祸患——

"臣恐数世之后，尾大不掉，然后削其地而夺之权，则必生怨恨。更有甚者乘机而起，防之不及。有人说：'诸王皆天子骨肉，分地虽广，立法虽多，岂有抗衡之理？'臣私下以为不然。你何不看看汉、晋之事呢？汉景帝，是汉高祖之孙；七国诸王，皆是汉景帝的同祖父兄弟子孙。一削其地，则立即构兵西向。晋之诸王，皆晋武帝（司马炎）的亲子孙，易世之后，迭相攻伐，遂成刘、石之患。由此言之，分封逾制，立即产生祸患。"

他提出吸取西汉七国之乱、西晋八王之乱的教训，并采取一些限制藩王的措施——

"昔日贾谊劝汉文帝，尽分诸国之地，空置之，等待诸王子孙。假如汉文帝早早听从贾谊的话，则必然没有七国之祸。希望诸王没到藩国之前，缩减都邑之制，减少卫兵数量，限制地理疆界，也等待封诸王之子孙来接收。此制一制定，然后把诸王中的贤才提拔为辅相，其余的藩王世代作为屏障，与国家共存亡。割一时之恩，制万世之利，消除天变而安定社稷，莫先于此。"

叶伯巨的话说得一针见血、头头是道，但是朱元璋不懂，气不过，把他从山西抓到南京，关进刑部监狱活活饿死。

后来的发展，果然验证了叶伯巨的远见。

朱允炆早就看到地方藩王势力对中央的威胁。朱元璋对朱允炆说："我把防御外敌的任务都交给藩王，边境就没事，你可以当个太平皇帝。"朱允炆担忧地说："外敌侵略，还有藩王去打；可是藩王不安分，又有谁去抵御他们？"

朱元璋一听，也傻了，沉默良久，一点办法都没有，反过来问朱允炆怎么办。朱允炆说："解决问题只能先以德和礼，不行的话再削夺他们的封地，再不行就废除他们的王号，还是不行，那就举兵讨伐。"朱元璋点点头，默许他可以举兵讨伐不安分的藩王。

最不安分的藩王当然是朱棣。

对付朱棣这样强大的实力派，只有两个办法：要么奇袭，出其不意解决掉他；要么拖，两人拼年龄，看谁活得长。但朱允炆以为轻而易举就能解决宗藩问题，于是像"泰坦尼克号"邮轮，在大海里狂奔，掀起滔天的巨浪，最终却把自己倾覆。他是太自信，太急躁，改革太过于激进了！

老百姓也认为皇帝不是朱棣的对手。南京当时流传着一首民谣："莫逐燕，逐燕日高飞，高飞上帝畿。"民谣是老百姓的智慧，民间总有许多高人，创造出一些民谣，听起来像是真的，又像是假的，表面上说这个，实际上说那个，到后来大多又能应验，这就是民谣的神奇之处。

但是，朱允炆削藩的决心十分坚定，不管前面是地雷阵，还是深渊，他都将一往无前，不惜粉身碎骨。

如何削藩呢？妙计是什么？这又是一个先打陈友谅还是先打张士诚的选择题。

齐泰似乎具有当年刘伯温的智慧，提出既然要削藩，就要先啃硬骨头。道理很简单："挽弓当挽强，用箭当用长。射人先射马，擒贼先擒王。"齐泰主张先干掉燕王，其他几个王也就乖乖缴械。

可是书生黄子澄说，燕王太厉害，应该先灭周王朱柏、齐王朱樃、代王朱桂等几个小王，去掉燕王的羽翼，待时机成熟后，再灭燕王。表明他们对朱棣怕得要死，不敢硬碰硬。

户部侍郎郭任批评这些书呆子，先削五王真够傻，应该尽快灭掉燕王："天下事，先本后末，容易成功。我们南京现在粮食和军备充足，怎么打不过燕王？而北边讨伐周王，南边讨伐湘王，削掉燕王就长年无期，真是舍本逐末。用兵贵在神速，锐气全部耗光，强弩之末不能穿鲁缟，我担心朝廷将坐而自困。"他和齐泰想到一块去了。

朱允炆没有朱元璋那样的智慧，分不清楚谁对谁错，竟然抛弃齐泰、郭任的正确意见，听书生黄子澄的，采取先易后难的方针，先找几个软柿子捏。

1399年，周王朱柏的二儿子因为继承王位的矛盾，告发父亲谋反。周王朱柏是朱棣的同母弟弟，封地在河南开封，比较有野心。藩王是不准离开自己的封地的。他本来就不安分，1389年不打招呼就跑到安徽凤阳，去密会他的女婿、手握重兵的大将军冯胜，可能结成军事同盟关系。朱元璋大怒，想把他打发到云南去，后来于心不忍，把他弄到南京监视起来，时间长达两年。

接到周王二儿子的举报后，建文帝立即命令李景隆巡视北边，路过开封，突然逮捕周王，抓到南京关起来，将他流放到云南蒙化，他几个儿子也打发到其他地方。不久，又将他们父子弄回南京关押。

又有人告发湘王朱柏谋反。也真奇怪，皇帝只要想整谁，一定有人站出来举报，一告一个准。建文帝派钦差大臣审问他。湘王一百张嘴也说不清楚，干脆一把大火烧了王府，自焚而死。

齐王朱榑的封地在山东青州。他本来就是个凶暴的流氓，干了不少坏事，又有人告发他谋反，被抓到南京，和周王关在一起，废为平民百姓。

代王朱桂的封地在山西大同，德行和齐王差不多，废为平民百姓。

当年六月，甘肃岷县的岷王朱楩被西平侯沐晟告发。朱允炆立即将他废为平民百姓，迁到湖南漳州。

朱允炆一年之内，先后灭了周王、湘王、齐王、代王、岷王等5个软蛋藩王，然后调转枪口对准朱棣。可是，朱棣早就做好准备，一切都不出齐泰、郭任所料。

二、王不出头谁作主

1. 八百壮士卫燕府

的确如朱允炆所料，藩王们都有自己的小九九。许多人想给自己戴上一顶"白帽子"，由王子变成皇上。这种情形，造成国家政局不稳定。

朱棣非常迷信天命，身边有很多术士，经常为他占卜，卦象上都说朱棣有天子之福。特别是长着三角眼的道衍和尚姚广孝，多次劝朱棣谋反。

这个怪和尚平时住在庆寿寺，穿着袈裟，虽然不与外界接触，却知晓天下事，经常秘密地出入燕王府，为燕王出谋划策，智力远在方孝孺之上。

一次，燕王写上联："天寒地冻，水无一点不成冰"，道衍和尚立即对出："世乱民贫，王不出头谁作主。"对仗工整，暗藏锋芒，他鼓动燕王尽早出头造反，做天下的主人。燕王心里害怕，叫他不要乱说，心里却又十分欣喜。

姚广孝有个朋友也是相面高人，叫袁珙，曾经给上百名官员相面，无一不应验。他们第一次见面，是在河南嵩山寺偶遇。袁珙看着这个长着三角眼的病虎，就知道了他的厉害：

"这个和尚太奇特！目三角，形如病虎，性必嗜杀，刘秉忠之流也。"

刘秉忠是大蒙古国至元代初期杰出的政治家，最初弃官隐居，拜虚照禅师为师，后来辅佐忽必烈，以一介布衣身份参预军政要务，升任光禄大夫、太保，掌管中书省政事。不仅是一代名臣，而且参与元大都的规划设计，是北京市的第一代规划设计者。

道衍和尚听袁珙说自己才高如刘秉忠，心里大喜，越发想跟刘秉忠看齐。

姚广孝把袁珙引荐给朱棣，朱棣故意穿上士兵服装，和大家一起到酒馆喝酒。10个人混坐在一起。袁珙没见过朱棣，一进酒馆，就跪在朱棣面前，口称"殿下"。朱棣说我不是燕王，士兵们也起哄，笑话袁珙眼力不行。但袁珙就是认准朱棣，口口声声称"殿下"。朱棣带他回宫，袁珙相面说："殿下走路，龙行虎步，有天子之相，40岁时，胡子长长，过了肚脐，一定可以当上皇帝。"朱棣心里欣喜，但还是把袁珙打发回去。

朱棣的周围布满特务。朱允炆的心腹谢贵任北平都指挥使，掌握军权；张昺为北平布政使，掌握行政权，监视燕王的一举一动。

朱棣居住的燕王府里面非常大。他私下招募一批死士，姚广孝做军事教练，把里面秘密地改造成练兵场，打造大量兵器。为掩盖宫廷里的惊天秘密，他们修建高大的围墙，上面修建房屋，下面则修建巨大的地下室，从事秘密活动。为防止声音传到外面，他们仔细研究隔音办法，在墙根上埋上许多瓮缸，并在宫里办鸡鸭场，掩盖操练的声音。谢贵和张昺居然被蒙在鼓里。

为削弱朱棣的武力，建文帝将燕王府的精锐护卫，调往北京郊外的开平，命令宋忠领兵3万驻守开平，在山海关、临清皆部署有军队，防备朱棣有动作。表面上看起来，燕王已经如井底之蛙，坐着等死。

徐达的儿女们，因为燕王和皇帝的分歧，分化成两个阵营，家庭变得四分五裂。徐达的长女作燕王妃，一心辅助他，十分贤德。燕王妃的妹妹徐妙锦，朱棣对她垂涎三尺，想把她们姐妹都娶回家。可是徐妙锦拥护朱允炆，朱棣不能如愿。朱棣当了皇帝，徐妙锦还是不肯做他女人。朱棣撂下一句狠话："皇帝你都不嫁，看你嫁给谁？"为摆脱朱棣的纠缠，徐妙锦只好遁入佛门，在南京出家做尼姑。徐达的长子徐辉祖世袭魏国公，死心塌地跟随朱允炆，领兵打仗，十分辛苦。而他的弟弟徐增寿，虽在朱允炆手下做官，却是朱棣安插在皇帝身边的内鬼。

徐辉祖经常去燕王府看燕王妃，因此和燕王来往密切，知道燕王图谋不轨，于是向朱允炆汇报朱棣的阴谋。

1399 年二月，朱棣亲自来到南京朝觐建文帝，为消除皇帝的猜疑，顺便探听朝廷的虚实。

他很多年没有回过南京。朱元璋去世时，遵照老皇帝的命令，藩王们不能来奔丧。

这一次，朱棣昂首阔步从皇道走上金銮殿，见了新皇帝，居然不下跪。朝廷上一片哗然，监察御史曾凤韶斥责他大不敬："在殿上你就是臣子，必须下跪！到了家里，再摆你叔叔的臭架子！"朱棣听了，冷冷一笑。朱允炆大度地摆摆手说：他是我亲叔叔，不用治罪。

朱棣在南京住了两个月，看看没什么事情，居然又叫他的 3 个儿子——朱高炽、朱高煦、朱高燧也进京，参加朱元璋逝世 1 周年的祭祀活动。

这是一个十分冒险的举动，等于自投虎口。兵部尚书齐泰劝朱允炆将朱棣的 3 个儿子扣为人质。如果将朱棣父子扣押，或者将朱棣放回，3 个儿子扣在南京做人质，北平的藩王之忧就可以解除。因为一旦朱棣谋反，他的儿子性命不保。

户部侍郎卓敬建议建文帝：将燕王的封地迁到江西南昌，让他脱离自己的老窝，这样方便收拾他。建文帝认为这个主意很好。

但是，朱允炆从小学习的是儒家"仁"的学说，性格跟沽名钓誉的楚霸王相似，不忍心这么做。

朱允炆说："燕王和我是至亲骨肉，怎么能这么做呢？"

卓敬说："隋文帝和杨广难道不是父子吗？"隋代的晋王杨广是隋文帝的次子，非常善于伪装仁孝，讨得皇帝欢心，被立为太子。趁皇帝病重，强奸妃子未遂。就在隋文帝要废掉他时，杨广发动政变，将隋文帝杀死，自己登上皇位。卓敬想以杨广弑父的残暴，提醒皇帝注意宫廷政治的残酷——那些觊觎皇位的人，是什么事情都干得出来的。

朱允炆沉默很久，终究心太软，宁愿使阳谋，也不愿意使阴谋，于是厉声对卓敬说："你不要再说了，这样的事我做不出来。"

几天后，燕王被轻而易举放归北平。但3个儿子还留在南京。

齐泰说：三人在此，宜把他们逮捕。但黄子澄傻乎乎地说："不可。事情被他们察觉，则彼先发制人，做好准备；不若遣归他们，表示我们不怀疑燕王，可奇袭夺取。"

徐辉祖看朱高煦是个无赖，随时可能闯祸，把他教训一通。徐辉祖对建文帝说："尤其是朱高煦，又彪悍又勇敢，是个无赖之徒，不会忠于朝廷，也不会忠于他父亲，留着一定是个祸害。"皇帝不忍心杀，坚决不听。

朱高煦不知从哪里听到风声，赶紧从徐辉祖的马圈偷了一匹好马，扔下哥哥和弟弟，逃回老家。途经河北涿州时，还擅自杀掉一个邮政局长（驿臣）。

朱棣很重感情，顾及儿子的性命，比扔了老爹只顾自己逃命的刘邦好得多。还有两个扣在南京呢。怎么办？

他伪装成生命垂危的病人，请求建文帝放那两个儿子回北平照顾。徐增寿是朱棣的卧底，也蛊惑建文帝将朱棣的两个儿子放了。

等这3个儿子都跑了，黄子澄又后悔了，遣人追之，已经来不及了。

等3个儿子都平安回到北平，朱棣差点没笑晕过去，越发大胆准备造反。

朱棣的两个部下于谅、周铎为燕王招募士兵。六月，被燕山护卫百户倪谅告发。这两人被逮往南京，经过审问，供认朱棣准备谋反，随即被处死。建文帝下诏严厉训斥朱棣，朱棣吓得"疯"掉了。

疯疯癫癫的燕王，在大庭广众之下乱跑、胡言乱语，光天化日之下抢夺别人的酒食，累了就随便躺在北平的大街上，枕着尘土，整日像猪一样昏睡。建文帝命北平布政使张昺、都指挥使谢贵探听虚实。二人冒着酷暑来到燕王府，发现朱棣竟然披头散发，坐在火炉旁边烤火，浑身颤抖不止，牙齿咯咯作响，嘴里还嘟囔着"寒甚"，仿佛寒冬里的寒号鸟。走起路来，手拄拐杖，还走得跌跌撞撞，形同病入膏肓的老人。

张、谢把看到的情况报告给朱允炆，皇帝以为朱棣真的吓疯了。一个强大的对手竟然这么不堪一击，哎，消灭藩王，小菜一碟啊！

然而长史葛诚很清醒，密告张昺、谢贵："燕王本来无恙，公等不要松懈。"

齐泰头脑也很清醒。燕王府护卫百户邓庸恰好到南京出差，向皇帝奏事。齐泰将他秘密逮捕，审讯得知：燕王准备立即起兵。朱允炆、齐泰大惊失色，忙派使者持命令赶赴北平，偕同张昺、谢贵，和安插在府内的长史葛诚、指挥卢振里应外合，迅速逮捕朱棣、捉拿燕王府的官属。

然而，建文帝的锄奸工作是很有问题的，朱棣的情报网渗透了京城内外、上上下下，一有风吹草动，第一个知道消息的必是朱棣。

北平守军已经严阵以待，竟然有一个醉鬼跑到大街上磨刀。一个老太婆问他磨刀做什么？他说："磨刀！杀人！杀燕王府的人！"而这个老太婆，就是朱棣的眼线。

朱棣能逃过一劫，不得不提到一个掌握军权的人——他口中的"恩张"，真名叫张信。

张信曾是朱棣宠信的部下，此时任北平都指挥，与谢贵同掌北平都指挥使司。他同样得到了要求逮捕朱棣的天子密旨。

张信心中忧惧，不知道怎么办才好，整天默不作声。在母亲的追问之下，才道出实情，并向母亲求教。他母亲听罢，大惊失色，分析说："吾闻燕都有王气，王（指朱棣）当为天子。你慎勿妄举，取灭族之祸。王者不死，不是你所能擒拿的。"张信忧惧更甚。

传达天子密令的使者看他犹豫不决，催他快去抓人，张信恼羞成怒："何必逼人太甚。"那一刻，张信心中的天平已经倒向朱棣。拿着皇帝的密敕信，张信三次造访燕王府。

不知道他来访的目的，朱棣称病坚决不见。事情紧急，张信只好做最后的努力。为掩人耳目，他乘坐一辆妇人的马车，径直来到燕邸门前，一再请求见一见燕王。朱棣让他进去，张信跪在床下拜见，将皇帝的密信内容如实以告，但朱棣还是不相信他，假装中风症状，不能开口说话。

张信诚恳地说："殿下不要这样。您有事，应当告诉臣。"

燕王逼得没办法，只好说："我是大病，不骗你。"

张信说："殿下不以实情告诉臣。臣今奉诏擒王，燕王如果无意起兵，当就执，如有意，幸勿出卖臣。"

朱棣看到他的诚意，乃下拜致谢："使我一家得以生存，是你啊（生我一家者，子也）！"于是，找来道衍和尚姚广孝，商讨对策。

外面，风雨大作，狂风将屋檐上的瓦片吹落于地，发出哗啦哗啦的声响。燕王脸色阴沉，以为不祥，而道衍和尚却说这是好兆头。朱棣谩骂道："你这和尚妄语，何来的吉利？"道衍和尚骗他道："殿下没听说吗？'飞龙在天，从以风雨'。瓦片坠落，是老天要给你换一间黄屋子了！"燕王听罢"飞龙在天"之语，转忧为喜。

朱棣安插在北平按察司的卧底李友直、布政司的奈亨，看到了天子密令，立即来到府上，向他出示密令草稿。燕王又将草稿拿给护卫指挥张玉、朱能等人看，命他们立即率仅有的八百壮士，保卫王府。

秋七月，谢贵、张昺等人开始行动，率领北平诸卫的士兵以及屯田军，层层包围燕王府，并实行戒严，抬来木栅栏，层层封锁端礼门等处的道路。看来，朱棣插翅难飞了。

皇帝的又一道诏令，传到了北平，内容是将燕王削爵，并逮捕府中的官属。谢贵等人将要逮捕的官属名单，用箭射入府内，催促甚急。

燕王召集张玉、朱能等人，忧虑地说："他们满大街都是士兵，吾兵甚少，怎么办啊？"朱能搬出擒贼先擒王的策略，说："先擒杀谢贵、张昺，其余的就无能为力了。"

燕王略一思忖，说："当以计取之。今奸臣派遣使者来逮捕官属，那就依照他们的意思先抓起来。然后令来使召集张昺、谢贵，把所抓的人交给他们，贵、昺必定会来，来了则擒拿之，只需一个壮士就能办到。"

朱棣部署妥当，自称病已痊愈，一面命百官入贺，一面命壮士埋伏在端礼门两侧，然后派人请张、谢前来。张、谢也很聪明，不肯前往燕王府。

朱棣又命府中宦官，拿着朝廷要抓捕官属的名单前去，说已经抓捕好了，只等他们去领人。张、谢这次居然相信，带领大批人马赶到燕王府，随从被拦在大门外，两人昂首阔步走了进去。

一桌好菜，一桌好酒。朱棣拄着拐杖坐在上席，示意他们入座。朱棣拿起一块西瓜放在嘴里，对两人说："现在平民百姓、兄弟宗族之间，都知道相互体恤。我身为天子近亲，却朝不保夕。县官待我如此，天下还有什么做不得的呢？"

说完，他将西瓜狠狠地砸在地上。埋伏的勇士听到这个暗号，一拥而上，将张昺、谢贵擒获。卫士们又将派到燕王府的两个卧底长史葛诚、指挥卢振，拉到他俩面前。

朱棣投杖而起，气愤地说："我哪有什么病，是奸臣迫害我，我才不得不装疯卖傻！"随后，朱棣命士兵将张昺、谢贵立即斩首。

张昺、谢贵的部下全无斗志，大多溃散。朱能、张玉等人迅速出兵，击败城内的守军，只有顽抗的北平都指挥彭二被杀。一夜之间，九门尽失，朱棣完全控制了北平。

2. 一代战神黯然隐退

在姚广孝等人游说下，1399 年七月五日，燕王朱棣以"清君侧"为名起事。

起初，姚广孝密劝朱棣起兵，朱棣以为天下百姓都拥护建文帝，十分犹豫，心里没底：

"民心向着朝廷，奈何？"

姚广孝回答："臣知天道，何论民心。"

姚广孝不过胡诌，认为天道比民心重要。其实他哪知什么天道？只不过会押宝而已，押在军事奇才朱棣身上，加上自己出谋划策，自信一定可以造反成功。

这个心理学高手，又把袁珙的好友、术士金忠叫来占卜吉凶。金忠占了一卦，显示是"大吉"。朱棣非常高兴，把他留下来，和姚广孝一起谋划军务。朱棣召开誓师大会，对部队发布慷慨激昂的战斗动员令：

"我是明太祖高皇帝、孝慈高皇后的亲儿子，是国家最亲的人。我被封为燕王以来，只知道安守本分，遵纪守法。现在幼主继位，信任奸臣，横遭大祸，屠戮我家。我父皇母后创业艰难，分封儿子，保卫天下，世代相传。奸臣残害我，天地神灵，都能作证。《祖训》说：'朝廷没有正直的大臣，内有奸恶的大臣，必须发兵讨伐，以清除皇帝身边的那些恶人。'"

朱元璋的《皇明祖训》也的确说过，如果朝廷没有正直的大臣，内有奸恶的大臣，亲王可以训练军队，随时待命。等拿到天子的密诏后，才可发兵讨伐清除皇帝身边的恶人。讨平奸贼，亲王必须回到封地去。

朱棣的话说得真真假假，没有天子的密诏就敢起兵，打下南京他也不想回到北平。

燕王哭泣着，向将吏发誓："陷害诸王，非天子本意，乃奸臣齐泰、黄子澄所为也。"

当时他的演说实在太感人，将士们听得流下眼泪。

忽然，平地刮起一阵大风，吹得昏天黑地。朱棣心里十分惊慌，担心又是什么不祥之兆。不一会儿，乌云散开，投下一缕阳光。将士们纷纷说："燕王的诚心感动上天，这是打胜仗的好兆头。"

长达4年的"靖难之役"从此开始。

朱棣还向皇帝写了一份请求"清君侧"的申请，朱允炆看了，气愤不已，立即把朱棣从皇族名册中除名，意思是你永远不是朱家的人了。

战争开始后，建文帝又下了一道奇怪的诏令——

"毋使负杀叔父名"。

就是说，不要使我背负杀害亲叔叔的坏名声，其实就是严禁任何人弄死燕王。

这个证据在《明史·本纪第五·成祖一》记载的夹河之战："王以十余骑逼庸营野宿，及明起视，已在围中。乃从容引马，鸣角穿营而去。诸将以天子有诏，毋使负杀叔父名，仓卒相顾愕眙，不敢发一矢。"

既然是皇帝的命令，那任何人都得遵守，如果弄死了燕王，那肯定有阎王在等待着你，有一大堆如斩罪、绞死、凌迟、族诛的刑罚处死杀害燕王的凶手。朱棣在战场上纵横驰骋的时候，只能他杀你，你只能招架，不能杀他。既然不能弄死他，那只能把他逼入绝境，予以活捉，这个比用冷兵器杀死、用箭射死难度更大。因此，朱棣就成了打不死的"小强"，几次遇险，但所有的刀剑都只从他身边掠过，不曾伤害他，都是因为有这道护身符保护。

可以说，他的命是朱允炆给的，他的天下也是朱允炆给的。

这是中国历史上最混账、最无脑的一道命令，类似宋襄公蠢猪式的仁义道德。朱允汶敢削藩，却不敢杀人。朱棣起兵，两军死命血战，朱允炆却让军队不要杀死朱棣，因为不敢背负杀叔父的名声，怕坏了他仁义有德的好名声。这道命令的后果是致命的，朱允汶故意放水，让南军投鼠忌器，打仗缩手缩脚，部队的战斗力大大降低，将本来一场平定内乱的正义战争，活生生被他的沽名钓誉、软弱无脑，拖成了一场丧师失地、家破身死的慢性自杀的荒诞剧。宁愿天下人负我，我不负杀我的亲叔父，何其迂腐、何其愚蠢、何其害人害己。

宋忠将兵 3 万，驻军开平。宋忠不敢贸然进军，又怕被吃掉，于是移军怀来。朱棣很快夺取居庸关。宋忠这时候想出一个昏招，对燕王府投降过来的士兵谎称，你们的家属都被燕王杀害，你们要为妻子儿女报仇啊！

燕王很善于抓住破绽，一听就乐了，特意让那些士兵的亲属"打前锋"。原燕王府士兵在阵前看到家人没有死，怒骂宋忠是骗子，纷纷调转枪口。宋忠顿时大乱，燕王直扑过来，宋忠大败，逃回城内，躲进一间厕所，做了俘虏。他的数千名士兵战死，8000 余匹战马和大量军械被缴获。

朱棣攻打怀来宋忠部之时，大宁兵马号称 10 万，在都督刘真、都督金事陈亨、都指挥卜万率领下出松亭关（今河北迁安市西北），将要进攻遵化。朱棣亲自率兵增援。三员主将中，只有卜万英勇善战，是燕王的眼中钉。朱棣离间三人的办法，就是《三国演义》中的反间计。

朱棣俘虏了两个大宁士兵。他亲自提笔给卜万写了一封信，夸他英勇善战，不胜仰慕，而对陈亨，在信里破口大骂。他命一个被俘的大宁士兵将信藏在衣领内，设酒席款待他，送一些银两，故意让另一个军卒看到。燕王将两人一起放归。没捞到好处的士兵愤愤不平，回去后将此事报告刘真。刘真果然在士卒身上搜出那封信，信以为真，将卜万投入狱中，将他抄家。卜万后来死在狱中。

八月，朱允炆命长兴侯耿炳文率兵 13 万，征讨燕王。由于朱元璋大杀功臣，朝廷中已经没有能征善战的武将，尽管耿炳文已经 65 岁，只能披挂出征。

耿炳文和朱元璋是老乡，安徽濠州人。他善于守，当年驻守长兴 10 年，抵御张士诚进攻，大小数十战，战无不胜。朱元璋十分满意，建国后封他为长兴侯。

耿炳文驻军真定，前锋 9000 人据守雄县。

中秋之夜，越是好日子，敌人越麻痹大意。朱棣偏偏选择这个时候打仗，军队悄然来到雄县。守城士兵饮酒赏月，当发现燕兵时，朱棣的军队已经攀上城墙。守军仓促应战，这支部队是南军的精锐，战斗力很强。打了一整夜，朱棣才攻占县城，南军全部战死。

莫州离雄县 50 里，潘忠、杨松率军驻守。听说雄县遭到攻击，朱棣采取围点打援的办法，命千余勇士埋伏在必经之路月漾桥下的水中。潘忠果然带兵来援，见雄县已失，想退回莫州，不料燕兵突然从水中冒出来，占据月漾桥，前后夹击，南军大败，许多人掉进河里淹死，潘忠被俘。朱棣乘胜追击，招降莫州留守的万余人。一天之内，南军损失 3 万人马。

在莫州投降的南军中，有一人名叫张保。这时，南军尚有 10 万人马驻兵真定，分为两营，列于河两岸，互相声援。朱棣遂命张保回到耿炳文营中，宣扬燕军马上就要进攻。朱棣自有一番道理：耿炳文知道燕军来攻，担心燕军势盛，必然会移营合兵一处，这正是攻击的好时机。

事情正如朱棣所料，耿炳文命令移营合兵。正在移营之时，朱棣乘机率军猛攻，南军仓促应战。战斗十分惨烈，南军不敌燕军铁骑，退守真定城，不再出战。燕军主要是骑兵，擅长野战。而耿炳文长于固守，军队里步兵较多。朱棣围城三日，拿耿炳文一点办法都没有，退回北平。

真定一战，南军损失数万人马，但主力尚存。如果坚持乌龟策略，朱棣还真没地方下口。

朱允炆对战事很不满意，命李景隆接替耿炳文，从速歼灭朱棣。

临阵换将，以弱换强，兵家之大忌，建文帝真够心急的。当年秦赵长平之战，老将廉颇固守，赵王不理解，听信反间计，换上饱读兵书的赵括，结果 40 万赵军战败，统统被活埋。

耿炳文，一代战神，像廉颇一样黯然隐退。真定一战，是他在历史舞台上的最后亮相。

第二个赵括登台，葬送的军队数量比第一个赵括还多。

3. 南军主帅风语者

如果能把李景隆的故事写出来，一定是一部伟大的谍战剧，比当代作家麦家的《暗算》《风语》不知要精彩多少倍。李景隆就是明代的一个风语者——一个向朱棣传递绝密情报的高级间谍，级别可能是中国历史上最高的。他帮朱棣窃取的不是一座金山，而是整个国家。

这部谍战剧的故事梗概是：建文帝的军队主帅李景隆本是庸才，不仅轻易地获得军队大权，而且脚踏两只船，怀有二心，暗地向对手传送秋波，在节节败退之下，逐渐沦为朱棣的卧底，并在南京开门迎敌，最终导致倾覆社稷，江山易主。他靠卖主求荣，再次赢得高官厚禄。

说他暗中帮助朱棣，得拿证据来。因为历史都是胜利者书写的，即使有证据，也被他们抹掉了。

然而，《明太宗实录》还是留下了残存的一条尾巴：

"以曹国公李景隆、尚书茹瑺、都督同知王佐、都督佥事陈瑄有默相事机之功，加封李景隆为奉天辅运推诚宣力武臣，特晋光禄大夫、左柱国、太子太师、曹国公。"

"默相事机之功"是什么功劳？"默"就是不说话、不出声，办事私下、暗中、偷偷摸摸地办，不让任何人看见或者知道，整句话就是暗中相机行事、暗中帮助对方，完全符合间谍和叛徒的特征。

而且间谍不止一人，共 4 人：

曹国公李景隆：职位左军都督同知、太子太傅，从一品（副职）。靖难之役大将军，军队主帅。

1380年，朱元璋废除大都督府，改为五军都督府，包括前军都督府、后军都督府、左军都督府、右军都督府、中军都督府。左军都督府设左、右都督，正一品；都督同知，从一品；都督金事，正二品。

茹瑺：正二品，朱元璋时任兵部尚书、太子少保，朱允炆手下当过吏部尚书、河南布政使、兵部尚书。

都督同知王佐：从一品（副职）。

陈瑄：右军都督府都督金事，正二品。统领水师，镇守首都南京长江防线。

这么多人暗中帮朱棣，朱允炆焉能不败？

要守江山，当然要靠人才。而朱允炆面临的棘手问题恰恰是人才奇缺。朱元璋把功臣都杀了，几乎没有杰出的将领能带兵对付朱棣。

没有现成的人才，那就要选拔人才。

选拔人才的最高境界是伯乐相马，知人善任。不过，这个前提必须是选人者自己必须是人才。自己不是人才，当然看不出谁是真人才。朱棣本身是人才，恰恰又是好伯乐，手下猛将如云。

而选拔人才的最差境界是黄钟毁弃、瓦釜雷鸣。瓦釜表面上磐磐大才，实际才智不高，但它有独特优势——叫得最响，到派上用场的时候现出原形，成为破罐烂坛子。而朱允炆本身不是人才，自己年纪轻轻，无法识别人才，所以，犯了一个致命的错误——用人不当。因为，他选拔人才使用的是假方法，不是真方法，选拔的是假人才，不是真人才。

选拔人才的假方法就是世袭，老子死了，儿子来干。

我们来看看，一只瓦釜是怎么上位的。

《韩非子》说得好，"宰相必起于州部，猛将必发于卒伍"，大官一定要从有实际工作经验的人中提拔，否则处理政务、领兵作战就是纸上谈兵，耽误国家大事。李景隆是用世袭的假方法选拔出来的大将军，飘在空中、浮在水上，不接地气。

李景隆的出身、长相、门第等，全部 100 分。属于"官二代"，是太祖手下名将、曹国公李文忠的长子。

样子长得特别像元帅，人高马大，眉目毓秀，顾盼伟然，雍容优雅，很有明星范儿，老子一死，袭爵曹国公，朱元璋因为自己长得谦虚，每次朝会，都情不自禁地多看他几眼。李景隆和朱允炆是表兄弟，很得皇帝宠信，所以还真当了元帅，掌管左军都督府，加太子太傅。

尽管掌管军队的很高权力，其实，他并没有真实的才能，只在湖广、陕西、河南练军，毕竟是假把式，战场经验不足。如果有文凭的话，李景隆至少是克莱登大学博士。喜欢读书，特别是兵书，但是读书不长脑子。和赵括一样，纸上谈兵是强项，一到真打仗，纸上的就完全忘记了。

削藩一起，周王朱橚的儿子想造反，朱允炆命亲信李景隆去河南开封抓周王。人是抓住了，而李景隆暗地在周王的府邸接受贿赂。后来，周王亲自揭发此事。

朱棣起兵后，建文帝并没有任用李景隆领兵，而任用老将耿炳文。耿炳文在真定之战中遇挫，坚守不动，建文帝临阵换将。

谁来接替耿炳文呢？

齐泰、黄子澄再次出场。《明史》评价：

"两人本书生，兵事非其所长。"

既然两人不懂军事，却敢闭着眼睛，推荐非军事家李景隆。黄子澄说："胜败乃常事，不足虑。推荐曹国公李景隆，可堪大任。"

建文帝病急乱投医，就让他当大将军，率领 50 万军队北伐朱棣。皇帝亲自在江边饯行，好吃好喝之后，亲自推动高级马车车轮（"捧毂推轮"），送哥们北去。

朱棣听到李景隆领兵，而且领兵 50 万，真比自己当上皇帝还要高兴。

朱棣对部下说，李景隆，只不过是公侯之家豢养出来的纨绔少年，胸无谋略，骄傲自大，色厉内荏，对人忌妒刻薄，一身臭毛病。汉高祖重用英雄，虽然是顶尖高手，也不过将兵 10 万。李景隆没什么能耐，居然领兵 50 万，他的结果会和赵括一样一败涂地。

说得一点没错。

朱棣还分析了李景隆要失败的几个弱点：一、将领政令不通，军队纪律不严，上下离心；二、北方天气严寒，南军穿的衣服太少，手脚冻伤，甚至有人手指冻掉了，粮草不足，后勤跟不上；三、不考虑艰难险阻，贪图胜利，盲目孤军深入；四、指挥官贪婪，刚愎自用，没有仁爱和大智大勇，指使不了军队；五、部下喧哗，乱打金鼓，军队里拍马屁风气盛行，领导喜欢听阿谀之词，专门任用一些奸佞小人。

因此，这种军队肯定失败。

结果，局势完全如朱棣所预测的那样发展，因为只有朱棣看出李景隆是一头胸无谋略的蠢猪。很难说，李景隆是何时和朱棣相勾结的。如果此时李景隆已经是燕王的卧底，这种嘴仗，只不过是烟幕弹，起到了保护李景隆的作用。

4. 蒙古骑兵勇无敌

李景隆贪功心切，力求速战速决，放弃耿炳文稳健固守的策略，率军闪击北平。

朱棣想出一招妙计。

将主力主动撤出北平，命令儿子朱高炽坚守、由姚广孝辅佐，绝对不要出战。告诉诸将："李九江，纨绮少年耳，容易打。"

朱棣自己带军队救援河北永平（今卢龙），接着进攻北边军事重镇大宁（今内蒙古宁城西）。目的是将李景隆军队引到北平城下，然后从大宁搬到救兵后，立即回师，两面夹击。

大宁是宁王的封地。

宁王，名朱权，为朱元璋第十七子。13岁被封为宁王，15岁去内蒙古就藩。

手下3个护卫队，有8万盔甲、6000辆战车，尤其是投降过来的"朵颜三卫"属于国内驰名品牌，战斗力强。这些蒙古骑兵部队分为朵颜卫、泰宁卫和福余卫3个卫，英勇善战，几乎无人能挡。大宁总共有20卫，全部是西北精锐部队。

宁王和朱棣是铁哥们，老谋深算，非常有计谋。

燕王初起兵时，与诸将交底："以前我巡边塞上，见大宁诸军慓悍。我得大宁，断辽东，夺取边骑助战，大事可成。"

建文帝害怕朱权、朱棣联手，召朱权回南京。朱权哪里肯去，立即被皇帝废除藩号，3个护卫队被削掉，当然只是名义上被取消。

朱棣来到大宁城下。朱权不知道他什么目的，只发出邀请，但人数有限制——

"权邀燕王单骑入城。"

于是，朱棣单骑入城，去见弟弟宁王，兄弟相见，朱棣开始表演悲痛——

"执手大恸"，眼泪把朱权的手都淋湿了，说让不孝的侄子害惨了，万不得已起兵，求朱权代替哥哥把谢罪表写了吧。

朱棣在宁王府住了几天，好吃好喝好款待，兄弟俩有说不完的家常话。而朱棣军队一部分埋伏城外，一部分已经到各处做分化瓦解工作了。

几天后，燕王要走，宁王出来送别，在郊外饯行。以前出行要祭祀路神，现在简化，吃个饭了再分手吧。

送别仪式搞完，宁王要回城。谁知，朱棣的士兵们一拥而上，把宁王拉住，推推搡搡，拉拉扯扯，非要他到北平去"做客"。实际上等于绑架宁王。宁王一看没办法，只好把儿子、家眷都带到北平。大宁城空了。

朱棣绑架宁王，不是要他这个人，而是要得到他的军队。大忽悠给他画的大饼是——

"事成，当中分天下。"

宁王一听，天下一人一半，一高兴，所部全部归附朱棣。

每逢打仗，朵颜三卫骑兵带头冲锋陷阵，如入无人之境。蒙古骑兵，就是如虎添翼的秘密武器，跟今天导弹一样牛。可以说，朱棣夺取天下，是从收服朵颜三卫骑兵开始的。

李景隆大军没遇到什么抵抗，直抵北平城下。李景隆分兵三处：一路攻打北平九门；一路攻打通州；自己则驻扎在郑村坝（北平东10公里）。

燕王世子居守北平，戒勿出战。按理说，北平守备空虚，城内只有老弱残兵以及妇女儿童，人数区区三四万，双方兵力人数对比接近13∶1，拿下北平只是分分钟的事情。

然而人数如此之少，面对李景隆数十万大军攻击，居然岿然不动。一方面，城内奋勇抵抗。燕王妃、徐达的女儿徐氏亲率妇女登城，投掷石块，拼死帮助守卫城门。另一方面，李景隆不是真打，而是假打。因为李景隆妄自尊大，将许多久经沙场的将军排挤在外，压制真打的，重用假打的，导致南军上下离心，攻城表演的成分居多。例如，中牟杨本，跟从李景隆讨燕有功，为李景隆所忌，有功也不上报。杨本气不过，弹劾李景隆丧师辱国，为后者记恨。杨本率孤军独出，李景隆置之不理。杨本为燕军擒获，关押在北平监狱，后来被杀。

只有主攻张掖门的战斗是真打，一马当先的是骁勇善战的都督瞿能父子。

瞿能，明朝开国将领、"长枪千户"瞿通之子，与瞿能、瞿陶（或史称瞿良才）一门三代满门忠良。明代有"大明三箭"之说，箭术神奇，一为魏国公徐达家，箭名"贯日"；二就是开国将领瞿通所在的瞿家，箭名"落月"；三为靖难将领杨璟之子、左都督、宣府总兵杨洪的杨家，箭名"狼牙"。"大明三箭"，瞿家独居其一。

瞿能父子率领精骑，一度攻破城门，进入城内。如果后续部队立即进城，拿下北平没有悬念。

然而，在这个关键时刻，李景隆下了一个非常奇怪的命令——停止进攻，等大军到来后再进城！

是怕瞿能得首功，还是李景隆当时已经是卧底，情况不得而知，总之，瞿能父子白攻了。

战机稍纵即逝，失去不再来！这就是战争的奥妙，成败只有一线之隔，胜负只在一念之间。

等大队人马赶到，城门又关上了。

北平守军以水泼城墙，很快形成厚厚的冰墙。南军攀爬不上去，刀枪扎不进，久攻攻不下，徒唤奈何！南军在冰天雪地中苦斗，严寒的天气将很多人冻死冻伤。守军在夜里不断派遣小股部队骚扰，弄得南军筋疲力竭。

十一月，朱棣率领能征善战的朵颜三卫骑兵回击北平，大戏开场了。

先是南军陈晖发现燕军，率1万骑兵，从后面尾随而来，准备前后夹击。哪知，蒙古骑兵有万夫不当之勇。

朱棣察觉尾巴后，命蒙古骑兵回头迎击，一举击溃南军。南军争相渡河逃窜，人数太多，冰封的河面忽然开裂，溺死无算。陈晖只身逃回军中。

燕军乘势大举进攻李景隆军，在北平城外的郑村坝，决一死战。

燕王亲率朵颜三卫猛冲南军，锐不可当，疾风暴雨般，连破南军七营。

这场战斗，数十万军马从中午一直打到晚上，尸横遍野，血流成河。朱棣趁着天黑，充分发挥蒙古骑兵的威力，左冲右杀，搅乱南军的阵营，然后正面猛攻，占据上风。

燕将张玉等列阵前进，乘胜直抵北平城下。城中兵看到朱棣回来了，鼓噪而出，内外夹攻，李景隆大败。

李景隆没有经历过这样惨烈的战斗，吓得魂飞魄散。连夜一路狂奔，一直逃到山东德州才停止。逃跑时顾头不顾腚，竟然没有吹集结号。

翌日，南军九个营垒还在固守，燕军先后破其四垒。大家听说李景隆早就溜走了，一合计：还打啥啊？逃吧。

围攻北平九门的将士始终没有听到集结号，不能撤退，还在傻乎乎地攻打，两天后，被朱棣击败。北平之围土崩瓦解。

这一战役，李景隆部数万人战死，几十万人溃逃，100多万石粮食没有烧掉，全部落入燕军之手。失败的关键就是主帅无能，第一个逃跑。

战场上吃了败仗，李景隆与朝廷上的黄子澄唱双簧戏，报告上只说大捷，不是屡败屡战，而是屡战屡胜，蒙骗皇帝。朱允炆也乐得做傻瓜，越听越高兴，给败军之将一次又一次加官晋爵。

建文帝又想讲和，希望燕王停战，并罢免齐泰、黄子澄的职务。你不是要清除皇帝身边的小人吗？我现在已经把他们解职，你总该退兵吧？李景隆也致信朱棣，干不过你，请求息兵。

朱棣兵强马壮，目的本来就不是"清君侧"，"清君侧"只是嘴上说着玩儿的，真实目的是"清皇帝"，一口拒绝朱允炆的小把戏。

5. 朱棣差点被活捉

朱允炆认为李景隆吃败仗，不是能力不行，而是权力不够大。那行，权力我给你个最大的。

他拿出三大神器：一件诏书、一件黄钺、一套弓箭，让宦官送过去。

里面比较值钱的是黄钺，就是一把黄金装饰的斧子。古代为帝王专用，特赐给专主征伐的重臣，那他就像打了鸡血，权力大极了。

1400年四月初一，李景隆在山东德州誓师北伐，和武定侯郭英、安陆侯吴杰等进军真定，合军60万，在白沟河（今河北雄县境内）会师。

四月二十四日，朱棣将渡白沟河，南军截击，战役打得惊心动魄，险象环生。

南军中的平安、瞿能父子，骁勇异常，率军猛冲燕军，所向披靡。

平安，朱元璋的养子，力大无穷，能轻松举起数百斤的重物，一柄长槊使得出神入化。"平安这小子，以前跟我出塞，识我用兵之道，必须第一个剁了他。"朱棣将主攻方向定在斩杀平安，亲自突入敌阵冲杀。但平安所率领的一万铁骑实在太猛，第一天互有杀伤，各自收兵。

第二天再战，平安击败燕将房宽、陈亨。

朱棣见势不妙，冒着箭雨力战。平安的一柄长槊，仅距朱棣衣服数寸，如果挨上一枪，王命休矣。然而平安不敢大胆刺死燕王，只能刺杀他周围的士兵。

南军也不敢向朱棣本人放箭，因此朱棣的坐骑接连被射杀，但他本人相安无事。朱棣的箭都射光了，宝剑砍折了，没法再打了。南军在他面前一个个倒下，却没有人向他使出致命一击。那是皇上的亲叔叔，皇帝不让杀。

眼看瞿能父子冲到燕王附近，要活捉朱棣。瞿能再一次获得斩杀朱棣的机会——

"燕王几为所及。"

朱棣吓出一身冷汗，提着破刀，拨马便逃，一直跑到河堤上，而南军在后面紧追不放，黑压压的大军潮水般地涌来！

朱棣立马站在堤上，假意用马鞭招呼后面的骑兵快来，使南军相信——燕军骑兵就在堤下，马上就会冲上来护卫他。其实堤下空无一人。南军以为有伏兵，竟然没敢继续追击。

李景隆急令瞿能后撤，但瞿能率铁骑奋勇杀出，高呼：

"燕王倦矣，不趁此时擒之，更待何时？"

不能杀，所以只能擒。

南军将士振奋，在大堤下斩杀数名燕将和100多名骑兵。朱棣慌忙策马绕堤而逃。

双方杀得难解难分，互有胜负。又是天助朱棣，忽然平地刮起一阵大风，霎时间天黑地暗，将南军的大旗刮倒。南军一看，完了！大旗都倒了，老天都向着朱棣，肯定输了！阵营乱成一团，士兵无心恋战。

朱棣儿子朱高煦率1000多骑兵赶到，朱棣庆幸自己没被活捉。朱棣立即指挥部队猛打猛冲，南军溃败。

瞿能父子策马驰入阵地，阻挡朱棣攻势。然而沙尘暴刮得天昏地暗，吹得人眼睛都睁不开，人在马上坐不住。燕军早已熟悉风沙，看瞿能父子如同瞎子一般在瞎转悠，朱高煦率领众人将他们刺落马下。"大明三箭"，由此折断一箭。打到黄昏时分，南军俞通渊等将领相继殒命沙场。

史书留下记载——

"成祖几为瞿能所及，高煦率精骑数千，直前决战，斩能父子于阵。"

李景隆总是第一个逃跑的。他如果是卧底，什么都不用做，第一个逃跑就是了，这就是最大的奸敌妙招。

李景隆又一次发挥腿长胆小的长处，一路逃到山东济南，当缩头乌龟。可怜其部下数十万人群龙无首，大多战死，60万人仅剩下10万人。白沟河两岸数十里遍地都是尸体，河水为之染红。

50万人战死，就是杀猪也得杀几天啊。

皇帝给他的三大神器——诏书、黄钺、弓箭，全丢了，没发挥一点作用。

朱允炆的家底被李景隆消耗得差不多了，被迫转入战略防御，而朱棣转守为攻。

再这样玩下去还有意思吗？气急败坏的建文帝将李景隆召回。黄子澄看隐瞒不下去了，又羞又气，在朝廷上抓住李景隆，指责他出师观望，怀有二心。自己眼睛真是瞎了，推荐李景隆这样的人，实在是误国，请求皇帝杀掉他以谢天下。

吏部左侍郎练子宁在朝廷上大哭求死："此贼坏了陛下大事，臣不能为国除掉这卖国奸贼，死有余辜。"

许多大臣纷纷指责李景隆丧师失地，怀有二心，必须杀掉。郑公瑾等人围住李景隆，一阵拳打脚踢，差点把他打成脑震荡。

朱允炆心软，仁义道德已经将他泡成软柿子一枚，想硬起来那是太难为他，看到昔日雍容优雅的李景隆现在死狗一样的可怜相，于是，赦免不杀。

李景隆在朝廷上受到侮辱，心想：哪一天我一定彻底收拾你们，以报今日之辱。他自己没本事收拾他们，但他有一个绝招——彻彻底底投靠朱棣。

6. 铁铉盛庸谋燕王

朱棣准备先攻下山东济南，截断南北水道，再固守济南，夺取南京就顺理成章了。

然而在济南，遇到两位猛将——铁铉和盛庸。

铁铉本来一介书生，年纪才30岁出头，在山东不过是个从三品的官儿——山东参政，分管粮储、屯田、军务、驿传、水利等事。李景隆北伐之时，他帮助筹集粮饷。李景隆兵败白沟河，单骑出逃山东德州，德州陷落后，又逃到济南。铁铉看到大元帅太孬了，感奋涕泣，誓死与盛庸、宋参军、参军高巍死守济南。刚一有挫折，"逃跑将军"李景隆又从济南跑了。

铁铉和盛庸凭借济南城，构筑一道坚不可摧的"马其诺防线"，坚决阻击。朱棣昼夜攻击，一点成效都没有。他绞尽脑汁，想了一个办法——把城外的河道堵住，要水淹济南城。

1400 年五月十七日，燕军掘开河堤，放水灌城。

城里的人非常害怕。铁铉命令守城的士兵昼夜啼哭，派出 1000 多名士兵向朱棣请降，说："请大王退兵十里，单骑入城，我们一定准备好酒迎接，接受改编。"朱棣非常高兴，部下欢呼雀跃。

约定接收城池的日子到了。朱棣跨上骏马，带上随从，渡过护城河桥，缓缓向济南城门走去。城门果然大开，城头上欢声雷动，士兵齐声高呼"千岁"，朱棣越发得意。

刚进入城门，忽然，一块铁板从天而降，只听一声巨响，朱棣胯下的战马立即倒地，脑浆四处迸裂。朱棣一头栽倒在地上。说时迟，那时快，朱棣一跃而起，夺过随从的战马，回身就逃（王鞭马驰去）。

埋伏在护城河边的士兵们急忙猛拉吊桥，断开护城河。然而仓促之间，那吊桥怎么拉都拉不动，"桥仓卒不可断"，眼睁睁看着朱棣骑着战马，跨桥而过！

这是铁铉布下的一个圈套，目的还是活捉燕王。如果不是勿杀燕王的诏令在上，朱棣绝无活命的可能。

朱棣气得差点吐血：这铁铉，也太缺德了！哪有这么诈降的？侄儿皇帝都下令不要杀我，你居然埋伏壮士于城墙上往下扔铁板，要活捉我！遂命令部下昼夜疯狂进攻，用大炮猛轰城门。

眼看城门将破，铁铉又想了一招更损的。攻城的士兵们看见城门上挂出很多东西——一看原来是朱元璋的神主牌位！朱棣一看傻了，再也不敢放炮攻城！

双方激战 3 个月，济南城照样固若金汤。

平安统兵 20 万，将要收复德州，断绝燕军粮道。姚广孝一看不行，派快马送去锦囊妙计，请求燕王班师——

"师老矣，请班师。"

朱棣内心恐惧，解除济南之围，回到北平休整。

燕王起兵以来，一直比较顺利，本来，想乘着大破李景隆的锐气，尽力而攻，拿下济南，没想到被铁铉挫败。建文帝扬眉吐气，铁铉交了好运，皇帝又是给金币，又是赐宴，又是大力提拔，他年纪轻轻就成了山东布政使（相当于省长），没几天又当了兵部尚书。李景隆实在是个绣花枕头，盛庸取代他，成为平燕将军。

盛庸的副手，一个是平安，一个是都督陈晖。

不久朱棣再次南下。1400年十二月二十五日，燕军到达东昌。在东昌，朱棣再次与死神擦肩而过。

1401年一月九日，盛庸、铁铉听说燕军将至，宰牛杀羊犒劳将士，准备充足的火器和毒箭，决一死战。

燕军士气高昂，遇到南军即呐喊冲锋。南军火器、毒弩齐发，火器实在太猛，打死燕军数万士兵和几名将领，死伤惨重。平安杀到，与盛庸夹击朱棣。能打败朱棣的南军将领不多，但是几次打败他的都是平安、盛庸，这次朱棣凶多吉少。

燕王朱棣善于野战，是运用骑兵的罕见高手。但是，这一次，他失算了。他以精骑冲击南军左翼，突入南军中坚。

他自己率数十名骑兵，绕到南军后面进攻。盛庸指挥南军包围朱棣。

南军人数众多，将朱棣围了一重又一重。朱棣左冲右杀，就是突围不出去。燕将朱能、周长等人率蒙古骑兵，轮番攻击南军阵地，杀进阵中，与朱棣会合。朱能、周长奋死力战，保护朱棣冲出重围。

燕军大将张玉不知道朱棣的位置，也不知燕王已经救出，拼死突入南军阵中营救。他单人格杀数十人，多处负伤，鲜血淋漓。虽然英勇过人，但是寡不敌众，最终战死，58岁的一代战将陨落。

盛庸乘胜进击，斩杀燕兵1万余人。燕兵大败，仓皇北逃，死者不计其数，精锐部队丧失殆尽。燕兵再次退军北平休整。

朱棣因为痛失张玉，三年转战从来没吃过这么大的亏，心里万分沮丧，哭得稀里哗啦。诸将叩头请罪。

朱棣泣不成声地说："胜败是兵家常事，不值得计较。我恨失去了张玉！在这么艰难的时候，我失去了这样的良辅！"

朱棣泣下不能止，诸将哭声一片。朱棣亲自为张玉等阵亡将士撰写祭文，祭奠他们，并脱下身上的战袍为死者焚烧，愿战袍能为他们御寒。

朱棣做这些事的时候流着眼泪，将士们看了无不感动流涕。

士气不振之时，姚广孝派人送去锦囊，上面有 15 个字：

"毋下城邑，疾趋京师。京师单弱，势必举。"

姚广孝对朱棣的短板看得很清楚。山东军兵强马壮，城池固若金汤，朱棣吃不掉，损兵折将，陷入持久的消耗战。

皇帝的"七寸"在于兵力单薄的南京。朱棣从皇宫里被罢黜的宦官处得知，南京兵力空虚，轻易可取。

姚广孝一眼看到了击败皇帝的不二法门——绕过山东，直奔主题，一定可以将建文帝手到擒来，这场战争就能很快结束。

这一计策，水平与刘伯温不相上下。譬如高手过招，不用废话，关键处一点，全盘皆活。

7. 天助燕王挫强敌

朱棣绕过山东，再次向南进军，在河北遇到一只猛虎。不知谁张弓搭箭，一箭射死老虎，朱棣激励将士："这是我们战胜敌人的征兆。"

1401 年三月十二日，朱棣和盛庸再次在河北夹河遭遇。

两强相遇勇者胜！

打了一天，不分胜负。

朱棣的一员猛将叫谭渊，迎头率众力搏敌人，但是南军有一员更猛的人，叫庄得。

谭渊异常骁勇，拉 240 斤力道的大弓，射无不中。参加过北平夺九门的战斗，河北雄县围点打援之战中，谭渊率领千余壮士，埋伏在月漾桥水中，断敌退路，活捉南军将领潘忠。但是谭渊嗜杀。沧州之战中，3000 多名南军降卒在等待拿通行证回家的前夜，谭渊一夜之间将其全部屠杀，引起朱棣震怒。谭渊辩解："这些人都是壮士，释放他们就是留下后患。"朱棣怒道："如你所言，应当将敌人杀干净。敌人能杀得干干净净吗？"谭渊羞惭而退。

而庄得，以前是宋忠的部下。怀来之战，南军大败，仅庄得一军独全，没有损失。

此时，两强相遇，杀得天昏地暗，沙尘四起，两人顶着风沙鏖战，但是最后谭渊还是技不如人，被庄得杀死。朱棣对他的死十分悲痛，命令士兵报仇雪恨。

已经暮色沉沉。燕王组织骁勇骑兵，向着庄得的方向，乘着暮色掩杀。

庄得杀得性起，对周围的危险毫无觉察，还在燕军阵中挥刀砍杀。周围的燕兵拼死力战，庄得杀死敌人无数，尸体如山。

燕军骑兵围着庄得死战，庄得最后力竭被杀，死得好不壮烈！

当晚，朱棣就在腥风扑鼻的阵地上露营，身边只有十几名骑兵守卫。天亮一看，四周全是南军，已经在南军的包围之中。

部下劝他赶快逃走。朱棣一点都不惊慌，对他们说："敌人不认识我。我们轻视敌人，敌人就会很沮丧。"等到天边露出一轮红日，朱棣等人从容跨上战马，吹响号角，穿营而去。

朱棣为什么这么从容？南军为什么不万箭齐发、一拥而上砍死他？"诸将以天子有诏，毋使负杀叔父名。"这是南军不可逾越的底线。

因此，谁也不敢动手，仓促间张大了嘴巴，目瞪口呆地目送他们远去，无人敢发一箭，刀剑装在刀鞘里动都没动。

三月二十三日，双方再次大战，一直打到下午两点，呈现胶着状态。士兵们打得太疲劳，不约而同地坐下来歇一会儿，歇好了继续打。

突然刮起一阵沙尘暴，吹得天昏地暗，日月无光。士兵们拿着刀剑砍杀，都分不清楚对方是谁。燕军处于顺风，而南军正好逆风。南军眼睛睁不开，腿脚站不住。

燕军乘风大呼杀敌，指挥骑兵纵横冲击，南军大败。

风渐渐停了，每个人都满身灰尘。可是，大家找不到朱棣了。大家回到营中，只见一个泥猴走过来，听声音是朱棣的声音，大家这才纷纷来见。

建文帝也在做出部署。命辽东总兵官杨文，率10万人南下，与铁铉在济南会合，抄燕军后路。

然而在直沽（今天津市内），比李景隆好不了多少的杨文，被燕将宋贵击败，没有一兵一卒进入济南。

朱棣按照姚广孝的计策，绕过山东的铁铉，率军直取守备空虚的南京。

在江苏睢宁，遇到南军悍将何福和平安的阻击，朱棣又一次看见了死神的微笑。

平安有文韬武略，多次击败朱棣，还斩杀他的几个大将，包括丧命于泚河之战的骁将王真。

四月十五日，两军再次决战。何福指挥步兵，抢占渡桥，并斩杀朱棣的都督陈文。

而平安军队，团团包围朱棣。平安挥动利剑，狠狠地向朱棣的周围刺去。

南军向朱棣的战马狂射，战马中箭，扑通一声倒地，朱棣瞬间跌落马下。

南军继续蜂拥而来，这是活捉朱棣的最好时机。

然而，骑兵指挥再现常山赵子龙的神威，跃马进入阵中，一把把朱棣救上马，杀出一条血路，救朱棣脱险。朱棣的都指挥韩贵英勇战死。

双方的士兵死得太多，河水为之断流，形成堰塞湖。

四月的安徽已是盛夏，阴雨连绵，天气湿热，朱棣的很多士兵病倒，许多将领请求撤军。撤还是不撤？朱棣很为难，一连几日冥思苦想，铠甲不离身。只有大将朱能和郑亨，劝他继续南下。

年轻气盛的朱能按着佩剑，正色说："项羽百战百胜，最后灭亡，而刘邦十战九败，最后终有天下。殿下起兵以来，连连得胜，遇到一点小挫折就班师回去，更是岂能臣服于人耶（北面事人）？当以宗庙国家为重，继续整兵前进！"

朱棣也对讨论班师的诸将生气地说："任凭你们想去哪去哪（任公等所之）！"

诸将看朱棣动了真怒，不敢再言班师。大家统一思想，继续南下。

1402年二月，朱棣率军绕过徐州，进击安徽宿州。南军副总兵平安率马步兵4万人，尾随2万燕军，寻机攻击。

南军占有数量上的优势。朱棣亲率骑兵，在淝河边设伏，力求在三天内砍掉尾巴。

朱棣使出诱敌之计，命猛将王真与白义、刘江各率领100名骑兵，引诱平安进入伏击圈。

之所以选择王真，是因为他的勇猛，朱棣经常夸他："奋武如王真，何功不成！"

王真制作了不少草囊。两军一交战，王真就佯败，边退边沿途丢弃草囊。

南军已经进入伏击圈。王真这块诱饵，已经发挥了最大的价值。

南军还在弯腰取草囊，阵脚已乱，燕军趁机大举出击。南军围着王真砍杀，援兵不继，王真身负重伤，临死之前高声大呼："我义不死敌手！"遂自杀身亡。

中伏的南军大溃，平安遁走宿州，骁将火耳灰者、林帖木儿等被燕军俘获。

南军总兵何福成了防御的主要力量，移军安徽灵璧。他每到一地，挖沟筑垒，修建大量工事，刚修好又要走，士兵们苦不堪言。现在龟缩在灵璧城内，凭借高墙深沟，固守待援。

而朱棣倚仗骑兵，不筑一个营垒。双方在灵璧再次大战，打成平手，可惜朱棣的勇将李斌坐骑被射死，坠于马下，被南军杀死。朱棣想与何福决战，何福偏偏固守不出。

朱棣截断他的粮草供给，将其包围，想把他困死饿死。

平安率6万步兵，护送5万石军粮进城。朱棣指挥万余士兵和骑兵发动攻击。平安率部下万箭齐射，杀死数千人。朱棣稳住阵脚，将平安军截为两段。何福在高墙远远看到，见势不妙，率军杀出。

朱棣的儿子朱高煦在树林间埋伏，眼见南军疲惫，率军冲出。朱棣回师掩杀，何福大败，数万人被杀，粮草尽失。何福退入城内，准备突围，约定三声炮响作为突围信号。

这个突围信号将南军送上了绝路。

戏剧性的一幕又发生了。

四月二十九日，燕军三声炮响，进攻灵璧城，朱高煦率勇士攀上城头。

南军把这三声炮响当成是突围命令，大开城门，纷乱涌出，兵找不到将，将找不到兵，结果大败，灵璧城很快失陷。何福骑着一匹快马逃走。而左副总兵陈晖、右副总兵平安被俘。朱棣的将士欢呼雀跃，奔走相告："活捉平安，我们平安了！"

平安被押到朱棣面前，面不改色心不跳，从容自若。朱棣说："以前你追得我好苦，现在怎么成我的阶下囚了呢？"平安轻蔑地说："杀你还不简单？就像摧枯拉朽一样容易！"

朱棣的将士又气又惊，纷纷要求杀掉平安，为死去的大将报仇。朱棣感叹地说："我高祖皇帝真是好养壮士！我怎么忍心杀他？"命令一名都指挥将平安、陈晖押回北平。平安几年后被逼自杀。

建文帝的礼部侍郎陈性善也做了俘虏，被朱棣放了。

陈性善羞愧地说："我们奉命歼敌，辱没使命，实在罪大恶极！哪还有面目再见君王！"他穿上朝服，骑上快马，向着河边冲去，坠入水中自杀而死。

盛庸扼守淮河，遇到了自己的克星——丘福。

丘福，安徽凤阳人，很有战功，一直深受器重。从普通一兵开始，一直忠心耿耿地跟着朱棣。朱棣起兵后，丘福与朱能、张玉一起率先攻夺北平九门，占领北平。白沟河大战，他率军直捣南军主力。夹河、沧州、灵璧等战役，丘福都是前锋，冲锋陷阵，所向披靡。他为人厚道，获得的战利品都让部下先分。他智谋虽然不如张玉，但是勇猛不比朱能差。

盛庸扼守淮河，战舰数千艘，浩浩荡荡遮蔽淮河两岸，看起来，燕军一时难以攻破。

丘福与朱能想出一计，率领数百人，西行 20 里，从上游悄悄渡河，然后突袭南军。

盛庸猝不及防，见燕军已经渡河，吓得直逃。本来一员勇将，当此遇挫之时，已经是风声鹤唳、草木皆兵，没有什么战斗意志了。

燕军没费多少功夫，缴获数千艘战舰，渡过淮河，胜利在望。

8. 南京树倒猢狲散

1402 年六月十三日，朱棣军队浩浩荡荡地渡过长江防线，方孝孺再次请求杀掉李景隆，朱允炆还是心太软，不杀。

方孝孺又出主意："四面派人募兵勤王，一面与朱棣谈判求和，拖延时间，等待援兵到来。凭借长江天堑，北兵不习水战，在长江决战，或许可以获胜。"

朱允炆先后派出庆成公主、李景隆、兵部尚书茹瑺、都督王佐、谷王朱橞等人和燕王谈判，想以土地换和平。

茹瑺见到朱棣，战战兢兢地伏在地上，不敢说一个字，脊背上冷汗直冒，汗水淌了一地。

与虎谋皮，老虎哪里会舍得？朱棣"清君侧"胜利在握，严词拒绝并继续撒谎："你们这是奸臣之计！我起兵，只是为除掉奸贼，别无他求！"

谈判代表李景隆更加动摇，为自己谋求出路。得知谈判失败，朝廷上下乱作一团，建文帝当着大臣的面，失声痛哭。有人建议赶快撤到浙江，或者撤到湖南。首都虽然失去，但是以中国之大，中部、西南部战略纵深广阔，翻盘不是没有机会。

书呆子打仗，除了固守之外，别无他法。方孝孺说："不可仓促撤走，我们最好固守待援，万一不行，再向四川方向撤退。"他先前就说，万一失败了，皇帝大不了一死。

建文帝点头称是，命令徐辉祖和常升加强防守，并发很多密封诏书，要各地赶快进京勤王。密封诏书刚发出，都被朱棣截获。来勤王的就稀稀拉拉几个人。

南京城内还有 20 万军队，朱棣要拿下南京并不容易。

南京风雨飘摇之际，建文帝的部队不断叛变。他命令长江水师陈瑄增援盛庸，陈瑄刚走，立即叛变，献出水师。部将金都督将兵部侍郎陈植杀死，投降燕王。燕王最看不起这种无耻小人，一刀把金都督杀了，反而厚葬陈植。

皇宫里一片混乱。徐辉祖的弟弟、左都督徐增寿，长期以来向朱棣送情报，暗中策划投降，大理寺丞邹瑾等人在殿下截住他，将其一阵痛殴。

建文帝厉声问他："你究竟是不是朱棣的间谍？"徐增寿咬紧牙关，沉默不语。朱允炆大怒，终于做了一把男人，亲自提剑，把他杀了。

前南军主帅李景隆与谷王朱橞防守金川门，当燕兵进攻时，他们立即撕下内鬼的面具，大开城门，迎接朱棣进城，轻易接收南京。

徐辉祖率军抵挡，无济于事，逃到自己府里，闭门不出。朱棣劝降，他拿出父亲徐达的免死铁券说：我是功臣之后，有老皇帝的免死招牌，绝不投降，你也不能整死我！朱棣无奈，把他软禁在府中。

这时，朱允炆已经彻底绝望，意志完全崩溃。他一把火烧掉朱元璋辛辛苦苦建造起来的巍峨皇宫，再在火堆里留下几具烧焦的尸体，让朱棣自己辨认去吧。

赵括为纸上谈兵付出惨重代价，尽管全军战死，毕竟他以身殉国，还算是个爷们。而李景隆，使朱允炆损失 70 万军队，丢了江山社稷，不但没以身殉国，反而卖身求荣。这样卑鄙的小人，一只雷鸣的瓦釜，怎么能跟赵括相比呢？

9. 建文失踪永成谜

建文帝落得如此下场，只能怪他用人不当。其下落至今是个谜，在宫内烧死还是从地道逃跑了，都没有确凿证据。

1402 年六月十三日，建文帝得知金川门失守，情势十分危急，长吁短叹，东奔西走，急得要自杀。翰林院编修程济说："皇上，不如出去流亡吧。"少监王钺跪下劝道："以前高皇帝升天时，留下 1 个箱子，并叮嘱说：'大难临头时，可以开启。'这个箱子还好好地藏在奉先殿左边。"群臣立即叫道："赶快拿来啊！"不一会儿，抬来 1 个红色箱子，四周全部用铁皮固定，两把锁里灌着铁，一时打不开。

皇帝很绝望，悲伤至极，急忙命令烧毁宫殿。皇后马氏也绝望至极，冲进火里烧死。

恰在这时，程济打碎箱子，拿出里面的 3 张度牒，分别叫应文、应能、应贤。袈裟、帽子、鞋子、剃刀齐全，还有 10 锭白银。还有一张朱砂写的小贴士："应文从鬼门出，其他人从水关御沟走，黄昏时，在神乐观的西房会合。"原来，朱元璋让他们当和尚逃难，逃跑路线都设计好了，真当是神人！

朱允炆说："这都是命啊！"程济为他剃发。吴王教授杨应能愿意剃发，随他逃亡。监察御史叶希贤毅然决然地说："我的名字叫贤，无疑就是上面说的应贤。"随即也剃发。应文、应能、应贤全有了，换好和尚衣服，拿上度牒。

在殿里有五六十人，痛哭仆地，都对天发誓，愿意随皇帝流亡。朱允炆说："人多了反而不方便，会生出得失。你们都是重臣，一定会反复遭到盘问。有的人还有妻子儿女在家，你们很挂念他们，最好各自请便吧！"御史曾凤韶坚定地说："我愿意以死报答陛下！"朱允炆听了悲痛不已，将他们好不容易打发走。

9 人跟随朱允炆，来到鬼门，一条船已经靠岸，原来是神乐观道士王升来接应。

王升叩头称万岁，说："我知道陛下会来。高皇帝托梦给我，令臣到这里接你！"大家乘舟抵达太平门，在王升的引导下到达神乐观，已经天黑。不久，杨应能、叶希贤等 13 人也到了。

朱允炆从南京逃出后，带着杨应能、叶希贤、程济一道，隐姓埋名，云游天下，先后流亡云南、贵州、四川、湖北、江浙、广东等地。

朱棣自述说：等我进入金川门，建文帝想出来迎接我，然而又自叹道："我哪有脸去见他？"于是与皇后一起闭宫自焚。我看到宫中火起，急忙命人抢救，可惜来不及。从灰烬中找到建文帝烧焦的尸体，我抚尸痛哭流涕地说：我只是来帮助皇帝学习善行，你又何必要自寻死路呢？我厚葬建文帝，派官员隆重纪念他，悲伤得 3 天没有上朝。

当然，这是口是心非的谎话。

《明史纪事本末》记载：建文帝跑了，当和尚去了。

《太宗实录》记载：建文帝自焚死了。一听就是朱棣的口吻。

《明史·恭闵帝本纪》记载：

宫中火起，皇帝下落不明。

城破时，没有发现建文帝的长子——7岁的朱文奎，只抓住次子朱文圭，才两岁。

朱棣没有杀他，而将他囚禁在安徽凤阳广安宫，一关就是50多年，让无辜的他生不如死。朱文圭出狱时已是57岁的白发老头，连牛马都分不清，成为彻底的白痴。朱棣一生都没放他出来，放他出来的是英宗。

明英宗念及家族亲情，要放他出来，左右都说不可。

英宗说："人自有天命，任他去吧。"

左右闻之，皆愧服。

英宗派遣宦官在凤阳造房屋，说：

"建庶人（指朱文圭）等自幼为前人所连累，拘幽至今50余年。怜悯此遗孤，特地从宽贷用，厚加赏赉。遣人送他们至凤阳居住，每月给予粮食等生活物资，以安其生。仍允许他结婚，以续其后。"还派守门人20人、婢妾十数人为他服务。

当太监牛玉进入监狱宣布皇帝旨意后，这个被关了50多年的"建庶人"闻之，吃惊之外，脸上表情复杂——

且悲且喜。

此时此刻，这个昔日的皇子在想什么？是怨恨朱棣对一个孩子都这么残忍，还是欣喜于像蝼蚁关了50多年后还能重见天日？

这就是宫廷政治，人面兽心、人心如铁。

朱允炆究竟是死是逃，除他自己说得清真相外，还有另外一个神秘的人物知道。

这个神秘人物名叫溥洽，是为朱允炆主持佛事的大和尚。有学术文章称，建文帝在江苏当了和尚。他实际上藏进了溥洽和尚主持的江苏吴县鼋山普济寺。溥洽曾为朱允炆主持佛事。京师天僖寺方丈揭发此事，溥洽因此下狱。建文帝在姚广孝监护下，后又躲进苏州西郊的穹窿山皇驾庵。姚广孝去世一年后，胡濙出巡江浙，在此发现建文帝踪迹，报告了朱棣。朱棣看朱允汶已经与青灯古佛为伴，未予加害。朱允汶于1423年病故，走完了46年坎坷的一生。有诗云："牢落江湖四十秋，萧萧白发已盈头，乾坤有恨家何在，江汉无情水自流。"

朱允炆究竟是死是逃，跟溥洽都有极大的关系。《明史·姚广孝传》记载，朱棣进南京后，听到朱允炆化装成和尚逃跑了。溥洽和尚知道详情，又为建文帝削发。有人还说，朱允炆曾在溥洽处躲藏过。

朱棣微闻其事而未审问，将他关押十余年。溥洽至死都没交代朱允炆如何逃跑。

到1418年，道衍和尚姚广孝已经84岁，临死之前只有一个请求："僧溥洽系久，愿陛下赦之。"

这样，溥洽才得以走出监狱，白发已经长达数寸，此时已经被囚禁16年之久。

溥洽获释时，拜于姚广孝空荡荡的床下，说：

"吾余生，大师所赐也。"

明末清初钱谦益考证，朱允炆化装成和尚逃跑，恰是溥洽散布的烟幕弹。这种论调，危害社会稳定，难怪朱棣把他抓进监狱。

很多人称自己是建文帝，虚荣心还没得到一点满足，就被朱棣送进监狱。1440年，一个90多岁的老僧，从云南云游到广西，自称建文皇帝。思恩知府岑瑛向朝廷报告，审问老和尚，竟然是钧州人杨行祥冒充。老杨在监狱中待了4个月就死了，12个和尚同谋发配辽东充军。在云南、贵州、巴蜀地区，也有建文帝假扮和尚东躲西藏的传闻。

朱棣做皇帝后，怀疑朱允炆并没有死，真的是逃跑了。不抓到朱允炆，总是不放心。

他派户科给事中胡濙分巡全国，打着颁布御制图书和寻访道士"张邋遢"的名义，走遍天下，遍访城市和乡村，侦察朱允炆的踪迹。

"张邋遢"就是道士张三丰，成名于武当山。他不修边幅，云游四方，飘忽不定，据说能一日千里。

胡濙在外奔波16年，到处寻找"张邋遢"，即使母亲去世，也不能回家守孝。

但是，"张邋遢"避而不见，认为官场苦海无边，贪恋皇帝宝座、荣华富贵没啥意思。张三丰还写了《无根树》的诗抒怀劝世："无根树，花正幽，贪恋荣华谁肯休。浮生事，苦海舟，荡来飘去不自由。无岸无边难泊系，常在鱼龙险处游。肯回首，是岸头，莫待风波坏了舟。"他劝世人，人生如苦海，水中之舟，荡来漂去，容易为风波吞没。只有回头是岸，才能保存自身。

有了建文帝确切的消息后，1423年，胡濙赶回北京汇报。

恰巧朱棣北征，驻军宣府。胡濙又赶去宣府。

赶到宣府时，已经是深夜，朱棣睡得正香。听说胡濙回来了，朱棣马上下床接见，一直谈到四更天。大概朱允炆已经没有重夺帝位的想法，朱棣心上的这块石头才落了地。

陆路上，朱棣派胡濙追踪朱允炆。海路上的侦察任务，则交给了三保太监郑和。

郑和，云南昆阳人，回族。本姓马，长得又高又帅，深得女人欢心。可惜，1382年，云南梁王政权被朱元璋的军队消灭，在梁王手下混饭吃的小马成为俘虏，被阉割为奴。

小马被分配到燕王府当宦官，在朱棣身边长大，成为亲信。随朱棣起兵后，他在战场上浴血奋战，很有战功。朱棣当皇帝后，提拔他做内官监太监，并赐姓"郑"，这样才有一个堂堂正正的名字——郑和。

1405年六月，郑和太监率领2.7万多名将士，带了很多金币、丝绸和景德镇瓷器等，由苏州刘家港出发，乘着木制"航空母舰"，浩浩荡荡出使南海以西诸国。这个舰队实力太过强大，第一次出航，最远就到达了印度半岛的古里国，1407年才返回。

船队里有锦衣卫，专门负责侦缉，大概没有找到朱允炆的踪迹。

随后，郑和分别在1407年、1409年、1413年、1417年、1421年，以及宣德六年出使西洋，到达过今天的越南、柬埔寨、泰国、马六甲、马来西亚、印度、马尔代夫等南亚国家和地区，最远到达阿拉伯半岛和非洲东海岸的一些国家。

朱棣派郑和六下西洋（宣德年间第七次下西洋），是前无古人的壮举，是古代建设海洋强国的巅峰。除了寻找朱允炆的踪迹外，还开拓海洋国土，在外国炫耀武力、建立贸易站点，显示中国强大，引四方来归。

然而，下西洋花费的白银实在太多，前3次就花去白银600万两，没有什么直接收益，遭到大臣们激烈批评。现在来看，这样的反对是十分短见的。现代化的国家都是靠征服海洋起家的，进而征服诸国，成为世界老大。

我们虽然没有征服外国的传统，但是通过海路发展国际贸易，步子迈得不够大。郑和下西洋因为经济上亏本而停止后，我们等于丧失了一次大国崛起的机会。等到沿海倭寇兴起、实行海禁政策，建设海洋强国的路子就堵死了。

郑和虽然没找到朱允炆，但总算安定了南方诸国，以便朱棣腾出手来讨伐北边的蒙元残余势力。郑和给许多岛屿命名，这些岛屿成了中国领海的一部分。

这样算起来，这些银子花得值。

第三章

战神复仇

猛国治凶

一、当仇恨遭遇忠诚

1. 瓜蔓抄杀人逾万

建文帝把天下交给这些大学士，结果，不到 4 年就失败。明代思想家李贽怒骂这些书呆子祸害国家，读死书、死读书的危害太可怕，最后导致读书死。

建文帝，本身就呆，读儒家死书、死读书，脑子里装满了仁义道德，听信方孝孺等文臣的平庸之策，最后被玩死了。

1402 年六月十三日，朱棣攻取南京，六月十七日，即位皇帝。

为表明自己是朱元璋的正统接班人，他给朱元璋和马皇后，以极隆重的仪式重新上谥号，重新评价朱元璋的丰功伟绩。字数越多，好词都用尽，表明越尊崇。朱元璋的新谥号是："圣神文武钦明启运俊德成功统天大孝高皇帝"，多达 17 个字。谥册 6 片，用黄织金缎连接，每片均由 4 条青玉拼成。第 1 片刻 4 条龙，第 2 片至第 5 片刻谥文，楷书金字。唐代谥号 7 个字就解决问题，既然朱棣都这么干，后来的皇帝们都没办法，只好按照惯例取个长长的谥号，否则就是不孝敬父母。

对归附自己的大臣，朱棣非常宽容，不辱不杀，反而爱才识才，仍然给予高官厚禄。他们以前写的奏章，命令解缙随便看看，关系民生的全都留下，其他的统统一把火烧了，既往不咎。

他对解缙等人说："你们以前是建文皇帝的臣子，当然要忠于他。你们现在是我的臣子，当然要忠于我。"但是，一个姓张的吏部尚书竟然没听懂朱棣的话，整天犹如惊弓之鸟，怕朱棣秋后算账，竟然自杀，寻了短见。

那些早早投降的官吏没被列入"奸臣"。比如李景隆，曾经是建文帝的军队主帅，开城门迎接朱棣军队进城。因为李景隆有个好爹，脸皮厚，有暗中帮助朱棣捣鬼（默相事机）的功劳，成为朱棣夺取天下的第一大功臣，被封为光禄大夫、左柱国、曹国公等一大堆乌七八糟的头衔。朝廷每议论大事，李景隆以大臣之首，出谋划策，大臣们嘴上不说，但心里没一个服气。

1404 年，一些人的怒气终于发作。周王率先揭发李景隆，在他家接受贿赂。刑部尚书郑赐等人，弹劾李景隆包藏祸心，蓄养亡命之徒，想谋反。成国公朱能、吏部尚书蹇义与文武群臣，纷纷弹劾李景隆和他的弟弟李增枝的谋反罪状。礼部尚书李至刚还揭发，李景隆在家里接受阉人的跪拜，礼节居然和拜皇帝一样，实为大逆不道，李增枝占有庄田，蓄养成百上千的奴仆。

朱棣剥夺李景隆兄弟的爵位和财产，将数十人软禁在家。李景隆起初闹了几天绝食，看没人理他，再闹也没好处，就这样被软禁至死，在永乐末年结束了可耻的一生。

早早投降的兵部尚书茹瑺，朱棣军队一进南京就膝盖软了，吓得战战兢兢的，率领大臣们跪倒在地，立即投降，第一个请求大王快快登基。

朱棣看茹瑺识时务，封为忠诚伯，仍任兵部尚书、太子少保。只是后来茹瑺被藩王之礼整得比较惨，一次他不恭送赵王，还有一次经过长沙不去拜谒谷王，因此得罪了两大藩王，被逮下锦衣狱治罪。茹瑺就叫儿子茹铨买来毒药，服药自杀了。法司又控告茹铨谋杀父母，查清他只是承父命买来毒药，免除死罪，与兄弟家属 27 人谪戍广西河池当兵。

王佐和陈瑄等人，早就乖乖投降了。

1402 年十月，朱棣大封功臣，李景隆封公，3 人封伯。乖乖投降的夏原吉、杨士奇、杨荣、杨溥、解缙、胡广、金幼孜等人都受到重用，成为一代名臣。只要能为国家效力，气节不气节的他们顾不上。铁打的营盘总是朱家的，谁做皇帝反正都一样打工。

1402 年十月，朱棣还封丘福和朱能为公，封陈珪、蒙古降将火里火真等 13 人为侯、9 人为伯。1403 年六月，又有 9 人被封为侯爵与伯爵。

这些军事贵族的特权世袭，公爵每人年薪 2200—2500 石禄米，侯爵每人 800—1500 石，伯爵则为 1000 石。这些大将们都只能听朱棣的，作为皇帝的代表，节制部队，镇守天下，那些藩王们只是摆设。

《剑桥中国明代史》分析，这些人跟朱元璋手下的大将经历不同，毕竟只有几年的带兵经验。朱元璋手下的大将，连年征战，享有很高的社会特权，每个人都有一大批追随者，拥有很大的自治权，所以被朱元璋视为对王朝长治久安的严重威胁，从而无情清洗。

而朱棣加封的将军们，本来社会地位很低，只是因为在内战中出力，才得到封赏。为防范他们抗命，朱棣不把正规军交给他们指挥，而是让他们节制建文旧臣所带的部队，或者为完成临时的特殊任务，让他们指挥从各卫所抽调的部队。因此，这些将军笼络不了军队，不会对皇权构成威胁。

这样的分析是很有道理的。朱棣跟朱元璋不同，手下的骄兵悍将很少，军队内部稳定。

朱棣是朱元璋的翻版，雄才大略，有经天纬地之才，文治武功不逊唐宗宋祖。但是，他和父亲一样，有嗜杀、毫不手软的性格。

在靖难之役中，朱棣对他的侄儿朱允炆提出一系列指控，声称皇帝受奸臣蒙蔽，必须"清君侧"，恢复被朱允炆抛弃的祖宗制度，证明自己起兵的正义性。

他即位后，就要履行"清君侧"的誓言，对不肯归附自己的大臣严加惩治。特别是建文帝手下主张撤藩的大臣，要将他废为庶民，是他不共戴天的仇敌，必须清洗，绝不放过。朱棣惨杀建文忠臣，就是要证明自己取得皇位合法。

所以，这场大屠杀不可避免。只是他的手段太不人道，统统残酷处死，无所不用其极，行径令人发指。

这些所谓的"奸臣"包括中央的六部九卿，都被列为战犯。张榜公布的"奸臣"由开始的两人——兵部尚书齐泰、太常卿黄子澄，变成后来的29 人，后来又增加到 50 多人。被惩处的大臣，实际达到 124 人。

朱棣使用的手段叫"瓜蔓抄"。

"瓜蔓抄"就像瓜藤四处攀爬一样，凡是能攀到的，只要沾边，管你有罪没罪，全部抓起来杀掉，把当事者的关系网一网打尽，亲戚、同事、朋友都难逃一死。柏杨说，如果"瓜蔓抄"不主动停止的话，全天下人都可能被杀光。

"瓜蔓抄"的法律依据是连坐。连坐的法律在明代始终没有废除，每逢大案要案，杀起人来，受株连者不计其数。

朱棣把这些大臣全部打成奸党，进行疯狂报复，残酷处死，族诛、掘祖坟，把他们的妻子、女儿刺字后，发配到浣衣局、教坊司受辱，或者送到军队做慰安妇，如果被折磨死，直接拉出去喂狗。或者送给臣子做奴隶，亲近他们的人全部降职、充军。他们的子孙一直到隆庆、万历年间，仍然有人充军。

朱棣杀建文忠臣，酷虐程度在历史上是十分罕见的，胜过秦代和汉代。据清代谷应泰的统计，朱棣杀建文忠臣，受戮最惨者，数文学博士方孝孺，870人被杀；大理丞邹谨，440人被杀；左副都御史练子宁，150人弃市；礼部尚书陈迪，180人流放充军；司中，亲人80余人被杀；大理寺少卿胡闰，全家270人被族杀；董镛，亲戚被杀被流放的达230人；户部侍郎卓敬、黄观、兵部尚书齐泰，太常卿黄子澄、魏冕、王度、卢质等人，多的被杀三族，少的被杀一族。谷应泰感叹：残暴的秦代法律，最大的罪行只是夷灭三族；强悍的汉代法律，最大的罪行只是夷灭一族。人命至重，怎么可以把人灭绝到这种地步！

士为知己者死！这些书呆子以凛然气节回报君王，与朱棣抗争。他们就死的情形，人人惨不忍睹，个个慷慨悲壮。

黄子澄：只留下"黄氏孤儿"

太常卿黄子澄被列为头号战犯。他是主张削藩的带头大臣，只可惜推荐庸才李景隆率领军队作战，结果一败涂地。朱棣进城时，他和齐泰还想到海外招募军队，妄图咸鱼翻身。他只身一人走到江苏太仓，被朱棣的士兵汤华活捉。

朱棣亲自审问，逼他屈服。他不屑一顾，直呼朱棣为"殿下"，意思是你不配做"陛下"，遭到朱棣卫士呵斥。黄子澄厉声说："我只知道你靠武力取得荣华富贵，不知道你什么时候当了皇帝。富贵这个东西，瞬息万变，何足轻重！你一向荒谬无耻，不足为训，只怕你的子孙向你学习，起来把你灭了！"

朱棣气疯了，把他的宗族和妻族外亲445人全部逮捕，带到他面前就刑，一时哭声震天，好不凄惨！黄子澄心如刀绞。朱棣命令他把自己的罪过写在纸上，满心希望他能投降。

黄子澄大笔一挥："我为先帝文臣，只后悔没有尽职，没有早点建议削藩，才让你这个凶残的家伙得逞！"

朱棣更为恼怒，命人砍去他的双手。黄子澄仍不屈服。

朱棣说："你去募兵，虽然没有到海岛上，但是你足迹已经到海上，把双腿砍了！"黄子澄没有了手脚，仍不屈服，被磔杀。全族不分男女老少被杀，亲属流放边疆。

他曾经在退休的苏州一个杨姓知府的家里躲藏过，被发现后，老知府立即被五马分尸（磔杀），两个儿子被杀，亲属流放边疆。

黄子澄只有1个儿子没被杀死，改名田经，迁居今湖北咸宁，成为名副其实的"黄氏孤儿"。

黄子澄的妻子和妹妹，兵部尚书齐泰的姐姐和两个外甥媳妇脸上刺字后，被送到教坊司。

教坊司，本来应是音乐、歌舞、戏曲的最高殿堂，然而却弄成了一个十分罪恶的礼部下属的官方机构，还有公务员管理。教坊司最高职位，奉銮一人，正九品。左右韶舞各一人，左右司乐各一人，并从九品，掌管音乐、歌舞演出。

在教坊司工作的女性就是官妓，只接待官员。因为不少朝代规定，朝廷官员不能出入民间青楼，欣赏艺术、嫖娼、应酬会宴找陪客，只能找官妓，而唐玄宗、苏东坡等人也出入官妓场所。

官妓又有艺妓和色妓之分，前者卖艺不卖身，后者主要出卖色相，都属于乐籍，但社会地位比较低下。

明代官妓隶属教坊司，不再侍候官吏。

这些官妓的来源有三个：

一是乐户，是以音乐歌舞为业的贱民。二为自小培养入妓的女性。三就是犯罪的妇女或犯人的妻女，抄家后，没入官府，供人娱乐。

黄子澄的妻子、妹妹等就属于罪犯的亲属。对于她们来说，进入教坊司就等于成为慰安妇。

她们"泪垂玉箸辞官舍，步蹴金莲入教坊"，名义上是演出歌舞，实际形同妓女，有的被强奸怀孕，生下孩子。

1413 年，她们已经被蹂躏十多年。正月十一日，教坊司官员邓诚向朱棣报告：黄子澄的妻子生了一个小厮（指男仆），如今已经 10 岁。

邓诚又向朱棣报告：

齐泰的姐姐及外甥媳妇，还有黄子澄的妹妹等 4 个妇女，每天每夜都有 20 个汉子守着（实际就是轮奸），年小的都怀孕了，除夕夜生了个小龟子（小男孩），她还有个 3 岁的女儿，奏请圣旨。

朱棣无情地说：由她去吧，小的长大了便是摇钱树（淫贱材儿）。

意思是永远不要放她们，让她们世代为官妓。

茅大芳妻张氏，送教坊司时 56 岁，在古代已经是老人了。病故后，教坊司安政于奉天门上奏，得到了朱棣的圣旨——

"奉圣旨：吩咐上元县抬出门去，着狗吃了。钦此。"

兵部尚书齐泰被列为第二号战犯，到处贴满捉拿他的告示。

朱棣进城时，齐泰不在南京打仗，却骑着一匹白马，怀揣建文帝的密令，四处招募军队，然而徒劳无功。白马太显眼，他用黑墨把马全身刷成黑色，换个造型，骑马赶路。这匹"黑马"累得大汗淋漓，先是变成灰马，后来又变成白马，重回了原形。

有人指认说："此齐尚书马也。"

齐泰在安徽被抓获，逮往南京，不屈服，被处死，全族被杀。

他儿子刚满 6 岁，留下一条命，发配功臣家做奴隶。

家族女性脸上刺字后，被送到教坊司。

铁铉：可怜女儿入教坊

兵部尚书铁铉，在济南多次重挫朱棣军队，布下机关，差点活捉朱棣。

朱棣称帝后，回兵北上，复攻济南。铁铉死守不降，终因寡不敌众，城池陷落，于是，驻兵淮南。

朱棣打不过他，就玩阴的，使伏兵之计，将他活捉，押送京师。

朱棣在南京坐在朝堂上，亲自审问。

铁铉背对朱棣而坐，大骂朱棣是乱臣贼子。朱棣让他转过头来看一眼。铁铉就是硬，不转头，不看！

朱棣大怒，命人割下他的耳朵、鼻子和身上的肉，烧热后，塞到他口中叫他吃，问："好吃吗？"

铁铉慨然答道："忠臣孝子的肉，有什么不好吃？"

铁铉立而不跪，大骂不止。

最终，将他拉到闹市磔死，碎尸，被害时年仅37岁，比岳飞被害还小两岁。

铁铉已死，燕王令人抬三足大镬进殿，倒入数斗食油，待油沸腾咆哮起来，投入铁铉尸体，顷刻成为黑炭。燕王命人用十余根铁棒，夹住残骸，令他面向朱棣，笑道："你今亦来朝拜我吗？"

一语未毕，大镬中的热油更加沸腾，飞溅一丈多高，左右侍从，落荒而逃。

铁铉80多岁的父母流放海南。年仅12岁的长子铁福安发配广西充军，年仅7岁的次子铁康安送到小作坊做工，后来又被杀掉。

铁铉妻杨氏，送教坊司，时年35岁。

铁铉的两个女儿，发往教坊司做官妓，一个入教坊司时年仅4岁。她们长大后出落得十分漂亮，梳妆打扮很有品位，跟现在的明星一样。

父亲遇害后，她们从官舍里的千金小姐沦为教坊司的官方小姐，无法接受这样的境遇，天天伤心流泪，不肯受辱，身心备受摧残。

她们各赋诗一首诉说悲惨境遇。

长女的诗哭诉家破人亡，无家可归，沦落教坊司卖唱卖笑，只有一边弹琴，一边流泪：

教坊脂粉洗铅华，一片闲心对落花。

旧曲听来犹有恨，故园归去已无家。

云环半挽临妆镜，两泪空流湿绛纱。

今日相逢白司马，尊前重与诉琵琶。

次女在诗中哭诉官舍不在，被逼良为娼，想获得自由，嫁个好人家：

骨肉相残产业荒，一身何忍去归娼！

泪垂玉箸辞官舍，步蹴金莲入教坊。

览镜自怜倾国色，向人休学倚门桩。

春来雨露宽如海，嫁得刘郎胜阮郎。

诗歌饱含血泪，如泣如诉。

她们希望皇帝能看到。终于碰到铁铉昔日的一个同事，正在做官，把诗送给他看，希望通过他向皇帝求情。这位官员被深深地打动，冒死将她们的诗呈给朱棣。

朱棣可能发了一回善心，赦免她们。她们后来都嫁给知识分子。

像铁铉一样悲惨的还有礼部尚书陈迪。

他被抓时，怀中揣有绝命诗，决心为建文帝殉葬——

"千秋公论明于日，照彻区区不二心。"

他妻子管氏撇下 5 个月的幼子陈珠，上吊自杀。奶妈跟这个孩子感情很深，冒死将他藏在水沟里，逃过一劫。

陈迪父子 6 人同一天就刑，朱棣亲自审问。他大骂朱棣。

朱棣将他儿子陈凤山、陈丹山等人的耳朵、鼻子和舌头割下煮熟，让陈迪吃掉儿子的肉，问味道如何？

陈迪心如刀割，仍然高声回答："忠臣孝子的肉，鲜美无比！"

6 人被凌迟而死。

户部侍郎卓敬曾建议把朱棣的封地改到南昌，便于控制，结果没能实行。被逮捕后，朱棣很赏识他，说："国家培养知识分子 30 年，只培养出了一个卓敬。"不忍心杀他。

但是，姚广孝与卓敬有矛盾，就进言："如果卓敬当年的毒计被采纳，您哪还有今天？"是啊，卓敬太聪明，如果当年我被发配到江西，肯定废为平民百姓了。

于是，杀掉卓敬，诛灭三族。

监察御史高翔，朱棣派人把他接来，请他做官。但是这个老兄忠于建文帝，竟然穿着丧服进见，语出不逊。朱棣将他族诛，高氏祖先的坟墓全部铲平，被株连的人全部充军戍边。给高翔打工的人，全部加税，让他们世世代代辱骂高翔。

朱棣把抗违的人全部杀光，做贼心虚，惧怕人们议论，又把议论的人打成诽谤罪，以钳悠悠之口。1419 年，朱棣再次申明不得"诽谤"，禁止人们谈论他的恶行。

江苏人丁钰是个无耻小人，揭发乡亲"诽谤"朝廷，数十人因此获罪。法司立即把这个无耻的犹大提拔为刑科给事中，以迎合皇帝。丁钰专门侦察大小官员，大错小错全部向上面打小报告，要是皇帝都听他的，恐怕满朝大臣没有一个幸免。他干了 10 年弹劾工作，不顾廉耻地贪赃枉法，最终，自己也遭到弹劾，免去死刑，充军戍边。

连朱高炽都感叹："在朱棣时期，法司把诬陷人当作功劳，有人只言片语谈到国事，动辄被打成诽谤罪，导致家破人亡，没有机会辨明真相。"

说真话，也是诽谤罪，只怪朱棣太没自信了。所以，史书里大量真话没有了。

2. 文胆斗气诛十族

自古以来，杀人最严厉的莫过于诛九族，上 4 代、下 4 代加本人一代全部杀光。但是文坛泰斗方孝孺，其朋友、学生竟然被列为一族，共诛十族。这是中国历史上唯一诛十族的案例，实为帝王惨烈狠毒之最。

方孝孺，字希古，浙江宁海人，秉承当地人的一身硬气。他重气节，轻才智，其实，他从政是文人的一场悲剧。因为文人做官，秉持的是理想，理想是照进现实的一道光；而现实，与书本里的理想格格不入，一旦进入现实里，文人碰得头破血流、遍体鳞伤。

方孝孺的忠诚，源于朱允炆的知遇之恩。

方孝孺的父亲方克勤，是个好官，因为牵连进空印案被杀。一个罪臣的儿子，几乎在仕途上没有任何出路。方孝孺进到蜀王府，做蜀王儿子的老师。

但是，建文帝知道他家的历史，深知方克勤冤枉，后来就聘请方孝孺做自己的老师。朱允炆喜欢读书，有什么疑难问题都要问方孝孺。方孝孺感激涕零，发誓要对得起自己的良心。

能够做到帝王之师，自然也是国内一流的学问家。方孝孺文章写得极好，每写一篇文章，海内争相传诵。作为朱允炆的智囊，讨伐朱棣的诏书就出自其手，还修过《太祖实录》。在朝堂上大臣奏事，皇帝经常让他起草处理意见，等于是皇帝的左膀右臂。

处在这种权倾朝野的位置上，如果是个奸臣，可以大搞贪污腐败、卖官鬻爵，不过方孝孺品德很好，不屑干这些偷鸡摸狗的事。

朱棣的第一谋士、道衍和尚姚广孝，深知方孝孺的为人和才能。大军从北平南下前，姚广孝送到北平郊外时，扑通一声跪在朱棣面前，为方孝孺求情。

他密嘱朱棣："方孝孺一向品学兼优，占领南京后，他必定不肯投降。请千万不要杀他。杀了方孝孺，天下读书种子就绝了！"

英雄惺惺相惜，自己的第一谋士为对手的第一谋士求情，这在历史上还不多见，朱棣点头答应。

1402年六月十三日，朱棣兵不血刃，攻取守备空虚的南京。南京陷落前，方孝孺和好友御史大夫景清相约为建文帝殉难。

城破后，方孝孺果然拒绝投降，闭门不出，天天为建文帝披麻戴孝，昼夜哭泣，极为伤心。

朱棣让他做官，方孝孺拒绝了。

镇抚伍云等人，强行架着方孝孺来见朱棣。方孝孺在大殿上仍旧穿着丧服，哭得天黑地暗，非常悲痛。朱棣根本说不上话，让德庆侯廖永忠的孙子廖镛等人劝他。

廖镛等人是方孝孺的学生，方孝孺大声臭骂他们无情无义、不顾君臣大义："你们这些小子跟了我这么多年，难道不知道义是什么吗？"

姚广孝的话言犹在耳，朱棣不想杀他，把他关进监狱，派人反复劝说他投降。可是方孝孺犹如文天祥附体，宁愿死，也不屈服。

朱棣要起草即位诏书。这是极高的荣誉，本可以让朱权、姚广孝等人写的，现在大家都推荐方孝孺起草，表示对他的尊崇。于是，朱棣把方孝孺请到大殿上来。

方孝孺在大殿上仍旧穿着丧服，哭得天黑地暗，宫殿外的卫士都能听到他的悲切哭声。

朱棣很感动，从殿上走下来，安慰他说："先生不要自苦，我不过是效法周公辅佐成王。"

周公的姓名叫姬旦，是周文王的第四子、周武王的弟弟，先后辅佐周武王东伐纣王，辅佐成王治理天下，至死忠心耿耿，没有篡权。朱棣的意思是说：我不是来当皇帝的，只是想辅佐建文帝。

方孝孺就说："成王在哪？"

朱棣说："他自焚死了（指建文帝）。"

方孝孺说："为什么不立成王的儿子？"建文帝的长子——7岁的朱文奎下落不明，只抓住次子朱文圭，才两岁。

朱棣说："国家必须依赖年长的君王。"

方孝孺又反驳说："那为什么不立成王的弟弟？"

朱棣尴尬地说："此朕家事。"

诚然，是叔叔当皇帝，还是侄子当皇帝，都是姓朱，谁当皇帝不过是朱家的家事。这让君臣大义、个人气节的含金量大打折扣。对于大臣来说，跟从建文帝是忠，投降朱棣也是忠于朱家。而在文人眼中，如同女人就该从一而终，臣子就该忠于一人，先后侍奉互相敌对的二主，就是丧失气节，是可耻的变节行为。

朱棣发动靖难之役的目的，就是要登上皇帝宝座，方孝孺关于立谁当皇帝的发问，显得十分迂腐。

朱棣不跟他争辩，示意左右把纸笔递给方孝孺，说："诏告天下的诏书，非先生起草不可。"

可是方孝孺不领情，胸中满怀忠君气节，把笔狠狠地掷在地上，边哭边骂："死就死吧，诏书绝对不可起草！"

斗气的场面出现了。遇到这种场合，再有涵养的人，未必能做到唾面自干的地步。

朱棣大声以死相逼："你不要自己的性命，难道不怕诛九族吗？"

方孝孺不怕死，也不怕亲人朋友死，声音比朱棣更高："便是杀我十族，能奈我何！"把整个家族逼上死路。

算你狠，休怪我更狠！朱棣大怒，命人将方孝孺的嘴割了，一直割到耳朵处，投进监狱，然后大肆抓捕包括在"十族"内的人，亲戚、朋友、学生全部抓来。每抓到一人，带到方孝孺面前让他看，逼他屈服，但方孝孺连头都不回：你杀就杀吧，我的气节惊天地、泣鬼神！

方孝孺的妻子郑氏、几个儿子上吊自杀。两个女儿抓到南京，趁人不备，自投秦淮河而死。方孝孺看着弟弟方孝友就刑，心痛至极，泪流满面，但就是不肯屈服。

方孝友口占一诗，劝哥哥不要伤心，相约成仁取义：

阿兄何必泪潸潸，取义成仁在此间。

华表柱头千载后，旅魂依旧回家山。

大家都感叹：真不愧是方孝孺的弟弟，真有种！

方孝孺就刑前留下《绝命诗》，骂朱棣是奸臣，要以为建文帝殉节的方式践行儒家理想：

天将乱离兮孰知其由，

奸臣得计兮谋国用犹。

忠臣发愤兮血泪交流，

以此殉君兮抑又何求。

呜呼哀哉兮庶不我尤！

真是铮铮铁骨，感天动地，不愧是一条台州硬汉！

天下大乱，谁知是什么原因呢？方孝孺没点出是由于分封，而是朱棣、姚广孝这样的奸臣得计，谋求窃国造成天下战乱。我这样的忠臣发愤对抗奸臣失败了，最终，落得血泪交流的下场，但以死为君王殉葬，别无所求。虽然心里万分悲哀，但我绝不怨恨众人！

临死前，他心里充满奸臣得计、忠臣被杀的遗憾，也有为君殉葬、弘扬气节的豪迈。

方孝孺最后被磔死。

廖永忠的孙子廖镛、廖铭将他埋葬在南京聚宝门外的山上。因为是方孝孺的学生，刚刚掩埋老师就被杀。

方孝孺被诛十族，连朋友、学生在内，大约 870 人被杀，许多人被发配戍边。明神宗年间，方孝孺得以平反。

方孝孺本来可以不死，然而又不肯起草诏书，自身难免一死，然而持节不屈，连累十族，纯是倔强的性格使然。有学者认为，这场惨案起因于两人斗气，越激越杀，越杀越激。

方孝孺的惨死，没有吓倒御史大夫景清。

朱棣登基后，景清本来可以好好当官，但当官不为别的，只是为在朝廷潜伏下来，暗藏利刃，寻找行刺朱棣的机会，为建文帝报仇。可惜这个杀手太不善于伪装，没潜伏多久，就被朱棣识破。

景清被抓，当廷辱骂朱棣。卫士们打掉他的牙齿。他将满嘴血水，狠狠地吐在朱棣的龙袍上。朱棣大怒，命人将他剥皮，人皮塞上稻草，吊在长安门示众，并令用铁刷子将景清的肉一层层刷下，将骨头打碎。

一个文弱的知识分子，以自己的生命践行了对朋友方孝孺的诺言。

景清被灭族之时，因为他儿子刘超力大无比，就刑时，挣断绳索，从刽子手手中夺过屠刀，连杀十几人，最终还是没逃脱，被磔死。景清的家乡父老、亲属、邻居、朋友以及和他稍有关系的人全部被杀，数个村庄没有人烟。

朱棣对建文旧臣的杀戮前后长达十余年，1.4 万多人遇难。

1420 年，他在北京铸造一口大铜钟——永乐大钟，以示忏悔。钟高

6.75 米，钟口直径 3.3 米，重量逾 4.6 万公斤，镌刻约 23 万字的佛教铭文，至今仍保存在北京西郊的大钟寺（原名觉生寺），被誉为世界钟王。经学者季羡林辨认，这些上百种梵文咒语，应属蓝蹉（蓝蹉为尼泊尔语音译）体梵文，是一种古印度文字，表述的是佛教教义和规范。

乾隆皇帝写下《觉生寺大钟歌》，指责朱棣"瓜蔓抄"太过毒辣：

"瓜蔓连抄何惨毒，龙江左右京观封。谨严难逃南史笔，忏悔讵赖佛氏钟！"

《明史》评价建文忠臣忠而无谋，但赞扬他们视死如归的凛然正气——

齐泰、黄子澄、方孝孺、练子宁之辈，抱谋国之忠，而乏制胜之策。但是他们忠愤激发，视刀锯鼎镬，甘之若饴，百世而下，凛凛犹有生气。与不恤国事而一死了之的泄气者，岂可同日而语？以此观之，不可以以成败的常理来评价他们。

乾隆帝评价他们：

朱棣位本藩臣，但是犯顺称兵、阴谋夺国，诸人自当义不戴天，与他战斗。虽然齐泰、黄子澄等轻率寡谋，方孝孺识见迂阔，本事不足以辅助少主，但是具有尊主锄强之心，实堪可以原谅。等到大势已去，还能募旅图存、抗词抵斥，虽殒身灭族，百折不回。

3. 陈瑛荒唐成名术

朱棣篡得天下后，用重典驾驭臣民，重新组织特务网，在监察和司法官员中任用酷吏，以监察弊政，获取情报。

帮朱棣作恶的是都御史陈瑛、锦衣卫指挥使纪纲、礼部尚书吕震这些心狠手辣的人。

他们十分苛刻，深文周纳，把没罪的人也罗织成有罪，用以向朱棣邀功请赏。连萧议、周新、解缙这样的名臣，大多无罪，最后都被害死。

陈瑛在洪武年间，通过正常渠道进入官场。建文帝时，暗中收受朱棣的金钱，互相勾结，被人举报后，贬到广西任职。

朱棣称帝后，因为做间谍有功，升任都察院的二把手——左副都御史，专门监督和弹劾大臣，暗地受皇帝指使，叫他咬谁就咬谁。

恶人总是要有人做的。朱棣偏偏选中陈瑛，身在江湖，身不由己，做条恶狗也就罢了，可他偏偏要当恶魔，纯是其天性残忍、心性之恶使然。

陈瑛为出人头地，坏事做绝。仗着皇帝宠信，他专门以弹劾官员为能事，把无罪说成有罪，小罪说成大罪。对于杀掉往日的同事，陈瑛干得最卖力。

刚一上任，他就请朱棣杀掉为建文帝效死的人，侍郎黄观、修撰王叔英等人被杀，他们的妻子、女儿被发配，宗族外亲受到牵连。陈瑛将数百家抄家，哭喊叫冤声震动天地。御史们看了都不禁掩面而泣，陈瑛也觉得太凄惨，但他仍恶狠狠地说："不以叛逆罪处置这些人，我等就是无名之辈！"

1403年，陈瑛杀人有功，升任都察院的一把手——左都御史，害人的积极性立即高涨，归降的建文旧臣只要给朱棣制造过麻烦的，一个个被他整死。陈瑛杀建文忠臣数十族，亲属被杀达数万人，诬陷人无数。如果地方官不抓连坐的人，他就弹劾这些官员不尽职，促使清洗运动大搞特搞。

当年八月，陈瑛弹劾退休的历城侯、建文旧臣盛庸私下怨恨诽谤皇帝，应当处死。盛庸是员猛将，在内战中曾大败燕军，现在陈瑛找茬儿，只好自杀。

陈瑛又弹劾长兴侯、三朝老将耿炳文，使用的衣服和器物上有龙凤花纹，属于僭越礼制。耿炳文一向谨慎，从朱元璋的刀口下留得一条老命，在建文帝手下打过朱棣，现在又被陈瑛盯上，也只好自杀。

宁远侯、建文旧臣何福也被陈瑛弹劾，上吊自杀。

忠诚伯、建文旧臣茹瑺，被陈瑛弹劾造房违反祖制，逮入锦衣卫监狱，服毒自杀。另一种说法是，他和谷王朱橞有矛盾，过长沙时没去拜见，被谷王弹劾"无礼"，服毒自杀。

建文旧臣、朱元璋的驸马爷梅殷是皇亲国戚，内战中在安徽拥兵对抗朱棣，后来投降。

陈瑛弹劾他蓄养亡命之徒。1404年，梅殷早上上朝时经过一座竹桥，锦衣卫把他挤下桥，淹死了。

1405 年，刑部尚书雒佥给皇帝上书，对人事制度提出建议："朝廷用人，应该新人旧人都用。您只信任藩邸里的老部下，不公道。"朱棣对建文旧臣，虽然使用，但不信任，主要依赖跟自己打江山的将士。朱棣听了雒佥的话，很恼火。陈瑛摸准皇帝的态度，弹劾雒佥贪婪暴虐，说他老婆在家乡向群众勒索财物，导致雒尚书被杀。

1405 年，陈瑛又弹劾建文旧臣、朱元璋的驸马胡观，强娶民间女子，娶妓女为小妾，同时对皇帝心怀不满。胡观十分害怕，上吊自杀。

1410 年，陈瑛弹劾隆平侯张信，占有练湖和江阴的官田。皇帝命令三法司审查，因为张信是功勋大臣，没有受到处罚。

陈瑛做都御史数年，弹劾了几十名勋戚和大臣。被他弹劾的还有：顺昌伯王佐、都督陈俊、指挥王恕、都督曹远、指挥房昭、金都御史俞士吉、大理少卿袁复、御史车舒、都督王瑞、指挥林泉、指挥牛谅、通政司参议贺银等，数十人因此被判刑。

如果这些人真有罪，陈瑛倒还像法律卫士。实际上，陈瑛阴险狡诈，跟武则天手下的酷吏来俊臣一样，喜欢牵强附会，大念罗织歪经。朱棣也不是都听他的，批评他做事太过火："陈瑛啊，你太刻薄，不是助我为善！"一向谨慎的皇太子朱高炽也对陈瑛说："你用心刻薄，不明政体，绝不是大臣之道。"在两代领导人身上，陈瑛逐渐失去信任。

陈瑛不过是皇帝的走狗，只是咬人太疯狂罢了。做替死鬼是恶狗们在劫难逃的宿命。等到坏事做绝，人人唾骂，谁还能容得了他呢？主子怕蒙受恶名，只好委过于他，一刀下去，让他们做个替死鬼。主子则把责任推个干干净净，自己留个好名声。

1411 年春，这条皇帝走狗的使命已经完成，建文旧臣该杀的都杀光了。为平息大臣的怨气，陈瑛获罪，下狱处死，天下拍手称快。

陈瑛比较清廉，似乎没有贪污的劣迹。他的疯狂仅仅是为获得名声，不管香的臭的，能出名就好。世界上还真有为了所谓的名声而不惜搭上老命的人，都是虚荣心惹的祸。

陈瑛在任时，许多人以他为榜样，罗织罪名害人，有名的有纪纲、马麟、丁珏、秦政学、赵纬、李芳等人，其中纪纲尤其凶暴。

4. 锦衣卫请你洗澡

纪纲的最高职务是锦衣卫指挥使，就是特务机构的一把手。锦衣卫由朱元璋1382年创立，人人为之闻风丧胆。由于某些军官滥用权力，朱元璋1387年撤销它的秘密警察职能。

朱棣上台后，锦衣卫的所有功能立即复活，有各种秘密调查权，可以拘捕和处罚一切挑战皇权的人，文武百官、平民百姓、内廷和皇室成员都在监视之列。朱棣的异母弟宁王朱权，甚至朱棣的长子朱高炽，都被锦衣卫设下的天眼盯着。

朱棣指派信任的军官做指挥使，获取情报，维护皇权。纪纲算得上是最臭名昭著的指挥使，一路成长全靠朱棣提拔。他是山东临邑人。小时候品行不端，被老师赶出校门。朱棣起兵，经过临邑县。纪纲拦马自荐，面试合格，做了一名战士。他因战功而受宠。朱棣即位后，提拔他为锦衣卫指挥使，管理锦衣卫和诏狱。

纪纲心狠手黑，不仅胆子大，而且头脑很活，非常善于察言观色，领会皇帝意图。他广布特务，每天搜集大臣和百姓的过错。朱棣让他咬死谁就咬死谁，下狱的大臣全部交给纪纲惩治。大臣都很怕他，即使元勋见到他，都要躲起来绕路走。

纪纲善于深文周纳，捏造罪名，残杀的大臣不计其数。

纪纲广索贿赂，甚至还抢夺许多官员的住宅和土地，连晋王、吴王的许多金子和宝贝都敢贪污。纪纲手下的走狗指挥庄敬、袁江，千户王谦、李春等，诬陷迫害浙江按察使周新。周新是有名的清官，非常廉洁，平反了一些冤假错案。他秉公执法，不怕权贵，被称为"冷面寒铁公"。纪纲派一个锦衣卫千户到浙江办事，广索贿赂，没人敢惹他，只要索贿，被害者一律舍财免灾。可偏偏只有周新敢动他，将这个人逮捕。我堂堂锦衣卫，横行天下，只有我整人的，哪有敢整我的？纪纲大怒，诬陷周新很多罪状。周新立即被捕。锦衣卫一路上把周新打得体无完肤。周新在朱棣面前为自己辩护："臣奉诏擒拿奸恶之徒，为什么要治我的罪？"惹得朱棣大怒，被杀。周新临刑前大喊："生为正直之臣，死当作正直之鬼。"

纪纲为人阴险而贪婪，捞钱的手段令人防不胜防。皇帝每次将宦官和武臣打成死刑犯，都抓进诏狱，交给纪纲审理。在纪纲眼里，这些将死的囚犯就是聚宝盆，他们家里的财产都是自己的了。他对这些人刚开始十分友好，和颜悦色地安抚。先把他们带到自己家里，给他们兄弟般的照料，让他们洗澡沐浴，用好酒好肉款待，对他们许诺：我见了皇上，一定为你们美言几句，请求皇帝赦免你们的罪过。这些死囚听得眼泪哗哗的，对纪纲感恩戴德，拿出金银财宝和绫罗绸缎，一定要感谢纪纲这个大恩人。等这些死囚被勒索得快要破产了，纪纲捞不到油水，就将他们立即杀掉。通过这种笑面虎的手段，纪纲敲诈勒索了数不清的财产。

富商家里有钱，纪纲也要想方设法捞上一把。他的手段是捏造罪名，把他们弄成罪犯，榨干他们的财产才善罢甘休。被他诬陷的富商大贾多达数百家。江苏首富沈万三，因为犒劳军队，犯了朱元璋的忌讳，被杀掉抄家，但是实在是太富，漏掉不少财产。沈万三的儿子沈文度为保住最后的一点本钱，跪在纪纲面前，请求成为其门下，献上黄金、龙角、龙文被、奇珍异宝等，甘当走狗。沈文度许诺每年都给他塞钱，给他找女人玩，纪纲这才收下这个门徒。沈文度在江苏一带，给他搜罗许多漂亮女子，供他淫乐。

这还不能够满足他的兽欲。皇帝下诏选妃嫔，纪纲竟然把最好的美女偷偷隐瞒不报，留给自己玩乐。他和靖难功臣、都督薛禄争纳一个女道士为妾，成了情敌。这个女道士只爱军官不爱特务，薛禄于是占了先，把这个女道士弄到手。他俩在内廷偶然碰面，纪纲一见情敌，心里气不过，一锤砸去，把薛禄的脑袋打破，差点死掉。

家里的钱多得花不完，他又瞄上一个暴利行业——食盐。他多次唆使家人，拿着他自己伪造的假诏书，到各处盐场，勒索食盐，总共骗取400余万斤食盐，抢夺20艘官船、400辆牛车将盐拉到自己家里，不付盐款。

有钱，有女人，这种感觉实在太美妙了！他在朝廷也是威风八面。都指挥哑失帖木儿与他平级，在路上不避道，他很生气，借故将人家打死。

纪纲对这些还嫌不够，如果能过上藩王、皇帝那样的日子，那是多么快意啊！他在私宅里戴王冠、穿王服，让歌女奏乐敬酒，山呼万岁。并将数百名民众阉割，充为左右，简直就像宫廷里使用宦官一样。"阉割为奴"本来是《大诰》中有的刑罚，让人绝后，实在太残忍，朱元璋在晚年予以废除。其后的每个皇帝都宣布宫刑是非法的，三番五次屡申禁令，不得擅自使用宫刑使人绝后。而纪纲竟然顶风作案。

他不仅敢以皇帝自居，而且还真在行动上做了一些准备，蓄养大批亡命之徒，打造大刀、铠甲、弓弩等，数以万计。触犯到皇权，纪纲的性命也走到头了。

举报纪纲罪行的是一个宦官。纪纲被抓入都察院监狱审问，他对自己的罪行供认不讳，当天就被磔死，家属充军戍边，几大走狗全部被杀。纪纲费尽心机编织的黄粱美梦，皇帝只轻轻一捅，就立即破灭了。

指挥使纪纲被处死后，朱棣也感到害怕，认识到专门依赖锦衣卫实在太危险。他们滥用权力，索取贿赂，迫害无辜，无恶不作，这些都算不上天大的事情，最要命的事情是：说不定哪一天锦衣卫把自己干掉。他觉得自己实在不了解锦衣卫，需要设立一个专门的机构监视锦衣卫，这个机构就是——东厂。

1420 年八月，朱棣在北京设立东厂，地点在今天的北京东厂胡同附近。朱棣委派宦官负责，宦官们是皇帝的私人奴仆，直接听命于皇帝。这是明代最大的负责秘密调查和刑狱的特务机构，其秘密调查权力超过锦衣卫，甚至可以直接调查锦衣卫。它不受司法当局管辖，刺探各种不同人物的情报，可以调查一切人。打听到的情报，不管多晚，即使是深夜也要马上交给皇帝，这样大大小小的事情皇帝就全知道了。东厂经常从流氓手里买情报。当会审大狱或者锦衣卫拷讯重犯，他们就去旁听。

朱棣没想到的是，东厂很快就沦为人间魔窟。东厂监狱声名狼藉，常常非法监禁、严刑拷打和非法杀人，而不经过法司审理。许多诬陷、屠杀、冤案，是从这里直接发动和执行的。有时毒打犯人，榨干金钱后再放人。

《剑桥明代中国史》认为，宦官和锦衣卫对永乐帝的安全不可或缺，但是只有牢牢地控制他们，才能为君主效命。没有这种制约，他们将滥用不受限制的权力而损害皇帝的利益，为祸百官。宦官们在搞调查和执行判决时拥有绝对权力，往往伪造罪名，侵权妄为，常常造成悲剧性后果。永乐帝的锦衣卫狱和东厂，是明朝专制主义最卑鄙的形式。

而这样一个卑鄙的机构，存在时间长达 220 年，直到明朝灭亡，没有一个皇帝想取消，因为皇帝需要这些恶狗，以让人害怕。

5. 吕震：官场倾轧要官威

吕震，陕西临潼人。建文帝时在北平做官，燕兵夺占九门之后，吕震立即投降，帮助朱高炽据守北平。

朱棣登大位后，他爬得很快，不几年就成为刑部尚书、礼部尚书，最多时，同时当三个部的一把手，兼领户部尚书、兵部尚书。

他为什么爬得这么快？至少有两个能力，一般人不具备。

一是博闻强记，过目不忘。

凡向皇帝奏事，其他尚书给皇帝一份奏疏，自己手中还留一个副本，与左右侍郎轮流上奏，照本宣科。而吕震身兼三部尚书，都一个人空着手口头汇报（皆自占奏），没有副本，千绪万端，全在脑中，背诵如流，没有差错，全靠超强的记忆力。他的头脑，跟电脑一样精确。

这个"最强大脑"记忆力有多强呢？一年前，他跟随朱棣北伐，沙漠中有一块碑，碑上有刻字，朱棣率从臣读了一遍。一年后，朱棣偶尔记起了这件事，忘记碑上写了什么，下诏礼部去抄录过来。吕震说，人不用去了，那碑文就在我脑子里。在皇帝面前当场就写好了，朱棣私下里找人去拓碑文，跟拓本比较，吕震的默写一字不差。

他这脑子，也是神了！

二是不知廉耻的马屁精。

对祥瑞之事，尽管荒谬，朱棣本人也不喜欢如此牵强附会，但吕震一定第一个提出来，向皇帝道贺。他亲自倡导的道贺就有：进贡麒麟，大山回响"万岁"的声音，冰块出现楼阁、龙凤、花卉图案，天上出现五色云等，他都要拍拍马屁，说是皇帝英明神武，因此祥瑞出现世间。

朱棣多次批评他的媚术，如此没有原则的谄媚，"岂君子事君之道？"但吕震拍马已经登峰造极，成为习惯，不可遏止。

吕震在皇帝面前像条狗，在下属面前却成了狼，为人佞谀倾险，没有亲和力。官员们畏之如虎，无人敢主动汇报事情。当其独处精思，只要用手指刮眉毛的动作一出现，必有密谋深计出炉，有人就要倒大霉了。

只有一个没情商、没有眼力价儿的人敢汇报工作，换来的结果是族诛。这个人的名字叫尹昌隆。

当燕兵进逼时，尹昌隆以周公辅成王为词，劝建文帝罢兵，让朱棣入朝。建文帝没采纳他的意见。朱棣后来反攻倒算，尹昌隆以此保住了性命。他当礼部主事时，辅佐皇太子朱高炽，上司正是礼部尚书吕震。

吕震正在独处精思之时，尹昌隆去汇报工作。吕震已经很烦他了，发怒，但是不说话。尹昌隆还是一根筋，时间不长，又去汇报工作，吕震愈加恼怒，拂袖而起。

吕震的官威就是这样，没我的指示，你的事儿就干不成，你想怎么的？官场里的慵懒散、贪腐、倾轧，许多就是这样造成的。

尹昌隆不甘心，脑子一热，就越过吕震，直接向皇太子朱高炽汇报。在官场里，程序意识非常强，这种越级汇报是相当忌讳的。

尹昌隆从皇太子那里得到了指令，转身去实行。皇太子的批示，效力当然大过尚书，按理说，这件事就这么过去了。尹昌隆不知道，这次越级汇报得罪了吕震，他便落入万劫不复的境地。

吕震大怒，上奏尹昌隆凭借太子属官的身份，暗地结党营私，暗地积蓄无君之心。越级向皇太子汇报工作就是结党营私，现代人的脑回路也真是转不过来，然而在当时，这种无厘头的罪名就顺理成章。因为朱高煦与朱高炽的皇位继承之争，使得大臣们的思想出现了混乱。朱高炽被立为太子后，朱棣看他很不顺眼，亲信总是受到排斥打击。吕震罗织尹昌隆结党营私的罪名，恰恰摸准了朱棣不让皇太子坐大的心理。

尹昌隆被逮下监狱，起起伏伏，又抓进锦衣卫狱，被抄家。朱棣出去巡幸，下诏狱者包括尹昌隆在内，放在囚车里拉着跑，谓之"随驾重囚"。

1417 年，在狱中已数年的尹昌隆迎来了压垮他生命的最后一根稻草。他曾被朱元璋第十九子、谷王朱橞推荐为长史，这事就被吕震抓住了把柄。

谷王朱橞谋反被惩处，吕震硬是将尹昌隆曾被谷王推荐为长史一事，说成他与谷王朱橞勾结的证据，一口咬定两人是同党。尹昌隆自辩不已，但没有被采纳，尹昌隆被处以极刑、灭族。

尹昌隆被杀的另外一个原因是推荐朱高炽当皇太子。朱棣密问尹昌隆立储之事，尹昌隆以"长嫡承统，万世正法"的缘由，推荐朱高炽，朱棣心意遂决。

无独有偶。右给事中李能，本来无罪，硬是让吕震一句话搞死了。

朱棣最初巡视北京时，命吕震确定太子留守事宜。吕震请示：一般的常事，便听任太子处理，皇帝不用过问。大臣的章奏，则分别保存在南京六科，等圣上回銮之日，再一齐上奏。朱棣说：可行。1413 年、1416 年，吕震再次请示，皇帝也说，照前例办。

1419 年，朱棣身在北京，因事索要章奏，侍臣就说，章奏留在南京了。的确，侍臣记得没错，大臣的章奏，就分别在南京六科的档案柜里放着呢。

朱棣已经将吕震先前的请求，忘得一干二净，如果吕震提醒一下，他估计能想得起来，便问吕震说："吕尚书，大臣的章奏，应该送达天子巡行所到之地（达行在），难道礼部另有所议吗？"

吕震感到脑子一紧，就知道坏事了，如实说章奏放在南京肯定完了，以前明明奏请过天子巡行的时候，章奏放南京的。听朱棣这么说，吕震就改了主意，撒谎说："礼部没有这么决定过，奏章应当送达行在所。"

朱棣怕弄错了，再三询问，博闻强记、过目不忘的吕震还是一口咬定，大臣的章奏应该送达天子巡行所到之地，他没有说过章奏留在南京的话。

朱棣于是杀掉礼部右给事中李能，安的罪名是"擅留奏章"。李能就这么冤死了，但大家都害怕吕震，对于真相不敢说一个字，因为这个马屁精，随时会信口雌黄害你。

当然，相比陈瑛、纪纲系统性地、有计划地杀人，吕震的罪行轻得多，属于官场倾轧范畴。

二、谁有天子之相

1. 大嘴巴从政惹事

1415 年二月，解缙死了。

纪纲呈报在押人员名单，朱棣看到解缙姓名，吃惊地说："解缙还在啊？"

朱棣说"某某还在啊？"的时候，一般就是杀人的指令，平安也是这么被逼自杀的。

马屁精纪纲心领神会，将解缙故意灌醉，拖到积雪中埋起来。在北京的冬天零下二三十摄氏度的夜晚，不一会儿，解缙就冻死了。一代大才子仅仅活了 47 岁，离开时没有痛苦。

本来，解缙不应有这样的结局。君臣同心之时，朱元璋对他说："我与你义则君臣，恩犹父子。"朱棣对他说："天下不可一日无我，我则不可一日少解缙。"

那么，这位明代大学者、《永乐大典》总编纂、内阁首辅，怎么会一步一步走进了死亡的陷阱？这是我最好奇的。

文人从政，大抵有两条路可走，要么如李善长，运筹帷幄，帮助帝王马上得天下、马下治天下，或成一代贤相，定国安邦；要么替人捉刀，粉饰历史，粉饰太平，成为歌功颂德的御用文人。两种道路，走好了，倒也安稳。

但是一些文人从政，清高自傲，不入流俗，政治韬略不足，因此往往悲剧有之。"墙上芦苇，头重脚轻根底浅；山间竹笋，嘴尖皮厚腹中空"，这副著名楹联出自解缙笔下，据说是讥讽锦衣卫头目纪纲的对联。

既然解缙敢讥讽纪纲"头重脚轻根底浅"，反之，我们也可以理解为，解缙自嘲"嘴尖皮厚腹中空"，因为这是解缙本人一生政治命运的写照。解缙就是这样的人。

解缙，江西吉水人，与徐渭、杨慎一起被称为明朝三大才子。小时候即为神童，乡试时江西第一名，1388 年考中进士，一步一步通过科举进入官场，常侍朱元璋左右，和朱元璋关系极好。

皇帝对他说："我与你义则君臣，恩犹父子，你应当知无不言。"这样的话不过是糖衣炮弹，如风过耳，当真了那你就危险了。君王是深不可测的，昨天义则君臣、恩犹父子，明天就可能突然变卦，恩断义绝、大刑侍候。

解缙果然上当，当天就"知无不言"，给皇帝洋洋洒洒写了一封万言书，第二天就呈上去了。

给皇帝上万言书，解缙在明代是第二人。

第一个是刑部主事茹太素，上了一份陈时务书，多达 1.7 万字，读了两天，却只说了 4 件事，朱元璋说，500 字就能讲明白，何必这么啰唆，打了茹太素一顿。

而解缙的万言书，批评朱元璋法网太密，应当简明律法，并赏褒善政。他说，令数改则民疑，刑太繁则民玩。建国至今将近 20 年了，无几时不变之法，无一日无过之人。陛下时常发怒，锄根剪蔓，诛杀奸逆。天下都说陛下凭喜怒决定人的生死，而不知是臣子缺乏忠良之人。

他还批评吏部不选拔贤才，刑部不公正断案。司法官任意判轻刑或者重刑，把审问囚犯多少作为功劳。内外官府捶打下级官员，比打奴隶还狠。建议非犯罪的官员，不要用笞杖严刑拷打。他建议大臣有罪，可以杀掉而不能侮辱。犯罪的人不要连坐，不要连累子孙。

他句句都批评朱元璋杀人太狠、刑罚太重。

批皇帝的风险度是极高的，像李世民那样能听进逆耳之言的明君毕竟是极少数。朱元璋口头上表扬他很有才华，心里却十分不爽。

从小就是神童的解缙，这时才 20 岁左右的年纪，仗着自己有才华，又受皇帝宠幸，文章一写就洋洋洒洒、行云流水、酣畅淋漓，评人论事无遮无掩、毫无顾忌，就像一个大胆的政治批评家和评论家。

后世东林党人邹元标称赞他：

"义节千秋壮，文章百代尊。"

后人钱谦益评价他：

"才名煊赫，倾动海内。"

解缙曾指责兵部僚属，玩忽职守，得罪了兵部尚书沈潜。沈潜上疏反击，诬告解缙。朱元璋将解缙贬为江西道监察御史，这位青年才俊遭遇人生的第一道挫折。

韩国公李善长被族诛后，无人敢说话，解缙以郎中王国用的名义，上疏为李善长申冤，说："连李善长这么大功劳的人尚且被杀，臣害怕国家因此解体。"朱元璋看了奏书无话可说，没治任何人的罪，但肯定知道是解缙写的。

他又代御史夏长文起草上疏《论袁泰奸黠状》，批评右副都御史袁泰，蔑视朝纲、贪赃枉法、陷害忠良之罪。本来袁泰为官谦直严谨，秉公执法，深受百姓爱戴，并非奸黠狡诈之人。这名正三品的高官因遭解缙弹劾，两人因此结仇。

解缙以批判性文章在官场上扬名，实际得罪了一大批高官，是混不下去的。朱元璋对他的缺点也看得很清楚：

"缙以冗散自恣耶。"

就是又闲散，又放纵自己，缺乏自律。

朱元璋看年仅22岁的解缙还年轻，才高而直言，这么玩，迟早要掉脑袋，就把他父亲召进南京，对他说：

"大器晚成。如果你儿了回去，进步更大，过十年再来，再大用未晚。"朱元璋的本意还是要磨磨他的性子，修身养性，提升做人做官修养，改掉"冗散自恣"的臭毛病，否则，容易被大臣搞死。

解缙随父亲回到江西吉水，8年中当作家和学问家，闭门著述。

8年后，朱元璋死了。10年还没到呢，解缙似乎忘记了老皇帝的禁令，马上来到南京吊丧。

8年前的弹劾之仇，袁泰一刻都没忘记，乘机攻击解缙违反朱元璋禁令，且母丧未葬，父亲已经 90 岁，不应当出门远行。

已经当政的朱允炆听信谗言，将解缙贬为河州（今甘肃兰州附近）卫吏。解缙为仇人陷害，第二次遭遇挫折。

幸有礼部侍郎董伦方说情，才被任命为翰林待诏，回到南京，1402 年十一月升任内阁首辅。

内阁制度是朱棣发明的。因为宰相制度 1380 年已经废除，他即位后，觉得当皇帝，一个人管着几个尚书太累了，于是找几个帮手。

他恢复朱元璋的制度，并组建新的内阁。内阁作为皇帝和官员之间的桥梁，在内廷发挥作用，作为文官政府中的主要执行机构，弥补 1380 年取消中书省后所引起的政治结构上的缺点。

解缙与黄淮、杨士奇、胡广、金幼孜、杨荣、胡俨等 7 人入值文渊阁，参与机务，担当国家事务的主要顾问，解缙为大学士之首。他们是皇帝与官僚政制之间承上启下的人，决定国家事务，参与制定政策。他们常常和六部主管官员开联席会议，共商国是。

朱棣说解缙是他的好助手：

"天下不可一日无我，我则不可一日少解缙。"

朱棣重用解缙，一是因为解缙确实有才能，为政治决策发挥智囊作用，另外一个目的是要他捉刀，从意识形态领域确保其帝位的合法性，把他篡位以后的统治合法化、理论化。解缙和姚广孝为此编写了《奉天靖难记》《天潢玉牒》，并大肆删除、篡改《太祖实录》，从文化思想层面抹去了对朱棣不利的文字和证据。

《天潢玉牒》把洪武帝吹捧为皇族的先祖、儒教传统的圣君哲皇，谎称朱棣是马皇后所生。

篡改后的《太祖实录》把朱棣吹得神乎其神，是继承帝位的最佳人选，谎称朱棣是马皇后所生；朱元璋原本想封燕王为太子，曾劝燕王做建文帝的摄政，在弥留之际想让燕王做皇帝。建文帝及其子嗣则被批得一塌糊涂，不被朱元璋所信任，没有资格当皇帝。因此，今天看到的《太祖实录》并不全是历史真相，里面有一些歪曲事实的说法。

解缙又奉命和姚广孝负责编撰《永乐大典》，从翰林院和国子监抽调2169名学者编修此书，于1407年十二月完工，总共22277卷，仅目录就达60卷，解缙任总编辑，完工时才38岁。这是世界文化史上编纂最早、规模最大、内容最广的百科全书。

《剑桥中国明代史》认为，这些学术著作使朱棣被誉为经书遗产和学者精英阶层的庇护人，又为文官和宗室提供行动指针和伦理标准，使皇帝俨然变成圣君、人民导师和学士的庇护人。它们形成知识分子的理智观和文化观，同时又为政府统一意识形态。

正是解缙等人的努力，士大夫阶层才被洗脑，把朱棣视为篡夺者的人越来越少，社会由此变得安定和谐，靖难之役带来的后遗症治愈了。

解缙是大才子，却没有杨士奇那样的政治韬略。

优点让他飞得更高，才高而勇于任事，碾压许多大臣，对朝廷的事情洞若观火，表里洞达，比别人看得清、看得远，因此深受两代领导人器重。

缺点让他摔得更重，作为一个臧否人物无所顾忌的大嘴巴，得罪很多大臣甚至皇帝，在老成持重的官场上显得格格不入。

优点和缺点加在一起，就注定了解缙的最后结局。

特别是在推荐皇位接班人这件大事上，他支持立皇长子朱高炽为太子，反对立汉王朱高煦，给自己惹来天大的麻烦。

2. 天下最难选皇储

朱棣当皇帝之前，已经患有性功能障碍症，所以当燕王时，与王妃徐氏只生下3子5女，分别是长子朱高炽、次子朱高煦、三子朱高燧。朱棣第四子，早夭。皇位继承人只能在3个儿子中间挑选。

当时，储位还没定。三子朱高燧自己也想当皇帝，能文能武，聪明绝伦，只是隐藏得很深，明面上帮助二哥争夺皇位，实际是上演"螳螂捕蝉黄雀在后"的戏码。

大哥朱高炽是文人，喜欢读书，性情温和，宽爱仁厚，跟建文帝很相似。但他身体有病，是个胖子加跛子，走路都要人搀扶，还不时摔跤。朱高炽连路都走不了，只会射箭，不能上阵杀敌，在靖难之役中留守北平。

1395 年，朱元璋册封 17 岁的朱高炽为燕世子，等于是燕王的接班人。他两个弟弟只能捞个郡王当当，朱高煦受封高阳郡王。

朱棣对朱高炽有几点看不上：

一、形象太差。朱高炽身体多病，有足疾，走路需要人搀扶，恐怕不能胜任皇帝日理万机的重任，可能活不长。

朱棣多次在战场上向朱高煦流露心迹：朱高炽身体多病，战争胜利后要立朱高煦为太子。

燕师将渡江攻打南京，在浦子口被南军盛庸击败。燕王想议和北还，朱高煦引兵而至，燕王说：

"勉之！世子多疾。"朱棣暗示朱高炽身体多病，将来天下是朱高煦的，这颗争夺帝位的种子是朱棣在朱高煦心中埋下的。

于是，朱高煦率众殊死力战，击败盛庸。朱高煦奋斗的动力在于既是为父亲也是为自己打天下。

二、军事才能不行。朱高炽只领导过北平保卫战，而且基本是姚广孝等人在背后帮忙。他本人因为身残志坚，不能上阵打仗，朱棣认为朱高炽和自己不是一类人，担心建文帝的悲剧在他身上重演，而心理上认同朱高煦类似自己英武有力。

朱棣起兵靖难，其名为恢复祖制。朱高炽是太祖立的燕王世子，要维护太祖之心，必立元子，不能随随便便就废了。朱棣要证明自己皇位是合法的，按照礼法，立储应当立嫡立长，没有过错不能废掉。因此朱高炽每天芒刺在背，小心谨慎，做事严密，使朱棣始终找不到任何废除世子的借口。

而朱高煦跟朱棣一样，长得高大威猛，精于骑射，力举 300 斤，武功高强，战功卓著，是个军事专家，也算得上是个勇士。在靖难之役中，他身为先锋，冲锋陷阵，擅长伏击，多次解救父亲于危难之中，帮助朱棣赢得大战胜利，深受朱棣赏识。他腋下长着几个大黑痣。术士为骗钱，就说这是龙鳞，您有帝王之相啊！朱高煦听得心花怒放。

但朱高煦是个赳赳武夫，性情凶悍，不喜欢读书，只喜欢打打杀杀。

徐辉祖就曾对建文帝说："朱高煦又彪悍又勇敢，是个无赖之徒，不会忠于朝廷，也不会忠于他父亲，留着一定是个祸害。"朱棣觉得他性格粗暴轻浮，毕竟是个无赖，靠不住。文官们对朱高煦这个敢擅自杀人的凶神恶煞，都很害怕。

但是朱棣和朱高煦在战场上结下生死情义，觉得老二最像他，甚爱之。朱高煦仗着父亲的宠信，自恃战功卓著，变得越来越骄横，夺嫡的欲望无法遏止，真恨不得将哥哥碎尸万段，以遂心愿。他加紧培植私人势力，和弟弟朱高燧一起勾结，处处暗算朱高炽。

朱棣即位后，次年考虑立太子。

立谁为太子，朱棣左右为难，拿不定主意，实际上对谁都不满意。朱高炽已经是燕世子，立为太子名正言顺，但是朱棣很不甘心，对朱高煦的承诺无法兑现，把立太子的事情拖了近两年，甚至有废掉朱高炽而立朱高煦为太子的想法。

武将爱武将，文人选文人，人都是选择自己的同类的，由于朱棣思想的摇摆不定，朝廷中形成拥护朱高炽和拥护朱高煦的两大政治集团。

朱高煦派，太监黄俨、淇国公丘福、驸马王宁等是朱高煦一边的人。

朱棣即位后，让朱高炽去守北平，太监黄俨作为朱高煦的眼线，待在朱高炽身边监视他，将朱高炽在北平的一举一动全部秘密报告朱高煦。

大多数武将站在朱高煦一边。淇国公丘福在靖难之役中功勋卓著，和朱高煦在战场上是老搭档，两人气味相投，配合默契。丘福数次劝朱棣，立朱高煦为太子，做接班人。

朱高炽派，包括周王朱橚、兵部尚书金忠、隆平侯张信、术士袁珙、内阁首辅解缙、黄淮等。大多数朝臣也站在朱高炽一边。

1403年一月，大臣们上表，请求早点立朱高炽为太子，稳定政局，消除祸乱。但朱棣不同意，一个字就是拖。朱棣说："我长子朱高炽正是要好好读书的时候，等他知识丰富、道德长进了，再讨论这个事情。"

两个月后，大臣们又不甘心，再次上表，请求早点立朱高炽为太子，朱棣又以朱高炽要好好学习为借口，继续耍太极。大臣们急了，请周王出面去劝说朱棣。

周王朱橚和朱棣是同母兄弟，很有才干，三月亲自上书朱棣，请立太子。朱棣还是老一套，就是不同意。

术士袁珙很受朱棣信任，袁珙只要相面，一半都能应验。朱棣没起兵前，袁珙预言朱棣有天子之相，后来果然应验。朱棣把他召进南京，授予太常寺臣，给他儿子也封了官。

这次，朱棣如法炮制，请袁珙给朱高炽父子相一相面。

袁珙说，朱高炽是天子之相，而朱高炽的儿子朱瞻基是万岁天子。朱棣听了，深信不疑。

兵部尚书金忠本来也是个算命的。经袁珙推荐，在朱棣手下做大官，协助朱高炽镇守北平。金忠作为老部下，极力劝说立朱高炽为太子，绝对不能立朱高煦。

朱棣左右为难，在这个时刻，又想到大学士解缙。

在朱棣想废掉朱高炽的燕世子地位的那段时间，曾令群臣为一幅虎图题诗，解缙借题发挥：

"虎为百兽尊，谁敢触其怒？惟有父子情，一步一回顾。"

这是提醒朱棣"虎毒不食子"，要顾念父子情意，不要轻易废掉朱高炽的燕世子地位。朱棣看了深受感动，这对立朱高炽为太子产生了正面影响。

3. 醉卧积雪君莫笑

朱棣秘密地询问解缙意见，到底该立谁当太子。

解缙说："皇长子仁孝，天下归心。"

但是朱棣不说话，很犹豫。

解缙又磕头说："好圣孙！"

就是说，你的孙子——朱高炽的儿子朱瞻基也不错，是下任皇帝的极好人选。

朱棣对这个孙子十分疼爱，这才点头，定下立储大计。

立储诏书当由解大才子执笔，然后诏告天下。

两人的密谈内容很快传到朱高煦的耳朵里。朱高煦丢掉了皇位继承人的资格，对解缙恨得咬牙切齿，这切齿仇恨就结下了。

要问朱高煦：这个世界上，你最恨哪两个？

朱高煦一定会回答，最恨的第一个是朱高炽，第二个是解缙。

1404 年四月四日，朱棣正式册立朱高炽为太子，后来成为洪熙皇帝，朱瞻基则成为宣宗。

而次子朱高煦封为汉王，三子朱高燧封为赵王。

两虎共斗，必有一伤，要没有伤害，最好的办法是把他们分开得远远的。

朱高煦的封国在云南，距离南京有万里之遥，其用意是要把他支开，远离储位斗争。

朱高煦不领父亲的情，气得跳起八丈高："我犯了什么大罪，要把我排斥到万里之外（我何罪，斥万里）？"朱棣没办法，就把朱高煦带在自己身边，到北平办公。

朱棣因北征和筹划迁都，大多留在北京，随行的六部等官属称为"行在"，命太子朱高炽在南京监国。

朱高炽在监国期间代行皇权，管理中央机构，前后一共有 6 次。但朱高炽日子并不好过，身边布满朱高煦的眼线。

朱高煦向朱棣提出一个要求，请求将他的儿子留在南京，朱棣答应了。朱高煦的儿子留在南京的目的，就是专门监视太子，为父亲通风报信。

朱棣让淇国公丘福当太子太师，1408 年又让丘福辅导皇太孙朱瞻基，等于把朱高炽父子都监视起来。

朱高煦除了监视外，还效仿朱棣，搞点小动作。军事上，从朱棣手上讨得 3 个卫作为护卫，总兵力接近 1.7 万人。政治上，每天在朱棣身边，一有机会就说朱高炽的坏话，排斥打击太子的亲信，削弱其势力。因为朱高煦从中使坏，朱棣看太子很不顺眼，经常惩治太子身边的大臣。

陈寿受夏元吉推荐，任工部左侍郎，协助太子监国，清廉而很有才干，被皇太子称为"侍郎中第一人"。其人有"三不喜"：一不喜随意弹劾官吏，二不喜为近亲争功或谋取好处，三不喜金钱财物。

1411 年，汉王朱高煦罗织罪名，将陈寿投进监狱。陈寿因为清廉贫苦，家无余资，早饭、晚饭都不能保证。官属中有人送给他食物，他拒而不受，结果，竟死于狱中，多半是饿死了。

与陈寿一同下狱而死的，还有工部左侍郎马京、吏部侍郎许思温。

许思温曾协助朱高炽守卫北平有功，升为刑部侍郎，后调任吏部侍郎，被汉王诽谤谗害，下狱病死。

工部左侍郎马京非常受太子信任，朱高煦就陷害他。

1414 年三月，朱棣北征瓦剌，命尚书蹇义、学士黄淮、谕德杨士奇及洗马杨溥等辅导太子监国。朱棣八月北征凯旋，抵达北京，而太子遣兵部尚书金忠等迎接工作慢了一点，且书奏失辞，朱棣对此大怒：“这是辅导者的过错（此辅导者之咎也）。”再加上朱高煦制造谣言，中伤马京、黄淮等一批监护太子的官员。朱棣以“奉表不敬”的罪名，将马京、尚书蹇义、学士黄淮、谕德杨士奇等人下狱。蹇义、杨士奇很快得到释放。而马京被关押 10 年，朱高炽即位后才出狱，不久就病逝了。

对于朱高煦的陷害，太子没有针锋相对，选择了隐忍。有人问太子：“殿下知道有人在皇上面前说你坏话吗（殿下知谗人乎）？”

太子答道：“我不知道，只知道做儿子的责任（吾不知，知为子耳）。”

朱高炽在南京监国，权力并不大，事事都要请示远在北京的朱棣，日子过得谨小慎微。即使处理的一些小事情也要留下文件，以备父皇检查。但朱棣还是经常训斥他。

一次，朱棣从北京回到南京。朱高煦鸡蛋里面挑骨头，批评朱高炽这做得不好，那做得不对。朱棣很生气，在皇宫午门外贴出大字报，内容是：“凡是皇太子处分的事情一律停止，不得实行。”等于是将太子停职，推翻他以前的工作业绩，剥夺他工作的权利。

朱高炽十分害怕，忧虑成疾，一病不起。医生来了一拨又一拨，怎么都治不好。这是心病，普通的药物当然是治不好的。朱棣派袁珙的儿子袁忠彻去探望。

袁忠彻从小跟着父亲学习相面术，也是个术士。袁忠彻看到朱高炽面色呈现青蓝之色，属于惊恐忧虑之相。他回去报告说："只要把午门外的榜揭走，太子的病不需要吃药，就可以好了。"

朱棣命人把午门外的榜撕了，太子的病果然好了。

朱高煦这么排斥打击朱高炽，而朱高煦得到的恩宠越来越隆，礼仪等第和爵禄品级盖过了太子。解缙一看势头不对，就斗胆进谏朱棣说："这么整朱高炽，抬高朱高煦，这等于鼓励两兄弟争斗，您不能这么做。"

朱棣大怒，说："你这是离间我们骨肉感情，居心叵测。"

朱棣的心里很矛盾，几个儿子毕竟手心手背都是肉，再不成器也依然舐犊情深，斗得死去活来也不希望他们骨肉相残，不希望别人说他哪个儿子不好。后来的发展态势表明，解缙挺太子、抑制朱高煦的立场是有远见的。

解缙和皇帝在是否攻打越南上，也发生分歧。朱棣发动大军占领安南（今越南北部），解缙进谏不可，皇帝不听，最后战争胜利，广置郡县。当时的确可以打下来，但是由于安南人激烈反抗，明朝始终无法消化，占领22年后，只好又把领土吐出来。解缙的远见卓识，在当时也无法为皇帝理解。

这样，皇帝对解缙恩宠已尽，关系越来越疏远了。

后来，丘福等人商议国家大事的谈话被外边的人知道了，朱高煦就诽谤是解缙泄露朝廷机密。1408年，朱棣找借口把解缙贬到广西。

不过，解缙还挺旷达，当年五月抽时间游览桂林东七星山，写了一首《游七星岩偶成》诗：

"……度水穿林访隐君，七星岩畔鹤成群。犹疑仙李遗朱实，几见蟠桃结绛云。石乳悬厓金烂烂，瀑泉隍洞鸟纷纷。柳莺满树春风啭，共坐高吟把酒闻。桂水东边度石桥，酒祈村巷见渔樵。葭祠歌吹迎神女，野庙苹繁祀帝尧。附郭有山皆积石，仙岩无路不通霄。日长衣绣观民俗，行乐光辉荷圣朝。"

"行乐光辉荷圣朝"，说明解缙心情不错，把当朝称作"圣朝"。可是礼部郎李至刚又进谗言，说解缙对皇帝对他的处分不满。朱棣于是又把解缙发配到交阯（今越南），越送越远，进了烟瘴之地。

1410 年，解缙进南京奏事，当时朱棣正亲率大军远征漠北。解缙朝见了留守监国的皇太子朱高炽，然后就回越南了。

朱高煦听了南京眼线的汇报，立即诬告解缙趁皇帝不在，私自觐见太子，然后径自回去，没有人臣之礼。

按照朱高煦的说法，解缙到了南京，还要跑到北平去见朱棣，见不到朱棣，还要跑到漠北去求见。本来事情不大，一个大闲人跑来跑去，难道吃饱了撑的？

这一下，尽管解缙无罪，但再也难以在政治上咸鱼翻身了。

朱棣大怒，命锦衣卫将解缙从越南抓回，扔进锦衣卫狱。

进了这种监狱，基本就出不来了，诏狱是所有监狱里使用酷刑最多的。锦衣卫头子纪纲本就是个魔鬼，对解缙百般拷打。解缙熬不住，胡乱"招供"了大理寺丞汤宗等 9 名官员。他们被抓进大牢，其中 5 人不堪折磨，病死狱中。汤宗被无辜关押了十余年，直到仁宗上位才复官。

1415 年，解缙的死期到了。马屁精纪纲奉皇帝指令，把解缙故意灌醉，拖到积雪中埋起来，不一会就冻死了。一代大学士仅仅活了 47 岁，死后被抄家，妻子、儿子以及宗族流放辽东。

解缙在狱中死于非命，皇帝破坏司法、任意剥夺人命这种极端的做法在明代普遍存在。皇帝经常指使走狗将自己讨厌的人杀死在狱中。监狱是皇帝开的，人在监狱里，就跟鸡笼的鸡一样，什么时候成为盘中餐，全看主子高兴。皇帝向臣子叮嘱一下，或者写个手令，臣子立即在监狱中将罪犯秘密处决。

仁宗即位后，把这些流放的人放回原籍，正统元年归还没收的家产，1465 年给解缙彻底平反。

解缙的才华举世公认，替皇帝捉刀而受帝王宠信，看起来根底不浅。然而，嘴尖皮厚的解缙一旦被皇帝重用，恃才狂放、口说无忌的老毛病就越发刹不住车了，盲目向大臣、帝王开刀得罪了当权人物，最终死于非命。解缙的死，不能不说和李白似的狂放性格有关，从他的草书可见一斑。

在争夺皇位的过程中，由于朱棣对内斗不予制止，使斗争刀光剑影，包括解缙在内，许多大臣不免被误伤。解缙虽然死了，只不过剪除了朱高炽的一只臂膀，宫廷内的皇位斗争比以前更加残酷。

我们再来看看其他 6 位大学士的命运。

黄淮和杨士奇也卷入皇子争嫡斗争，捍卫太子朱高炽，反对朱高煦觊觎皇位，于 1414 年被拘禁。但他们的运气都比解缙好。

杨士奇不久出狱，他做事非常严谨，在家不谈公务，得以一直跟随太子，1424 年成为首辅，任职长达 20 年，在永乐帝死后对稳定政府起到了重要作用。

黄淮被囚禁 10 年，朱高炽登基后官复原职。

胡俨 1404 年任国子监祭酒。

胡广成为首辅，去世后由杨荣接任。

这个大学士集团是朱棣和朱高炽管理下的文官政府的柱石，个个都是栋梁之材，只有解缙毁于自己的一张大嘴巴。

从解缙的坎坷经历，我们也看到不谙政治却心怀兼济天下之志的文人，从政是如何步履维艰。才华横溢、心存善良、想法天真、爱出风头，最好还是省省吧，保命要紧。但是话说回来，成也皇帝、败也皇帝，没有两代皇帝的恩宠，解缙还是那个大才子吗？

三、削藩，温柔一刀

1. 缚虎先打麻醉药

前面已经说过，建文帝时，国家最突出的问题有"三忧"：宗藩、边防和河患。朱允炆一个问题都没解决，反而自己被这些问题解决了。他首先想解决宗藩问题，结果被藩王反戈一击，丢了江山。

但是，藩王的存在对皇权有巨大威胁。削藩是国家大计，不削藩国家就不稳定，这件事情，无论是朱允炆还是朱棣，必须硬着头皮去做。不过，朱棣的办法比建文帝高明得多。

"煮豆燃豆萁，豆在釜中泣。本是同根生，相煎何太急。"对于被削藩的痛苦，朱棣感同身受。

藩王们都有同一个父亲，都是一个根上长出来的树，削谁谁都难过。建文帝不是将藩王废为平民百姓，就是关进监狱，这种方式太过火，容易激发藩王的激烈对抗。

朱棣则采用温水煮青蛙的方法，就跟无痛手术一样。这种方法宋太祖赵匡胤就用过——杯酒释兵权。赵匡胤为防止国家出现分裂割据的局面，以高官厚禄为条件，解除将领们的兵权。

朱棣同样使用温和手段，先讲究兄弟情谊，把自己装扮成一个维护藩王利益而不是来剥夺藩王利益的人，这样争取人心，取得藩王们的信任和拥护。

赏赐是最让人高兴的。1402年，谷王朱橞和李景隆防守南京金川门，当燕兵进攻时，他们立即大开城门，迎接朱棣进城，让他轻易接收南京。因为谷王有大功劳，朱棣立即给他丰厚的奖赏——拨给他300名卫兵，奖励300两金银枪、大剑、金子，3000两银子，3万锭钱钞，俸禄每年增加3000石大米。

刚进入南京，朱棣立即派人冲进监狱，把周王和齐王救出来。周王和齐王看见士兵们冲进来，吓得魂不附体，听说是朱棣派来的人，马上又喜出望外。一夜之间，他们又从平民变成亲王。

4个被建文帝削为平民的藩王，朱棣全部恢复他们的王爵和封地，给予很多赏赐，特别是对同母弟弟周王，一即位就赏2万多锭钱钞，过个生日赏8000锭钱钞，论功行赏时又给8万锭钱钞。齐王也得到2万锭钱钞。禄米增加了，府中服务员增多了，他们的部下都官复原职。皇室成员名义上都封官，提高品级，捞到不少好处。但是皇室成员不许当官，不许工作经商，生活开销全部由国家承担。藩王们皆大欢喜，个个眉开眼笑。连自焚而死的湘王也捞到好名声，谥号原来叫"戾"（暴戾），难听之极，现在也改成"献"（贡献）。只有辽王没得到好处，他的封地在东北广宁，建文帝时改封湖北荆州。因为不支持朱棣起兵，护卫被取消，成了光杆藩王。

2. 众塞王乖乖挪窝

这些藩王，原来都带兵守卫边塞，朱棣将他们封到内地，边塞由大将镇守，这样，亲王手中无兵，没有能力兴风作浪。

藩王中，只有3个塞王最有实力，其他人都无足为虑。

宁王朱权最有才，能文能武，计谋过人。当年，朱棣为拉他下水，许诺当皇帝后和他平分天下。如果没有他的蒙古骑兵，或许朱棣早就被南军消灭。现在，兑现诺言的时候到了，朱棣装聋作哑，故意忘掉，反正我不说，你宁王也不敢问。宁王知道，如果坚持"中分天下"，必定是与虎谋皮的死罪，与其要权力，不如先保住性命为好。

但是宁王也不傻，向朱棣提出一个并不过分的要求："把我改封到苏州吧。"内蒙古大宁那地方，他是不想回去了，只求到江南享享清福。可是苏州富庶，离南京又近，朱棣本来就防着他的，怎么可能答应他就藩苏州呢？真要就藩苏州，恐怕朱棣也和朱允炆一样，天天睡不着觉了。

朱棣说："苏州是京城之地，你不能在这里当王。"宁王心里凉了半截，又要求："那把我封到杭州。"

朱棣不想他在身边待着，说："杭州也不行。父皇原来打算封周王到杭州，最后没实现，现在封给你也不合适。"宁王很郁闷。

最后给他安排了一个相对偏僻的封地——江西南昌。塞王们兵多权大，把他们都迁到内地，就脱离了守边部队，不好与皇帝作梗。

宁王没办法，只好去了，可是心里有气，牢骚满腹，骂朱棣不讲哥们义气，不守信用，当年说好平分天下的，现在连个好封地都不给。锦衣卫暗中监视宁王。没多久，有人告发宁王诽谤皇帝，甚至还使用巫术诅咒。

宁王非常害怕，把所有证据全部销毁，反正是朝天诓的，骂人找不到人证。朱棣派去的人没找到把柄，回来汇报说："宁王成天战战兢兢，似乎有悔改之意。"朱棣放他一马，没继续追究。

经过这一次教训，宁王学乖了，每天弹弹琴、读读诗，彻底远离政治，远离金革铁马的日子，做了彻头彻尾的逍遥派。他知道：边防不需要他了，已经换上朱棣能干的将领；天下不需要他了，他已经成了多余的人。

只有韬光养晦，他才能活得久、玩到老。他发奋著书立说，前后出版几十种书，总算平安地度过一生。

周王比较有实力，一向有野心。他的谋士王翰多次劝他不要搞小动作，他偏不听。王翰怕被扣上谋反罪，装疯卖傻，一走了之。建文帝要削藩，将周王父子逮捕，关押在南京。

朱棣救出周王后，给他很多赏赐，增加禄米 5000 石。他的封地在河南开封，朱棣让他回去。他反而不乐意，不高兴地说："开封在黄河边上，黄河一发大水，开封就遭殃。我拿河患没办法，你还是把我改封到其他地方！"

朱棣决定让他去当洛阳王。洛阳是华夏第一王都，很多朝代把这里当作首都，牡丹花开得好极了，是个好地方。朱棣为他修造新王府，不久，周王却变卦了："现在开封建设得不错，河堤都加固了。你把我开封的旧宫修一修，我住住也很舒服的，能节省不少银子。"朱棣又把他弄回开封。

周王到了开封，脑子又迷糊了，居然把公告贴到地方州县，想号令开封以外的地方。这对藩王来说绝对不允许，你封国就那么大，没有皇帝允许，不能跨出封国一步。朱棣早就宣布不许藩王干预地方事务，不能调一兵一民、拿一钱一物，否则重罚。

周王被地方官告发。1405 年，朱棣写信把他大骂一通，警告他一家有一家之尊，一国有一国之尊，天下有天下之尊，必须守规矩，不要逾制，做事如果不识大体，那是要被天下人笑话的。但是周王只当耳边风。

1420 年，有人告发周王谋反。朱棣派人去查，找到一些证据，召他入朝，生气地把揭发材料递给周王看。周王吓得冷汗直冒，说不出一句话，扑通一声跪在地上磕头如捣蒜，连称"死罪"。朱棣削夺他约 1.68 万人的3 个护卫队。他的岳父、大将军冯胜早被朱元璋处死了，周王一个光杆司令，没有能力兴风作浪，被放回开封养老。

周王从此不问政治，也学宁王读诗、写诗，还出版诗歌专著《元宫词》。他研究中药学，绝对达到博士水平。他写的《救荒本草》教人们如何在荒年找野草吃，不至于饿死。中医学权威李时珍称赞这本书写得非常有水平，非常专业。

谷王朱橞也是个有能耐的人。朱棣把他的封地从宣府改到长沙，年薪增加 2000 石禄米。宣府交给武安侯郑亨管理，谷王不能插手，彻底脱离军队。

但是谷王凶残成性，骄傲自大。谁路过长沙，不去拜见他，他就跟谁死磕。诚意伯茹瑺路过长沙没去看他，遭到谷王弹劾，只好服毒自杀。谷王在长沙抢夺民田，侵吞税款，还敢挥刀杀人。王府里的长史虞廷纲看不下去，多次指出他的毛病，谷王大怒，将他五马分尸，落得耳根清净。

谷王本来是朱元璋第十九子，赵王一死，他就成了第十八子。民间流传"十八子主神器"的说法，谷王又迷信上了，放出风声：我是第十八子，将来一定当主神器。他太怀念在京城的日子了，逢人就讲他的光辉历史："南京城门是我打开的，没有我，朱棣能进入南京吗？你们还不知道吧——是我打开城门，放走建文帝。"听得人目瞪口呆。

他招纳不少亡命之徒，进行军事训练，制造战舰和其他兵器，准备发动政变。他计划在元宵节之夜，调选壮士化装成戏班子混入皇宫，趁向皇帝献花灯的机会，刺杀皇帝。他写信给蜀王拉他下水，邀请他共同起事，被蜀王坚决拒绝。

1417 年，蜀王和谷王的部下张兴，分别向朝廷举报谷王的阴谋，事情这下闹大了。

朱棣将谷王召到南京，向大臣公布他的罪状。谷王无话可讲，跪地请死，他本人和两个儿子被废为平民。谷王信口胡诌，殃及建文帝的两个弟弟。他们本来关押在安徽凤阳监狱，建文帝的儿子关在南京的监狱里。朱棣怕人拿建文帝说事，把他一个弟弟暗杀掉。

3. 富二代变穷一代

皇室成员不许当官，不许工作，生活开销由国家负责，反而害了他们。他们成天无所事事，品行好的，比如成都蜀王、宁夏庆王等，还读读书，做个知识分子；品行不好的，就无事生非，做了流氓。

齐王的封地在山东青州，复封后没有挪窝。他凶暴的流氓习性永远改不了，私下豢养一帮刺客，又招些术士，玩诅咒人的小花招。藩王不许干预地方事务，他偏偏不在王府里待着，用自己的护卫兵守卫青州城，在城里造些隔离墙，不让群众通行，不让地方官登城夜巡，让地方官头痛不已。

两个地方官玩不转，于是向皇帝举报。齐王打击报复，把这两个人杀了。1406年，齐王来到南京，大臣们纷纷弹劾他的罪行。齐王恼羞成怒地大叫："你们这些奸臣叽叽喳喳闹什么，难道你想效法建文帝手下的大臣吗？有朝一日，我要把你们杀光。"

朱棣再也无法忍受这个流氓，把他关进南京监狱，将他以及子孙废为百姓。

代王的封地在山西大同。建文帝时废为百姓，复封不到半年，被人告发32条罪状，3个护卫被削，只剩下30个卫士。到了晚年，坚决不改流氓习气，亲自和儿子揣着斧子上街砍人。甘肃岷县的岷王是个酒色之徒，成天只知道喝酒和玩女人，竟然把地方官的公章收缴藏起来，还杀人。朱棣将他削去护卫，家属罢官。

朱元璋埋下的封藩苦果，终于被朱棣捻碎，不费一枪一弹，只靠他的超人智慧轻易化解。国家的宗藩问题解决了，他还将解决第二大难题——边防。

四、复仇！复仇！

1. 淇国公骄兵必败

元朝势力被朱元璋打败后，逃到北方大草原和东北，但是实力尚存。朱元璋时，全国军队数量为120万，而蒙古能拉弓射箭的也不下百万，实力几乎相当。如果大草原上再崛起一位像成吉思汗一样的军事天才，那朱家天下也会灰飞烟灭。

所以，北方的蒙古势力是明王朝的最大威胁。

朱棣决心完成父亲未竟的事业，蒙古冒出一个天才，他就消灭一个。

朱棣即位初年，北方边境看起来风平浪静，明军很多年没和蒙古打过仗了。因为蒙古已经没有当年傲视天下的风采，现在分裂成3个部落：兀良哈部、鞑靼部和瓦剌部。

兀良哈部主要在东北地区，早就是自己人。朱元璋在兀良哈部设立朵颜三卫，这就是宁王的部下。他们跟随朱棣南下，夺得江山，不少人光荣封侯。

鞑靼部在东，瓦剌部在西，互相斗争，维持一种均势，好像两头牛搏斗，实力相当，谁也没有力量腾出一只脚南下骚扰明军。朱棣就是要分化瓦解他们，让他们窝里斗，维持势力均衡。如果鞑靼实力强、瓦剌实力弱，朱棣就联合瓦剌，与鞑靼部抗衡。如果瓦剌实力强大了，朱棣就出兵教训瓦剌，总之两家要旗鼓相当，这样国家才能安宁。朱棣深得地缘政治的奥妙，就像我们玩跷跷板一样。

鞑靼部的实力当时最强大，统治中心在和林（今乌兰巴托附近），仍称自己是元朝，后来觉得没劲，干脆把国号改了，叫"鞑靼"。可汗叫鬼力赤，不是元顺帝的后裔。

1406年，鞑靼大将阿鲁台发动政变，杀掉可汗鬼力赤，把元宗室本雅失里推为可汗，自己躲在幕后掌权，把本雅失里当傀儡。

朱棣想跟阿鲁台做朋友，可是阿鲁台总是伸出冷屁股，不予理会，还不时骚扰明朝边境，抢点牛羊等物资。阿鲁台是个见风使舵的人，你把他打败他就称臣，他强大就要出来抢劫。

1408年，朱棣已经开始做着战争准备。朱棣听说本雅失里即可汗位，总得祝贺一下，就派给事中郭骥等人去搞关系，顺便把俘虏的22个鞑靼人送回去。谁知，本雅失里腰杆很硬，竟然一刀把郭骥杀了，还准备进攻兀良哈部！

同去的百户李咬住还算机灵，千方百计逃出鞑靼地界，花了两个月逃回南京，向皇帝禀报实情。

两军交兵，不斩来使。鞑靼居然把和平的使者都杀了，分明成心与朱棣为敌！草原上一旦出现雄才大略的蒙古人领袖，那朱棣真没时间睡觉了！

一代战神被激怒了，整个朝廷陷入战争狂热之中。朱棣生气地说："朕诚心诚意对待你，送还你的部属。你竟然杀掉我的使臣，肆行抢劫我们的财物，实在太放肆！和我对着干，我一定要歼灭你！"于是决定出兵讨伐鞑靼。1409 年，朱棣调 10 万大军讨伐鞑靼，统帅却是一个有着致命缺陷的老将，名叫丘福，67 岁。

丘福是什么人？丘福是张飞一样的猛将，冲锋陷阵不输朱能，但是出谋划策不如张玉，总之勇猛有余、谋略不足。

丘福本来很有战功，一直深受器重。朱棣起兵后，丘福与朱能、张玉一起率先攻夺北平九门，占领北平。白沟河大战，他率军直捣南军主力。夹河、沧州、灵璧等战役，丘福都是前锋，冲锋陷阵，所向披靡。盛庸扼守淮河，丘福与朱能率领数百人，从上游悄悄渡河突袭南军，缴获数千艘战舰。

朱棣即位后大封功臣，因为张玉、朱能已经牺牲，丘福排在武将之首，特进荣禄大夫、右柱国、中军都督府左都督，封为淇国公。

丘福是汉王朱高煦的粉丝，多次劝皇上立朱高煦为太子。皇上最终立朱高炽为太子，命丘福为太子太师，后来还命他辅导皇长孙。不管丘福拥护谁，他作为军队的一把手是无疑的。

以丘福的战功，对付鞑靼，不过是杀鸡用牛刀、大马拉小车，朱棣就是看中他久经沙场，不曾失败过，相信他一定能凯旋。更何况派去的老将也是响当当的人物：武城侯王聪、同安侯火真，为左右副将，靖安侯王忠、安平侯李远，为左右参将，年纪都在 50 岁上下，身经百战，行事谨慎。发兵 10 万骑兵精锐。

皇上知道丘福的臭毛病，临行前一再嘱咐他不要轻敌："打仗必须慎重。从开平以北，路上即使没有见到敌人，也应时时戒备，就好像敌人马上要杀来一样，进军和退兵相机行事，不可执一，不知变通。一次没胜利，要再次等待机会。"

1409 年七月，丘福率大军出发。军队已经开拔，朱棣还是不放心，连连发去指令："谨慎就会取得胜利，不谨慎就会失败。如果军中有人说敌人很容易战胜，那你千万不要相信，相信这些鬼话一定会失败，就像捉老虎和捉兔子，捉老虎一定要全力以赴，而用捉老虎的力气捉兔子，不就万无一失了吗？这些鞑靼人非常狡猾，我们出征千里攻打他，岂能不慎重？"

丘福已经是一员老将，嘴上唯唯诺诺，可是并没有真正领会朱棣的讲话精神。他认为鞑靼如果是兔子，那他就是老虎。

鞑靼听说丘福 10 万骑兵来了，作了周密部署，布下一个口袋阵。

丘福率大军走了一个月，到达鞑靼人的地盘。敌人在哪里？丘福摸不着头脑。丘福率领 1000 多骑兵到达胪朐河（今克鲁伦河，在乌兰巴托东面），碰到一小股鞑靼骑兵，一打就打垮了。他渡过胪朐河。

一会儿，又俘虏鞑靼的一个尚书。丘福给这个大官喝好酒，询问本雅失里跑到哪里去了。

尚书撒谎说："听说你们大军来，大汗惶恐，就向北边逃跑，跑得太慢，现在大概离这里 15 公里。"

丘福大喜："当疾驰擒之。"

恨不得马上将大汗擒获。

他身边就这 1000 多骑兵，将领们请求等后面大军到来后，侦察清楚虚实再进军。

丘福恼火地说："机不可失，失不再来！必须加速前进，活捉本雅失里。"丘福让尚书当向导，直逼敌营。

又接连打了两天仗，丘福没有不胜利的，敌人没有不失败狼狈逃走的。丘福越打越高兴，越发不把鞑靼人放在眼里。

这只不过是鞑靼诱敌深入的假败，今天派几十人送死，后天又派几百人送死，让丘福骄傲起来、放松警惕。

46 岁的李远沉毅有胆略，看出这是鞑靼故意设下的圈套，冒死劝谏丘福："将军轻信敌人的间谍，孤军深入敌方转战，非常危险。这是敌人故意示弱，引诱我们孤军深入，进军一定不利，退兵则怕敌人乘机掩杀。只有一招可行——结营自保，加强防卫，白天挥旗击鼓，不时出奇兵袭击敌人，晚上燃起火把，鸣起大炮，虚张声势，使敌人不知底细。等待我们大军全部赶来，一起进攻，必定胜利，不胜利也可以全军平安撤退。皇上起初跟将军交代了很多，而你这么快就忘记了吗？"

李远料事如神，看出这是敌人的探子，诱敌深入，相机歼灭。

王聪也支持李远的正确意见，劝大将军不要轻敌冒进。

如果这时领导班子能行使集体决策机制，也许能化险为夷。但是，军中只有丘福一人说了算。

世上偏偏就有这种人，被胜利冲昏头脑，热血一上来，理智完全丧失，什么都忘记了，仿佛自己神功盖世，什么奇迹都能创造，任何敌人都能战胜，明明已经坐在火山口上，可是对眼前的致命危险浑然不觉。

丘福不听，还要继续前进。他涨红了脸，厉声喝道：

"违命者斩！"

他自己一马当先，冲在最前面。

将士们已经隐隐感到杀机。可是丘福的话太狠，不能抗命。控马者皆泣下，一边流泪，一边往前冲。

果然，在胪朐河，鞑靼人已经布下重兵。黑压压的鞑靼骑兵蜂拥而上，将这1000多名骑兵团团围住，露出狰狞面目。

敌人围之数重。看来只有杀出一条血路，否则一个都跑不了！

殊死的战斗立即展开！

屡屡巡边之后，53岁的王聪战死。

李远率领500名骑兵左冲右杀，杀死数百名鞑靼兵。李远的战马摔倒在地，他被鞑靼俘虏，怒骂不止，当场被杀，止于46岁。

善出奇兵的51岁的王忠战死。

丘福等被俘虏，遇害。

61岁的蒙古族人火真被杀。火真是一员勇将，真定之战中，突入耿炳文阵中，取得大捷。率领的骑兵每有斩获，必定鼓噪回营，众人都佩服他的勇猛无畏。

这样，丘福先遣队全部战死，领导层无一幸存。

67岁的头号功臣，果然已经老了。

鞑靼人随后攻击大部队。10万大军群龙无首，几乎全军覆没，只有少数人逃掉。

噩耗传到南京，朱棣大怒，痛悔不已，剥夺丘福的世袭爵位，将其全家迁到荒无人烟的海南。李远曾流泪劝谏，死得英勇，追封为莒国公。

朱棣以诸将没有一个足以担当大任为由，决计亲征。

他写信给皇太子说："丘福这次大败，损威辱国，主要是因为他不听我的话，排斥众议。我如果不出兵剿灭鞑靼，他们一定更加猖獗，危害边境安全。我必须马上选将练兵，明年春天亲自出征，为 10 万将士复仇。"

2. 带上美人伐鞑靼

这一次，他带了 50 万人。

可是，50 万人，吃什么？粮食问题怎么解决？他很犯愁，想到一个奇才——户部尚书夏原吉（财政部长）。

夏原吉是江西德兴人，著名的水利专家和经济专家，主持财政 27 年，国富民丰，是名副其实的财神。他生长在单亲家庭，靠科举进入官场，一直在户部任职，受到朱元璋、朱棣重用，1398 年任户部右侍郎，朱棣即位后升户部左侍郎，不久升为户部尚书。天下财赋一半在江南，皇帝命令他治理浙西。他带领数万军民，疏河修堤，建造桥梁，使浙西、苏淞地区水利设施大大改善，确保国家的粮食安全，可以说治水之功不在大禹之下。

夏原吉的本领主要是为国家管理财政。他提出裁汰冗员、赋役改革、严格盐法、发展粮食生产等一系列建议，被朱棣采纳。夏原吉的记性特别好，总将户口、府库、田赋等数字写成小条，放在袖子里随时看看。朱棣只要问起天下的财政状况，他都对答如流。夏原吉主持户部期间，帮助皇帝办了很多大事，大赏靖难功臣、征讨越南和蒙古人、迁都北京、郑和下西洋等，样样都花钱无数，都要靠夏原吉捞钱和做预算、决算。可以说，没有夏原吉，朱棣在经济上根本玩不转。

这一次，50 万人远征鞑靼人，朱棣自然要夏原吉解决后勤保障问题。夏原吉提出：工部造 3 万辆武刚车，可以运 20 万石粮食，随大军行动。如果这些粮食还是不够吃，怎么办？夏原吉也有办法：每 10 天的路程，筑造粮仓，供应大军。朱棣采纳了他的意见。

1410 年二月，北方严寒未消，春草未长，正是鞑靼人猫冬的时候。

朱棣率 50 万大军，从北京德胜门出征（1403 年北平已升为陪都，改名北京）。皇太子朱高炽留守南京监国，皇长孙朱瞻基留守北京。这次亲征，朱棣别的女人都没带，只带了他心爱的贤妃权美人在身边。

权氏，是位来自朝鲜（今天的朝鲜半岛）的绝色美女，是少数在《明史》中有传记的妃子之一。当时，中国和朝鲜关系最好。朱棣经常向朝鲜国王李芳远（朝鲜太宗）索取马和牛。

这次为支援对鞑靼的征讨，朝鲜国王又送来 1 万匹战马以及 300 名美女。

将权氏挑选出来，进献给朱棣的人，是司礼监太监黄俨。

黄俨曾多次出使朝鲜，干的事就是要东西、要女人。

黄俨首次出使朝鲜是在 1403 年，再次册封李芳远为朝鲜国王。但黄俨举止无礼，不受对方待见。

1406 年，黄俨又跑到朝鲜作威作福，索要东西，稍不如意，就鞭打地方官员，引起强烈不满。朝鲜国王愤怒地说："黄俨何辱我至此！"

1408 年正月，朝鲜世子李禔到北京朝贺，趁黄俨护送他回国的时候，这回朱棣给黄俨摊派了一项务——

"恁去朝鲜国和国王说，有生得好的女子，选拣几名将来。"

朝鲜没办法，既然中国皇帝要找生得好的女子做伴，只好设立选处女机构，专门为朱棣挑选处女，连百姓的婚嫁都暂时停止了。

老百姓不堪其扰，有些人则消极应对。一名叫权文毅的官员，有一个女儿，美貌不输权美人。黄俨急急要见见，而文毅不忍女儿被朱棣糟蹋，就假称女儿有疾病，迟迟不肯走。黄俨大怒："这么小的微官，国王还不能节制他，更何况巨家大室，虽有美色，哪里肯献出来？"朝鲜国王发怒，囚禁了文毅。

好不容易弄来一大批美女，黄俨等对她们一一考察，最后挑选了 300 名美女，送往中国，最后由皇帝亲自过目，其中 5 个人被留下了。包括权氏在内的 5 人，于十一月以进献"纯白厚纸"为名，被送入后宫。

皇帝一看到超级美女权美人，就两眼发直，按捺不住了。

朱棣看那权美人，肤如凝脂，白得纯粹，资质淳美，不需要整容，也倾国倾城，便从御座上探出身子，问她会什么技能。

只见权美人出其玉指，拿出随身携带的玉箫吹奏。权美人很有艺术细胞，吹奏玉箫正是她特别擅长的。"玉箫吹梦，金钗画影"，余音绕梁，三日不绝，杳渺悠远，清音悦耳，此情此景，让朱棣好不快活，甚爱怜之，立即提拔权美人位于众多美女之上。朱棣总是在月明之夜来看权美人，听她吹曲。

有诗赞曰："琼花移入大明宫，旖旎浓香韵晚风。赢得君王留步辇，玉箫嘹亮月明中。"

又有诗赞曰："忽传天外鱿灯过，知是君王夜听歌。贡女中宵向东望，玉箫吹处月明多。"

权美人的家属得到丰厚的赏赐，父亲权永均被封为光禄卿。权永均做了皇帝的老丈人，一夜暴富，屡蒙赏赐，身价陡增之后便和朝鲜权贵频频结交，骄傲自大，变得嗜饮、好色起来了。

朱棣对权美人宠爱得不行，1409年二月册封她为贤妃（朝鲜称为显仁妃），同时还册封其他几位朝鲜美女，包括顺妃任氏、昭仪李氏、婕妤吕氏、美人崔氏。

此外，册封贵妃张氏，河间忠武王张玉之女；昭容王氏，苏州人。

尽管这次寻得权贤妃，但是黄俨还不满意，挑三拣四，1409年又去选美女了。他对朝鲜官员说："去年（指1408年），你这里进将去的女子，胖的胖，麻的麻，矮的矮，都不甚好。只看尔国王敬心重的，上头封妃的封妃，封美人的封美人，封昭容的封昭容，都封了也。王如今有寻下的女子，多便两个，小只一个，更将来。"一连选了好几次，但没有一个超过权贤妃的。

册封权美人为贤妃的第二年，朱棣带着她北征。

出兵塞外，有美人在身边，朱棣的心情特别舒畅。出了居庸关，天下大雪，不一会儿又云开雾散。这条路，朱棣最熟悉不过，当燕王的时候曾经出兵攻打蒙古人，不战而屈人之兵。他一边走，一边欣赏雪景，一会儿骑马追只兔子，一会儿和君臣谈谈山川典故，一会儿又改改山川、河流的名字，刻碑铭记。他好像不是来打仗的，而是来旅游的。他表面上轻轻松松，可把筹措粮草的夏原吉累得够呛。

本雅失里和阿鲁台听说 50 万大军来复仇，吓得魂不附体，商议怎么逃跑。逃跑也有诀窍的，往一个方向跑，大家肯定一起死。而分头跑，总还能保全一个。于是，本雅失里往西跑，阿鲁台往东跑。

他们逃得太快，朱棣 50 万大军足足走了 3 个月，连一个敌人都没看到。五月，朱棣抵达丘福被杀的胪朐河。战马聚在河边喝水，朱棣觉得这里风景很美，将河改名为"饮马河"。可是，军中粮草不多了，还没遇到鞑靼兵。茫茫大草原，鞑靼人都跑到哪里去了？朱棣犯愁了。

幸好，一个指挥抓到鞑靼的一个翻译官，审问得知本雅失里在兀古儿扎河。朱棣狂喜，终于找到你小兔崽子了！朱棣命令大部队在饮马河安营扎寨，自己率领轻骑兵，每人携带 20 天的干粮，追赶本雅失里。赶到兀古儿扎河时，本雅失里早就溜了。朱棣一刻不停息，连夜追击，五月十三日终于在成吉思汗的发迹之地——斡难河，追到本雅失里的主力。

本雅失里硬着头皮迎战。朱棣大军锐不可当，追亡逐北，以雷霆万钧之势，摧毁本雅失里的大帐。本雅失里自顾不暇，向西仓皇逃走，身边仅仅剩下 7 个人。

这次大战，死伤人数不详，只知道本雅失里惨败。朱棣俘获数百人以及数不清的牛、马、羊、骆驼。朱棣将俘虏全部释放，当时来投降的鞑靼人非常多。

朱棣将兀古儿扎河改名"清尘河"，率军返回饮马河，下令班师，因为粮草支撑不下去了。

六月，明军抵达飞云壑（今大兴安岭），竟然追赶到本雅失里的知院阿鲁台。在山林地带，朱棣不敢贸然进击。

阿鲁台虽然敢杀可汗鬼力赤，可是现在他已经丧失斗志，派人来商谈投降事宜。朱棣一眼看出其中有诈，这是阿鲁台拖延时间，想趁机溜掉。朱棣写了一道敕书说："上天早就抛弃了元朝，你纵然再有志气，怎么能违背天意呢？你不如投降，我保你世世代代享受荣华富贵，你的部下还是照样当领导。"

阿鲁台看了敕书，很想投降，偏偏部下一半人主张决一死战。

朱棣也不进攻，静静地等待他意志崩溃。

可是双方僵持3天，阿鲁台还没送来降书。朱棣派出几百骑兵试探性地骚扰，阿鲁台果然出战。朱棣下令大举进攻。

阿鲁台率领几千骑兵当中锋，朱棣也率几千骑兵对垒。明军的神机铳相当厉害，力大无比，一箭射出，可以从一个人身体穿出，然后再射死第二个骑兵。明军万箭齐发，惊天动地，阿鲁台死伤惨重，他本人竟然吓得滚下马来。他怒骂主战派："你们不听我的，害得我全军覆没。"阿鲁台又翻身上马，逃走了。明军追杀100余里，阿鲁台军队土崩瓦解。士兵们又饥又渴，只好罢手，阿鲁台总算捡得一条性命。

朱棣第一次亲征大获全胜，可他还没高兴多久，不好的消息接二连三地报上来：有的部队缺粮，有些士兵饿死了。他非常难过，把自己的粮食拿出来给士兵吃，要士兵之间互相借粮以渡过难关。皇帝拒绝吃肉，要与士兵同甘共苦。他每天傍晚还没吃饭，见宦官端来食物，便说："军士还未进食，朕怎么忍心先吃饱？"

一个更坏的消息传来：他心爱的权贤妃，经不住长时间的征战跋涉，一病不起，医治不好，已经在河北临城病死了。

权贤妃的确太累了，从朝鲜到北京，再到漠北，千里跋涉，一路辛苦，没有得到很好的休息，再加上人生地不熟，很快就生病了。由于宫禁的限制，疾病又得不到很好的医治，在跟随朱棣出征的途中就去世了，年仅19岁。

朱棣非常悲痛：美人啊美人，我这么玩命，就是为让你们高兴，证明我是个伟大的男人、伟大的君王！我所做的一切，你都看不见了！对你的一片深情，你再也无福消受了！

朱棣落了许多泪，经过山东峄县（今枣庄市）时，把她安葬在那里。

七月，大军回到北京，八月中旬回到南京。

朱棣对权贤妃确实有真感情，权妃生时，凡进膳之物，朱棣吃得很香；权妃一死，凡下人进膳、献酒等事，朱棣都感到索然无味。

皇帝认为权美人是死于谋杀。朱棣见到权贤妃的父亲权永均说："吕氏不义，与内史金得谋买砒霜，和药饮之，再下蓣茶，以致（权妃）死了。朕尽杀吕氏宫中之人。"还告诉权永均，将迁葬权氏，和徐皇后合葬在一起。朱棣赐言之时，含泪伤叹，以至于说不出话。

3. 流血百步帝王怒

可是，权氏之死并没结束。一场大波澜几乎掀翻整个后宫。

后宫从来都不是平静之地。心毒的女人害起人来，比蛇蝎还厉害。如果有人不明不白地死了，宫女首先被作为怀疑对象，稍有不慎就被嗜杀的冷血者咬死，生命毫无保障。

权贤妃的死因有两种说法，一说是被毒死，朝鲜来的吕美人出于嫉妒，在药、茶里下砒霜，毒死权贤妃；一说是病死，这种说法称，吕美人下砒霜谋害权贤妃是出于宫女贾吕的诬告。

根据《朝鲜王朝实录》记载，先前，宫女贾吕进入皇帝宫中，见和朝鲜来的吕美人同姓，想结好交友，但吕美人并不愿意，得罪了贾吕。

就这么一点事，导致贾吕怀恨在心。等权贤妃在出征途中病逝，就诬告说：权贤妃死得不明不白，是吕美人在茶水中放毒药，进献给权贤妃，把她毒死了。

这种说法，其实缺乏事实依据，只是一种泄愤罢了。

在茶水里、中药里下毒药，不容易被人察觉，是杀人的惯用伎俩。朱棣的三儿子朱高燧曾经勾结司礼监太监黄俨、常山护卫指挥孟贤等，准备趁朱棣生病之际，由太监杨庆在朱棣药中下毒，毒死朱棣，废掉太子朱高炽，由朱高燧自立为皇帝。可是，阴谋被告发，毒死朱棣的计划失败了。

现在，有人告发朱棣最心爱的权贤妃被毒死了，朱棣信以为真，痛失美人，又犯了心病。

本来就悲痛不已，自己的心肝宝贝竟然死于非命，那还得了？朱棣怒不可遏，把朝鲜来的吕美人处死，同时数百名宫女、宦官被杀。

朱棣用刑残酷，还与宠爱的王氏死去有关，本来想立王氏为皇后，结果却死了，朱棣痛悼不已，遂丧心病狂，此后处事错谬、用刑毒辣了。

但是事情还没完，更大的波澜还在后面。

朱棣与宫女的矛盾，由来已久。

妃子中一个姓鱼，和这个诬告者贾吕，都是耐不住寂寞的人。她们跟大多数宫女一样，命运看起来很美，实际上很悲惨。白天是侍候皇帝的婢女，晚上则是皇帝发泄兽欲、生儿育女的性工具。她们远离父母兄弟，不能出宫探望亲人，亲人也不能进宫看望，等同于囚徒，失去家庭的欢乐。

明代宫禁十分严格，不通人情。洪武年间，大将胡美因为军功被封为临川侯，朱元璋对他待遇优厚。1384 年，战功卓著的胡美却因犯法获罪，蹲了监狱，于1392 年被处死。什么原因呢？朱元璋将他列为奸党，一是将他列为李善长的人，二是因为胡美犯了宫禁。原来，胡美的长女被朱元璋看中，做了贵妃。胡大将日夜想念女儿，就找了一个机会，携其儿子、女婿，到皇宫里看望女儿。

而根据宫禁，除了皇帝外，任何男人（太监已经算不上是男人）都不能和皇后、妃子接触。胡美违反宫禁的事情被查处后，儿子、女婿被处死，胡美本人被赐自尽。

宫禁就是这么严格，所以，皇宫里的女人实际就是皇帝的囚徒。

因为宫禁，宫女不能和医生接触，患病时，医生不能对她望闻问切，只能根据症状，半猜半蒙地治病，因此宫女不能得到很好的医治。病死后，便送往净乐堂火化了事，孤独寂寞地走完蝼蚁般的一生。

后宫里佳丽几千人，想得到皇帝的恩宠，难于上青天。只有极少数人能得到皇帝恩宠，封为嫔妃。更有极个别的女人，有机会为皇帝生儿育女。因为宫女太多，皇帝大都叫不上来她们的名字，也记不住她们的美丽面容。大多数宫女失去情感自由，在感情上孤苦无依，因此十分寂寞。

怎么办呢？人总有生理需求、总得要有精神依靠吧？于是，耐不住寂寞的宫女，就偷偷地找宦官做男友。宦官当然也有这种需要，因为朱元璋禁止宦官娶妻，否则，将处以剥皮之刑，所以宦官也是一个可怜的群体。

宫女跟宦官冒着生命危险，偷偷地做情人，这种秘密关系叫"对食"，在宫中已经成为公开的秘密。他们互称对方为"菜户"，就跟现在称"老公""老婆"一样，精神上互相意淫，生活上互相照顾，可能过不了正常的性生活，但是男女之间那种视觉、味觉、听觉的刺激和偷偷摸摸犯罪的快感，让他们暗爽不已、欲罢不能，不惜甘冒凌迟、剥皮的危险而偷情。

这种"对食"关系当然是玩火，一旦泄密，必死无疑。人就是这种奇怪的动物，理智的大堤一旦溃败，便没办法控制自己的情欲，不到危险，就绝不罢手，见了棺材，也不见得落泪。

朱棣解不了她们的寂寞，但对贾吕与鱼氏私通宦官的事情，早就觉察，出于宠爱她俩，隐忍不发，有一天，这两人居然因为害怕上吊自杀了。

朱棣愤怒不已，命画家把她们和小宦官搂抱的春宫图画出来，警告其他人不要秽乱宫廷，并且留给后世人看。但是因为思念鱼氏，没有悬挂其春宫图，命令将画藏于寿陵之侧，后来被仁宗毁掉了。

由于事起贾吕，朱棣逮捕了她的婢女们审问。婢女们经不起严刑拷打，屈打成招，竟然胡乱承认有"欲行弑逆"的恶念。弑君，一般会被处以凌迟之刑。这种招供的杀伤力，可以使万千人头落地。

朱棣看了婢女供词，更是怒不可遏，不分青红皂白，下令一次处死2800人，完全丧失人性。朱棣到刑场亲自监斩，"皆亲临剐之"（凌迟），要亲眼看看这些"淫妇淫贼"们的悲惨下场。下场越悲惨，他越感到快慰。

一些刚烈的宫女，自知难逃一死，临刑前破口大骂，透露出一个惊天的大秘密——

"你自己阳痿！我们才和年轻宦官私通，何罪之有？（自家阳衰，故私年少寺人，何咎之有？）"

宫女骂得不错！朱棣哑口无言，因为这些宫女骂的内容是千真万确存在的。

朱棣当皇帝之前，已经患有性功能障碍症，过不了性生活，所以和徐达的长女徐皇后，只生下3子5女（另外一个早夭）。儿子仅仅3个，挑出一个好皇储都难。

朱棣的性功能障碍症可能是多种疾病引起的。他常年征战，有严重的风湿病，平时喜欢吃芹菜，患有肠道寄生虫病。再加上长期处于严酷的军事和政治斗争中，在血雨腥风里穿行，精神高度紧张，可能还患有精神方面的疾病。另外，朱棣为追求长生不老，服用丹药，损害了身体健康。

由于朱棣"不行"，导致后宫数千如花似玉的美女梦想破灭。以前，为得到皇帝的垂青，她们朝思暮想，费尽心机，可是现在，连最后一线希望也完全破灭了，犹如一朵朵鲜花任其枯萎，生命除了活着，便全无价值。

如果，朱棣能仿效唐太宗一样，将宫女放出宫外，任其婚配，双方各得其所，倒也不失上策。但是，朱棣没有这样的雅量，不会减少宫女数量，更不会允许自己曾经的女人寻找幸福。他只希望所有的宫女都能保守秘密，直到死去。面对后宫美女，好像面对一群群欲望横流的女妖精，朱棣除了满心愧疚，更是感到无比压抑，只好无奈地在欲海里拼命挣扎。

鱼、吕之乱正越演越烈之时，奉天、华盖、谨身三殿遭到雷击起火，全部焚毁。这些可怜的女人心中窃喜，以为朱棣会恐惧天变，停止诛戮。然而，皇帝不以为戒，大肆杀戮，与平日无异。宫女们又失望了。

这一次大屠杀，浇灭了他心头的怒火，捍卫了他作为一个男人的尊严，然而无辜惨死的宫女人数，可能超过第一次讨伐蒙古人时朱棣军队消灭的敌人数量。皇帝的淫窟，瞬间变成杀人魔窟了。

从朝鲜来的几位美女，这次也难逃一死。

大乱初起时，朝鲜任氏、郑氏自经而死，黄氏、李氏被鞠处斩。

黄氏经不住折磨，招供他人甚多，唯独李氏不诬告一人："等死就好了，何必牵连他人？我当独死。"只有她坦然赴死。

一个远在南京的姓崔的朝鲜美女逃过一劫，先前皇帝召南京的宫女都去北京时，她因病未能成行，因此捡了一条命。

韩丽妃被关在空房间里，几天不给饮食。守门的宦官看她饿得可怜，偷偷给她吃的，才没死去，但最后在朱棣宾天时死于殉葬。

韩丽妃的婢女都被处死，奶妈金黑被无罪释放，后来回到了朝鲜，宫中的丑事得以泄露，被记录进《朝鲜王朝实录》。

这个韩丽妃在刚到中国时还替朱棣干了一件事——抽黄美人的嘴巴，只因她来朝鲜之前，已经不是处女，还怀了身孕。

黄美人的情夫，就是她的姐夫金德章。

她没到中国前，关系有点乱。临走前，金德章坐在她的窗外，久久不忍离去，被太监黄俨发现，遭到严厉斥责。上路后，黄美人悄悄地怀揣着情人送的一把木梳子，肚子里又怀了孩子，心惊胆战地一路随车前行。

或许是出于保护贞洁的原因，她不敢透露自己不是处女，更不敢透露自己怀有身孕，就满腹心事地向中国而来。腹痛一阵阵袭来，折磨得她痛苦不堪，每夜让婢女悄悄揉她肚子，希望把腹中胎儿早点干掉。

吃什么药品都无效，她只想吃点腌菜（估计是朝鲜泡菜）。太监黄俨变色说："你想吃人肉，我还可以割大腿送给你，但在这荒郊野外的草地里，哪里弄来这种东西给你吃？"

不知道经历了多少痛苦，黄氏一夜小便时，胎儿终于掉出来了，个头才茄子那么大，本来偷偷地丢进厕所，却被许多婢女知道了。

朱棣以黄氏非处女，审问她，黄氏羞愧难当，坦白曾与姐夫金德章甚至邻居皂隶私通。

朱棣大怒，将通报朝鲜国王，敕书都写好了。眼看一场外交风波就要来临，正受宠的宫女杨氏得知此事，赶紧找到韩丽妃想办法。韩丽妃哭泣着乞求朱棣，说："黄氏在家偷人，我们大王岂能知之？"朱棣才冷静下来，命令韩丽妃狠抽黄氏耳光。

黄氏被打后，一直闷闷不乐，在宫里的境遇可想而知。第二年，钦差大臣善才见到朝鲜国王，不满地说："黄氏性格阴险，无温色，看起来像个负债的女人。"

没有爱情，又被这么羞辱，她一个远离祖国、孤苦伶仃的女人，还笑得出来吗？

五、八十万大军下安南

鞑靼部的实力虽然削弱了，不过还有 2 万残余骑兵。瓦剌部趁机大抢地盘，户籍数发展到 4 万顶蒙古包。1412 年，瓦剌部被朱棣封为顺宁王的马哈木，将本雅失里杀死，鞑靼部完全落入阿鲁台之手。朱棣的麻烦又来了，这次的对手不是阿鲁台，而是强大起来的马哈木。

战争，属于凶事；战士，属于死士。战争从来都是大事，但不全是好事。所以战与不战，都要十分慎重，绝不是小孩过家家那么草率。元代多次攻打日本、安南、占城、缅国、爪哇等国，最后都以惨败告终，特别是打日本遭遇台风，全军覆没。

正是认识到战争对国家的重要性，1395 年，朱元璋在《皇明祖训》中告诉后世皇帝，中国要和平不要战争，没事不要随便对其他国家动武。这些国家跟我们山海相隔，偏居一隅，得到他的土地不足以供给，得到他的人民又指挥不动。如果他们自不量力来打我们，是他们"不祥"，而他们不是中国的祸患，我们兴兵侵犯，则是我们"不祥"。他怕后世皇帝倚仗中国富强，贪图一时战功，无故杀伤人命，煞费苦心地搞了 15 个"不征之国"的名单，提醒后人别轻易掉入火坑。

"不征之国"包括朝鲜、日本、安南、占城、真腊、苏门答剌（清朝时改译名为苏门答腊）、爪哇等国。从历史的发展来看，朱元璋不搞地区霸权主义是十分明智的。

安南、占城都在不征之列。安南从秦汉到唐代一直是我们的国土，五代时闹独立，成为中国的藩属国。元代时屡屡攻破安南，越过国界线 100 里，设立永平寨万户府。越南在明代分为南北两部分，北越南叫安南，又称交阯，南越叫占城。安南和占城犹如死对头，两者之间互相攻伐。

朱棣并没有遵从朱元璋的遗训，只当它是张废纸，以为安南是个小国，政治内乱会威胁明帝国的安全。只有把安南并入帝国版图，明帝国才能高枕无忧。吞并安南的确轻而易举，但他万万没想到，吞并容易治理难。明帝国没有这么好的胃口，消化22年都没法消化掉，只好最后又把领土吐出来。朱棣的错误决定，给明帝国带来深重的灾难。

1. 忽悠也能当国王

安南国王本来姓陈，当朱元璋还没统一全国时，就向中国纳贡称臣，朱元璋封陈日煃为安南国王，使者到了安南，可是陈日煃已经死了，由他侄儿继位，被封为国王。尽管国王换来换去，可安南一直是陈姓的天下。

后来，安南变天了，国王换成了黎姓。

1377年，安南丞相黎季犛（máo）发动政变，废除国王陈炜，不久将其杀害，仍以原国王的名义向朱元璋进贡，几年后才被朱元璋发觉，不让他进贡了。黎季犛害怕得要死，千方百计要进贡。朱元璋从战略高度考虑国际大事，不想打仗，还是收下贡品。安南总喜欢进贡大象，朱元璋偏让他们不要送，即使送点别的，也别送那么多。

建文元年（1399），安南丞相黎季犛又兴风作浪，将国王杀了又立，立了又杀。昨天刚刚将襁褓中的婴儿立为国王，今天又举起屠刀将他杀了。国王宗族几乎被杀光光。

黎季犛自立为王，把自己的姓改为祖上的姓，叫胡一元，一心想建立胡王朝，并在清化建立新首都，称为西都。他称自己的祖先就是中国古代的圣人"舜"的后裔胡公满，把国号也改了，叫"大虞"。

胡一元不久又把王位传给儿子黎苍（也姓胡），自称"太上皇"。安南成了黎姓的天下，明朝廷却还蒙在鼓里。

黎季犛对忠于原国王的亲戚和大臣进行清洗，几十甚至上百的大臣都被族诛。赶尽杀绝不是一件容易的事情，有两个重要人物逃走：一个是大臣裴伯耆，当政变发生时，他正在海边防御海盗，侥幸逃脱，但是他的亲人都被杀害。另一个是前国王的弟弟陈天平，政变发生时也不在首都，听到宫廷政变的风声，早就逃走。

中国国内正在发生内战，朱棣正挥剑跃马夺取天下之时，谁也没有精力过问安南的国王姓什么。

朱棣当了皇帝，黎苍虽然是安南的实际统治者，但是心里发虚。按照惯例，安南国王不经过中国皇帝的册封，就永远是山寨版国王，程序上不合法，名不正言不顺。黎季犛父子靠政变起家，要得到朱棣的册封，在法理上行不通。

死马当活马医，黎苍只有一个笨办法：撒谎。谎话能说圆，或许可以瞒天过海。

1403 年，黎苍派遣大使，给朱棣带去亲笔信，内容写得很滑稽："安南原国王陈日煊不幸早早去世，家族没人了。我是前国王的亲戚，受大家推举代理国事，已经有 4 年了。请求您封臣为国王，我一定年年纳贡，誓死效忠！"

黎苍的亲笔信，到了朱棣手中。

黎苍是谁？朱棣一点印象都没有，没有见过，也不清楚黎苍的底细，于是，让礼部商量怎么回信。礼部也莫名其妙，安南国王不是姓陈吗，怎么现在姓胡了？为摸清黎苍的底细，派行人杨渤等人去安南实地调查。

不知道杨渤是个糊涂虫，还是黎苍的手段太厉害，总之，杨渤所接触的人都是黎苍的人，都说胡大人是好人，恭顺谨慎、工作勤奋，治理国家有方，前国王的确已经绝后，国王的位置非黎苍莫属。

杨渤活在真空里，装了一肚子谎话，和黎苍派的大使，回到南京禀报朱棣，只说好不说坏。朱棣于是派礼部郎中夏止善来到安南，正式册封黎苍为国王。

黎苍的诡计，就这样得逞了，靠忽悠和欺诈，洗白了自己的身份。

可是，狐狸的尾巴终究是藏不住的，谎言总有被识破的一天。

2. 准国王黄粱一梦

世界上什么最有价值？不是人才，而是领土，因为领土具有永恒的价值。

想到两国存在的边界纠纷，朱棣一直如鲠在喉。

洪武年间，安南进犯广西思明，占领永平寨，越过国界铜柱标志 100 多公里，侵占中国思明所属的丘温等 5 个县，并设立驿站（相当于邮局）。朱元璋照会黎季犛，让他归还中国丘温等 5 个县，黎季犛置若罔闻，坚决不从。

吃到嘴里的肉，安南哪肯轻易吐出来？

对此，朱元璋在领土问题上，决不让步，只说了一句话："他们冥顽不灵，必定招致大祸，姑且等待时机。"

1404 年，安南又多次进犯广西和云南，占领不少村庄。

朱棣勒令黎苍：安南侵占中国思明辖下的禄州、西平州、永平寨，必须归还！

黎苍又置若罔闻。

安南还搞地区霸权主义，多次侵犯邻国，洪武年间大举进攻占城，杀死占城国王。朱元璋得报，都没有动武反击。

现在到了永乐时代，占城又来举报邻居安南侵略它。朱棣令两国修好，可是安南还是老方一帖，嘴上说不侵略了，实际上照样侵略不误，逼迫占城沦为安南的藩属国。

可见，安南目中无人、夜郎自大到了何种地步？

朱棣正要派官员去大骂黎苍，恰好在这时，一个安南难民，一路风餐露宿，来到南京。

时间是 1404 年八月，这个难民名叫裴伯耆。他不是一个简单的人，而是与黎氏父子有着血海深仇的大臣。

裴伯耆出身官宦世家，家世显赫，祖父是安南的执政大夫，母亲是国王的近亲。他幼时陪伴国王读书，长大后官至五品，在军队里任裨将。

黎季犛篡位后，实行大屠杀，裴伯耆的兄弟、妻子、儿女，都被黎季犛父子杀害。为逃脱追杀，裴伯耆在深山野林四处躲藏，历尽艰辛，逃出魔掌，辗转数年后，抵达南京。来到中国的目的就是搬救兵，谋求复仇。

当他在朝堂上见到朱棣，将黎季犛父子篡位的事情详细禀报之后，朱棣果然大为震惊。

裴伯耆眼里闪动着悲壮的神采，毅然决然地说："我请皇帝发兵剿灭黎季犛父子，我为大军做向导，荡除奸凶，重新立陈氏后人为国王。我即使死亡，也可以不朽。我胆敢像中国古代忠诚的申包胥一样，哀鸣阙下，以死苦谏。"

他口中提到的申包胥是什么人？是春秋时的楚国大夫。当吴兵攻入楚国的首都郢都，申包胥向秦国求救，然而秦王不理。他在秦廷上哭了七天七夜，秦王被缠得没办法，于是出兵救楚，打退吴兵。裴伯耆也想像申包胥一样哭上几天几夜，希望朱棣出兵锄奸。

朱棣那颗柔软的心弦，被裴伯耆的诚心和忠心拨动了，答应出兵复仇，命人供给他衣服、食物。

没过几天，又一个安南难民被老挝送到南京。

他叫陈天平，就是从安南逃走的那个王子，级别比裴伯耆更高。

他又哭诉黎季犛父子的暴行。

黎季犛篡位后，他被大臣推为首领讨伐黎凶，还在商议谋划阶段，就被黎季犛追捕。陈天平仓皇出逃，在山谷里东躲西藏，历尽千辛万苦才逃到老挝，又万里跋涉，在老挝人的帮助下来到南京。

朱棣接见了这位落魄王子。

陈天平说："陈家后裔都被杀了，如今只剩下我一个人。我与黎贼不共戴天，请求皇帝立即发兵，剿灭黎季犛。"

朱棣听闻更加感动，命人给他提供宾馆住宿。

为几滴眼泪，两国就打一场大仗，朱棣没有这么冲动，还不想这么莽撞。为弄清事实真相，朱棣做了一个局。

1405 年元旦，黎苍照例派遣大使来朝贺。当安南使节和朱棣会晤的时候，朱棣突然让陈天平出来相见。这些使者见到王子出现，大吃一惊，纷纷跪倒下拜，哭成一团。

裴伯耆也现身了，把安南使节大骂一通，言辞慷慨激昂，态度大义凛然，骂得他们哑口无言，惶恐不安。朱棣也控制不住，大骂黎氏父子弑主求荣，真是为鬼神所不容。

"整个国家的大臣、百姓都欺骗我，都是罪人！朕怎么能容忍这种害人精？"朱棣愤怒地说。

朱棣派两个不怕死的人——御史李琦和行人王枢，带着他的圣旨前往安南，责问黎苍，让他如实交代杀害国王的罪行，并逼迫他下台，恢复陈天平的王位。

这时，云南宁远州又报告皇帝：安南侵占该州的 7 个寨子，绑架当地群众。

皇帝的圣旨，就像一枚政治导弹，可以远程打击篡位者。黎苍上下慌作一团，但是经过紧急磋商，作出的决定不是屈从朱棣的逼宫，而是除掉陈天平，计策是：在南京继续使用撒谎的武器，将他勾引回国杀掉，暗地里做好动武的准备。

黎苍自己编造一个政治剧本，派工于心计的大臣阮景真，跟李琦到南京做谢罪的政治表演。这个油嘴滑舌的使节对朱棣说："我们国王从来没有更改国号，诚心迎接陈天平回国，拥立他当国王。并且退还中国禄州、宁远等地。"朱棣信以为真，当即派行人聂聪，带皇帝圣旨告诉黎苍果真退位，还可以捞个公爵当当："你果真迎接陈天平回国，尊为国王，我一定封黎苍为上等公爵，还封你大郡，保你享不尽荣华富贵。"

黎苍立即又派大臣阮景真，跟聂聪来到南京，迎接陈天平回国称王。聂聪也是个傻乎乎的人，看不出什么破绽，说黎苍是个厚道人，诚实可信。朱棣深信不疑，命令广西将领黄中、吕毅率领 5000 名精兵护送陈天平回安南。陈天平眼看政治流亡的生活就要结束，喜不自胜，如同在梦中经历奇遇一样。

1406 年正月，陈天平带着朱棣送的厚礼，和黎苍派的使节一起出发。同时带着皇帝圣旨，上面封黎苍为顺化郡公，他管理的地方可以不向皇帝纳税，全进自己腰包，算作他退位的补偿。

5000 多人马走了 3 个月，到达边境。

黎苍派大臣黄晦卿迎接大军，一路上好酒好肉款待。黄晦卿见到陈天平，以参拜国王的礼节跪拜，看起来非常恭顺。只有黄中看出问题——

黎苍居然没来。

黄中问："黎苍怎么不来迎接新国王？"

黄晦卿说："大人身体有病，不能亲自来，他会在前边迎接的。"黄中派出前哨搜索，竟然没发现任何异样。

大军过了安南的鸡陵关，将要到达芹站，只见山越来越陡，树林越来越密，黄中心里越来越发毛。

天上忽然下起大雨，士兵们慌慌张张地躲雨。只听得一声呐喊，10多万安南人突然从树林中冒出，居高临下，发动攻击。5000名精兵哪里是对手？中国护送官兵伤亡惨重，陈天平还没来得及挣扎，就被安南兵强行劫走。

黄中纵马追赶陈天平。安南兵急急毁掉桥梁，黄中立马这头，望着断桥无法进军，气得干瞪眼。安南的统帅远远地冲黄中拱拱手，朗声说道："我们安南是小国，不敢对抗你们大国。可是陈天平这个小人，冒充陈家后人，迷惑你们皇帝，妄想当安南国王，实在罪该万死，死有余辜。我们今天有幸抓到这个骗子，将处死以谢天下。我们国王会向你们皇帝上表谢罪。"安南统帅随后策马而去。

黄中无可奈何，眼睁睁看着安南大军将陈天平劫走，然后杀掉。他快快不乐，回到南京汇报败绩。

3. 朱能未捷身先死

陈天平被劫杀的消息很快传遍南京朝廷。南京顿时陷入战争狂热之中。

居然骗到我朱棣头上了！朱棣再次大骂黎氏父子："你这个不讲信用的小丑，罪大恶极，天地难容。朕对你诚心诚意，你却一再欺骗！你这样的人不杀，难道我军队是吃干饭的？"

战，还是不战？他想听听大臣的意见。

几乎整个朝廷也头脑发热。大臣们议论：我们是宗主国，有义务去救安南人于水深火热之中。安南的一小撮人，公然挑衅宗主国的威信，是可忍孰不可忍！

一些大臣反对发动安南战争。大学士解缙反对出兵，认为那里太贫瘠，平时进进贡倒还可以，设立郡县实在捞不到什么油水。

朱棣说："对于朕的赤子，你看到他们在火里烤着、在水里挣扎，你就忍心吗？能不马上去救吗？"朱棣和成国公朱能等人商量，决定老账新账一起算，出手严惩安南。

这一次，出动的军队是80万人。这是朱棣即位以来，发动的第一场大规模战争。

涉及领土问题，朱棣必须是个爷们，毫不含糊。因此这场战争，在他看来是不可避免的。不过，除陈氏家族日子难过之外，多数安南人都活得好好的。陈氏家族也没完全灭绝，日后还出了几个勇士，跟中国军队鏖战不休。朱棣的最初目的并不是要吞并安南，而是要给他点颜色看看，平息安南内乱。而朱棣做的远远超出维护领土完整的范围，大打出手，一步步走入战争的深渊。

那谁来带兵呢？朱棣选定3个年轻的将领，他们是成国公朱能、西平侯沐晟和新城侯张辅。他们都是"官二代"，不过都非常争气。

朱能当年37岁。在大将中年龄不大，但是他骁勇善战，爱护士兵，谦虚谨慎，不以富贵骄人，功劳不下汉代名将霍去病之下。他的履历一路辉煌：早年跟随燕王出征漠北，很有战功。建文时，与张玉擒杀监视燕王的张昺、谢贵，真定（今河北正定）之战中击败耿炳文，郑村坝之战中击败李景隆，白沟河大战中击败平安。燕王在山东东昌被围，陷入绝境，张玉战死，靠朱能殊死砍杀，将燕王救出重围。安徽灵璧大战中，朱能俘虏平安部队10万多人。朱棣称帝后，朱能升为左军都督府左都督，封成国公，掌管军权，地位仅次于丘福。

沐晟，是大将沐英的次子，世代镇守云南。他接到皇帝命令，从四川选拔7.5万精兵归他指挥，并负责大军的后勤保障。

张辅年仅31岁，是已经战死的河间王张玉的长子，也是一代奇人。

1406年七月四日，朱棣发布命令，任命朱能为总兵官，配征夷将军大印；西平侯沐晟为左副将军，配征夷副将军大印；新城侯张辅为右副将军。又有丰城侯李彬等18个将军，统兵80万人，由广西、云南等地分道出兵安南。兵部尚书刘儁参赞军务，刑部尚书黄福、大理寺卿陈洽负责军队后勤保障。

朱棣在南京秦淮河的龙江宝船厂摆下酒席，大宴出征将士，下诏说："安南人都是朕的赤子，只有黎季犛父子是头号恶人，必须杀掉，下面的胁从者予以释放。抓住这些罪人后，立即在陈氏子孙里面选拔贤能的人为安南国王。"他严令军队遵守纪律，进入安南后，全军上下务必做到不毁坟墓,不损害庄稼,不抢劫钱财物品,不抢人家的妻子女儿,不杀投降归附的人。凡是违反其中任何一条,功劳再大,严惩不贷。

1406年七月十六日,是一个好天气。朱能带上征夷将军印,从南京出发,朱棣亲自送他到长江边。大军士气高昂,军纪严整,军威雄壮,以泰山压顶之势向安南进发。

朱能走了3个月,到达广西龙州,已经是十月的深秋。快到中越边境,可是他没能看到战争的胜利,就染上疾病,一病不起,一代将星遽然陨落。他虽然是公爵,但是做人很好,不骄不躁,善待士兵,非常受部下拥戴。"出师未捷身先死,长使英雄泪满襟",不光他自己遗憾,部下全都哭得稀里哗啦。大军未战先失一帅,本为不祥之兆。朱棣立即任命新城侯张辅为主帅,主持军务,沐晟协助他指挥。

4. 张辅活捉黎氏王

张辅等人带领21.5万人马,从广西和云南分道进兵,发动钳形攻势,闪电战威力巨大,连战皆捷。张辅的一支军队在安南坡垒关,发动宣传攻势,广泛传播黎季犛父子二十大罪状,宣扬要立陈氏子孙为国王,从政治上掌握主动。明军通过芹站后,造浮桥通过昌江。张辅率领大部向西,占领北江府的新福县,他的前锋一部占领富良江北的嘉林县。同时,云南守军沐晟、李彬部,抵达白鹤,与张辅军的骠骑将军朱荣会师。

安南军队很快发动200多万江北群众参加防守,在沿江四五百公里设置栅栏等路障,并在多邦城修筑工事,增建土城。每个江河码头、海岸口,都钉下木桩,阻止船队进入。东都升龙严加守备,水军、陆军号称700万人,要和中国军队大打持久战。

张辅于是将部队转移到三带州个招市江口,大造战舰,欲水陆并进。朱棣一看军队进度慢了,怕军队不适应当地气候,瘴疠之气将损害军队战斗力,给张辅下了死命令:务必在明年春天消灭敌人。

十二月,沐晟抵达洮江北岸,攻打多邦城。张辅部下云阳伯陈旭进攻洮江州,造浮桥过江,兵临多邦城下。在多路围攻之下,安南固若金汤的多邦城抵挡不住,很快陷落。安南人依仗的就只有这座城,一看城破,吓得肝胆俱裂，斗志全无。

张辅军队顺富良江南下，安南首都——东都升龙的人闻风而逃，不攻自破。西都清化就在眼前。当军队进入西都清化时，这里已经变成一片废墟，黎季犛在逃离之前，火烧这里的宫殿，举止比朱允炆烧南京还慌张。

安南军队想逃到海上，继续抵抗。张辅军队所向披靡，占领沿途郡县。

1407 年正月，张辅在木丸江大败安南军队，不久又取得富良江大捷，黎季犛部队几乎全军覆没，父子俩仅带几艘小船逃走。大军水陆并进，乘胜追击，到达茶笼县，黎季犛又逃到乂安。大军顺举厥江，追到出海口，黎季犛逃到海上，张辅命令武器专家柳升出海追击，打得黎季犛溃不成军。五月，走投无路的黎季犛和他的儿子在高望山被俘，并送往南京关押，安南平定。

中国军队还俘获了安南人简定。但是，在押送他回南京的途中，不知道是士兵不负责任，还是他太狡猾，居然让他溜掉，给以后埋下心腹大患。

安南 1120 多名老人建议：安南以前就是中国领土，陈氏都被杀光，还不如并入中国。张辅将军报告皇帝。朱棣大喜过望。

六月初一，朱棣正式颁布诏书，宣布将安南并入明帝国的版图，设立交阯布政司（唐代也是这个名称），等于是中国的一个省。交阯设交州、谅山等 15 府，下辖 36 州、181 个县，又设太原等 5 个直辖州，由布政司直管，下辖 29 个县。

这样，战争的性质完全变味，本来是替陈代夺取政权，现在却成了占领安南的悲剧战争。

张辅被调回国内，平定广西叛乱。朱棣任命工部尚书黄福兼任交阯最高行政、司法长官，吕毅、黄中负责军事。9000 多名有才干的当地人来到南京学习、培养，被授予各种官职。

黄福是名非常优秀的官员，德才兼备，非常节俭，从来不大吃大喝、浪费国家公款。来到安南，他又轻徭薄赋，实行许多惠政。

七月正值举朝欢庆时刻，贤良仁德的徐皇后去世了。黎季犛父子、安南丞相胡杜等人九月被押送到南京。朱棣虽经丧妻之痛，仍然在当月于南京奉天门隆重地举行献俘仪式，并大赏将士。文武群臣都陪同朱棣接受献俘。安南俘虏手脚戴着镣铐，上身披着一块开有圆孔的红布，在众人的吆喝声中正对奉天门下跪。兵部侍郎方宾宣读黎氏弑王篡国的指控，皇帝让人质问黎季犛父子：你们这是人臣之道吗？黎季犛父子不敢开口，现场一片死寂。最后，朱棣没有大开杀戒，只有黎季犛父子等3人被关进监狱。黎季犛的子孙黎澄等人都获得赦免。

过了1年，交阯布政司看起来已经风平浪静。

1408年六月，张辅正式率领军队撤回南京，沐晟撤回云南。张辅给皇帝奉上交阯地图，东西长880公里，南北长1400公里，人口达到520多万人，缴获8670多艘船只，约254万件武器。朱棣论功行赏，封张辅为英国公，封沐晟为黔国公等。他夸奖平定安南的胜利是将士们浴血沙场、拼死战斗得来的伟大功绩，不能把所有功劳揽在他一个人头上。对张辅又是赐宴，又是写《平安南歌》，大赞其功绩，好像真把安南吃定了。

5. 处死简定越上皇

张辅还没高兴两个月，安南的简定（也陈姓）起兵反抗，建立大越王国。他本来是陈氏旧将，已经投降明朝，逃走后，利用乂安、化州的险峻高山，打游击战，各州群起响应，留在那里的明军根本镇压不了。

朱棣再次命令云南守军沐晟为征夷将军，率领4万云贵川的军队火速征讨，中央还是派兵部尚书刘儁前去督战。

简定的军队熟悉地形，鼓动当地群众奋起反抗，神出鬼没的游击战让沐晟的军队连吃败仗。1408年十二月，双方大战于生厥江，沐晟大败。都督金事吕毅久经沙场，曾在靖难之役中立下奇功。安南平定后，任当地的军队主帅：都指挥使。这次，他陷入敌人的埋伏，英勇战死。兵部尚书刘儁也被敌人围困，不甘心落入敌手，上吊自杀殉国。

遭受重创的沐晟请朱棣增派军队，大力镇压。后方的文官弹劾沐晟丧师辱国，应当治罪。朱棣说："大将吃败仗，当然罪行很大！现在不治他的罪，以观后效。"朱棣派常胜将军张辅再度出征。他鉴于简定的水军厉害，在中国沿海招募4.7万人的军队，进入安南。

张辅果然不负皇命。他利用俘获的 8600 多艘安南船只，组建一支水军，控制海岸线和河港。这样，军队和战船的数量比简定多，占据绝对优势，简定仅有 2 万兵力和 600 艘战船。

鉴于敌军依仗水军，张辅在北江府仙游大造战舰。简定的部下邓景异扼守南策州卢渡江太平桥，阮世每率 2 万余人和 600 艘战船严防死守。

八月，当西北风呼啸而来的时候，张辅已经做好准备，命令方政等多路水军一齐进发，万箭齐射。阮世每军不能抵挡，3000 多人被杀，200 多人被俘，400 多艘船只落入明军之手。

大军进击邓景异，邓景异仓皇逃走，交州等 6 府平定。明军穷追不舍，在太平海口再战，邓景异大败，将军范必栗被明军俘虏。

阮帅等人拥立简定为大越王国"太上皇"，另立简定的侄儿陈季扩为皇帝。

至 1409 年十月，张辅基本打垮简定的主力，对简定穷追不舍。简定逃入美良县的大山中，张辅大军搜山，遍寻不得，于是重重围困大山。十一月，张辅在美良活捉简定，押送到南京处死。

6. 陈季扩象阵覆没

陈季扩成了安南人抗战的一面旗帜。他自称是前安南国王的孙子，派使者跟张辅交涉，要求封他为王。张辅看也不看，一刀把使者杀了，双方于是再战。

1410 年一月，张辅在东潮州安老县与阮师桧两万余人大战。阮师桧大败，4500 多人被杀，2000 多人被俘。杀降不祥！2000 多人竟然被张辅完全杀光。

正当张辅在安南的战斗势如破竹的时候，1409 年七月，朱棣又在北方发动讨伐鞑靼的战役，等于南北两线作战。如果把郑和下西洋发生的战斗也算上的话，朱棣等于三线作战。在北边，丘福 10 万大军被鞑靼布下口袋阵消灭。朱棣亲自出征，为 10 万将士复仇。1410 年初，为确保打败鞑靼，朱棣将张辅召回，随军出征鞑靼，留下沐晟在安南平息抵抗。

陈季扩看见老对手张辅走了，立即猛攻明军。五月，沐晟大败陈季扩，在古灵县、会潮、灵长海口，杀敌 3000 多人。陈季扩处境艰难，上表乞求投降。朱棣只给他一个交阯右布政使（相当于副省长）当当，陈季扩看不起这个职位，拒不受命。

沐晟束手无策，叛乱越来越大。朱棣打败鞑靼后，张辅在1411年初第三次被派往安南镇压，任征虏副将军，增加兵力2.4万人。双方厮杀两年多，互有胜负。

1413年冬天，双方在爱子江再次大战。陈季扩、阮帅等人凭借昆传山险峻的地形，出动大象军团出击。

大象军团在明军的眼里看起来很可怕。战象有巨大的杀伤力。当象阵发起集团冲锋时，迎面而来的庞然大物会给对手造成极大的心理恐慌。用刀枪杀不死大象的话，不是被大象踩死踩伤，就是被跟在后边的士兵杀死。公元前327年，所向披靡的亚历山大侵入印度河流域，遭到印度象阵的猛烈抵抗。远征军因此遭受前所未有的重创。

虽然知道象阵厉害，但是，朱棣早就对张辅面授机宜："敌人的象阵是纸老虎，并不可怕。你只要用计谋，一定可以将它攻破。"

张辅研究了很久：战象最致命的弱点是怕火。在历史上，战象历次战败几乎都与火有关。对付战象可以用火攻、用箭射，大炮也能发挥威力，让威风八面的战象不堪一击。张辅做了周密的部署。

战斗开始，陈季扩的大象军团果然冲上来了，黑压压的一大片。成千上万头大象甩着长鼻，亮出长牙，迈开四肢，背着士兵，潮水一般地向明军阵地涌来。大象的脖子上或者背上都坐着驯象人（也叫象奴）。他们平时严格训练战象，这时则指挥战象向前冲锋。

张辅立即命令士兵们张弓搭箭，先射杀驯象人。象奴纷纷中箭滚落，但是大象还在冲锋，张辅又命令士兵们用箭狂射象鼻。成千上万头大象鼻子中箭，痛得直叫，纷纷掉头往回跑。张辅要的就是这效果！安南兵反而被踩死无数，阵脚大乱。张辅立即反攻，大胜而归，生擒56个高级军官。陈季扩又溜了，跟当年的刘邦逃跑时不顾父亲死活一样，逃跑时丢了家眷，只带了一个弟弟，逃到老挝。后来邓景异中箭被擒，阮帅被抓后又逃走，被张辅部下薛聚擒获，陈季扩的家属全做了俘虏。

张辅命令都指挥师佑追击陈季扩，在老挝连克三关。张辅也向老挝发文要人。老挝当局非常害怕，让陈季扩把自己绑了，投降明军。1413年三月，师佑终于在老挝金陵个活捉陈季扩父子和他的弟弟。陈季扩父子被送到南京处决（另一种说法是陈季扩在被送往南京的途中投水自杀）。安南再次大体平定，张辅、沐晟1415年二月班师回国，四月张辅再次受命出镇安南。

7. 黎利父子再称王

安南的抵抗依然没有停止，明军的数量十分不足。1416年底，张辅和大部分明军撤回国内。1417年二月，善于打日本倭寇的丰城侯李彬改行打安南兵，取代张辅镇守安南。他也打了不少胜仗，安南抵抗军黎核、杨进江等，都被他打败处死。

如果有军队可以维持秩序，有好官员管理安南，在安南实现朱棣心中那个小小的梦想未必可知。可是，一个丑陋的官吏惊醒了朱棣的美梦。

当时，北平正在大建新的首都。

宦官马骐身负皇命，前往安南采购木材，供应北京建设之需。安南出产苏木檀香，可以用来建造北平的宫门，树皮可以提取红色染料。安南正常纳贡的时候，每年有750—2500公斤苏木檀香运往中国。

马骐在安南大肆索要珍宝，百姓不堪其苦。本来黄福在当地实行轻徭薄赋的政策，生怕惹恼当地百姓，可是马骐偏偏要增加当地的税收。还强迫当地群众改变风俗，不准使用皇室专用的黄色和紫色，因为违反当地的独特传统，引起群众强烈不满。

马骐的倒行逆施，这下把安南人激怒了。1418年一月，已经投降明朝的将军黎利正好因为嫌官小，郁郁不得志。他曾经追随陈季扩，做金吾将军，有很深的民族主义感情。他看到各地反抗，而明军刚刚撤回国内，在安南的兵力空虚，立即鼓动群众发动起义，并自封为平定王。

都督朱广立即出兵击败黎利。但是，安南人的反抗，呈现星火燎原之势，难以扑灭。抵抗军越闹越大，焚烧官府，袭击明军，许多首领自己封官做官，甚至自封国王。连涂山寺中的和尚都起兵造反，自称罗平王，攻城略地。不少明朝的地方官和军队领导，比如可怜的知县欧阳智被杀害。

李彬东征西讨，打了不少胜仗。1419年五月，在可蓝栅之战中，都督方政再次击败黎利。但是抵抗不能平息，李彬遭到朱棣严厉批评，要求他迅速荡平抵抗。李彬心里十分害怕，拼老命跟黎利周旋，将他赶到老挝。1420年十月，李彬部下方政在老挝又大败黎利。

正忙于迁都大事的朱棣向老挝发出警告，老挝于是将黎利驱逐出境。虽然李彬将安南人的反抗一一平息，但是始终抓不到黎利。1422年一月，积劳成疾的李彬在安南去世。朱棣先后派出几员大将，大多庸劣无能，败多胜少。朱棣已经年迈，北边跟蒙古人的战事让他分身乏术，无心顾及南边。随着明朝迁都北京，对安南的治理更有心无力。

尽管投入海量的军队和金钱，明军一直未能平息安南的抵抗。整个国家陷在安南战争的泥潭中无法自拔，不断向安南增兵，战死的士兵越来越多，连尚书陈洽也中了安南人的埋伏而死。战争日费千金，成为巨大的财政负担。

《孙子兵法》说：兵贵胜，不贵久。在朱棣死后不久，明朝决心放弃安南。1427年，黎利向明宣宗撒谎说：我们已经找到陈家的后人，你可以撤军了。明宣宗知道这是一个谎言，但是心里明白：安南政策已经失败，再拖下去劳民伤财，现在人家给了梯子，早点下楼才算明智之举。

在是否从安南撤军的问题上，朝廷内意见不统一。两个尚书夏原吉、蹇义是朱棣的老臣，不忍数十万将士用生命换回的疆土就这么轻易放弃，反对从安南撤军。而政坛新贵杨士奇、杨荣是内阁重臣，主张放弃安南。明宣宗为安南问题头疼不已，从安南撤军是王八吃秤砣——铁了心，廷臣也不敢再说一个"不"字。

实际上，最后得以撤回国内的明军只有8.6万人，在安南战死或者被俘虏的人不计其数。马骐因为在安南惹是生非，是安南骚乱的罪魁祸首，被抓回国内长期关押。明军的许多将领，比如王通、陈智、方政等人，因为打仗不利遭到弹劾，下狱抄家，只不过都捡了一条命，等于是无期徒刑。沐晟也遭到弹劾，皇帝放他一马，没有治罪。明朝建立交阯布政司22年的努力化为浮云，没从安南捞到半点好处。

　　黎利被明宣宗封为国王，但是他在国内自称皇帝。他死后，儿子黎麟被朝廷封为安南国王。谎言赢得胜利，看起来很奇怪，其实是安南人选择本国发展道路的结果。后来，中国眼睁睁地看到安南灭掉占城并改名为交南州，无能为力，徒唤奈何。

　　这一段惨痛的历史早已被人遗忘，可是它不应该被忘记。在东方世界里充当警察，陷入区域战争，恰恰是明朝衰落的开始。

第四章

猛夫建都

凶猛
国治

一、三建首都民多艰

在朱棣第一次出兵 50 万攻打蒙古人的时候，在北京，百万人参加的热火朝天的建设运动已经开始。3 朝皇帝，3 次建都：先前是南京，然后是安徽临濠，现在又轮到北京，朱家皇帝折腾得天下百姓不堪其苦。

究竟应该在哪里建都？为什么要选择在北京建都？天子究竟应该栖息在何处？明代人脑中是一团糨糊，为此争斗不休。

1. 风水害死皇太子？

南京是明代的第一个首都。朱棣的父亲朱元璋在这里度过悲欢离合的岁月。朱元璋能夺取天下，要感谢南京，他是以南京为基地才消灭群雄的。在这里定都，进退自如，进可以跨过两淮北征，统一全国，即使失利，退也可以凭借长江之险，划江自守。作为南方和全国的经济中心，南京从来不差钱。他住惯吴王时代建造的宫殿，多么富丽堂皇，他不忍舍弃。而他的部下，大多是南方人，不愿远离故土。从长远来看，打下江山后，距离北方的元朝残余势力，隔着千山万水，如果卷土重来，打到南京，也不容易。总之，南京是个能过日子的好地方。

1368 年八月，朱元璋将南京定为首都，1369 年九月开始仿效北极星星象建设新城，大兴土木 4 年后，于 1373 年八月建成。

第一重是京城，周长 48 公里，有 13 座门：正阳、通济、聚宝、三山、石城、太平、神策、金川、钟阜、朝阳、清凉、定淮、仪凤，后来封闭钟阜、仪凤门，留 11 个门。

第二重是皇城，有 6 座门：洪武（南）、长安左、长安右、东华、西华、玄武（北）。

最里边是宫城，也叫紫禁城，是帝王居住的地方，建造午门、左掖、右掖、东安、西安、北安等6座门。宫城原是燕尾湖，朱元璋调集几十万民工填湖造宫。但根据风水师的说法，这个地方"风水"不好，地势南高北低，就是前高后低。

1378年，朱元璋下诏，改南京为京师，正式定都南京。1390年四月，在最外边又建造城墙（外郭），周长90公里，有16座门：东有姚坊、仙鹤、麒麟、沧波、高桥、双桥，南有上方、夹冈、凤台、大驯象、大安德、小安德，西有江东，北有佛宁、上元、观音。

南京，成为当时中国的超级大都市，非常繁盛，1393年时人口达到16万多户、119万多人。但朱元璋对建都南京并不满意。六朝在此建都，都难逃短命劫数；王朝偏安一隅，不便统治北方；宫城风水不好，影响龙脉，这些都让他如鲠在喉，坐立不安。

朱元璋吃着碗里、看着锅里，一直想着迁都。他像一只要下蛋的母鸡，急惶惶地四处找窝，对安徽临濠（今凤阳县临淮镇附近）、河南汴梁（今开封）、河南洛阳、北平、陕西长安（今西安）等几个候选地都做了详细考察。

1368年，徐达攻占河南汴梁。朱元璋立即跑过去看，这里地处中原，东西南北都能兼顾，位置不错。可惜民生贫穷，水陆转运艰苦，军事上无险可守，四面受敌，黄河泛滥也是大麻烦，还不如南京。他把这里作为北部京都，以定鼎中原、夺取西北。

最终，朱元璋相中距南京165公里的安徽临濠（就是凤阳府，元代叫濠州，1367年升为临濠府），要建造中都。临濠是朱元璋的老家，将首都造在老家是很多人的臆想。臆想都是不健康的，跟积极向上的梦想不在一个层次。而功臣大部分是安徽人，这里前有长江，后有淮水，地势险要，交通发达，大家吵着闹着要在临濠建都。偏偏只有浙江青田人刘基反对，认为帝乡并非建都之地，建了也不适合居住。可是，心胸并不狭隘的刘基在朝廷吃不开，正确意见被这群抱有自私自利地域偏见的人扼杀了。

在几乎是荒城的土地上新造首都，谈何容易？朱元璋偏要蛮干。从1369年九月开始，朱元璋派李善长督建中都。李善长在旧城西边建造宫殿，每年动用 100 万人，包括近 9 万工匠、7 万士兵、近 20 万移民、数万罪犯，辛辛苦苦干了 1 年多，于 1370 年十二月初步建成城市框架。周长超过 25 公里，建造 9 座门：洪武、南左甲第、前右甲第、北左甲第、后右甲第、独山、长春、朝阳、涂山。里面为皇城，周长超过 4.5 公里，有午门、玄城、东华、西华等 4 座门。

到 1375 年九月，工程还在进行，大兴土木达 6 年，劳民伤财无数。但是临濠土地荒芜，人烟稀少，发展多年人口聚集还不到 43 万人。眼看百姓实在吃不消，朱元璋才放弃这个扶不起的阿斗。

曾有大臣提出在北平建都，但朱元璋不想劳民，或许心里还有一些害怕。中国的主要威胁来自元朝残余势力，离北平距离太近。元朝残余百万兵力，战斗力不可小觑，呼啸而来，又呼啸而去，不管几座山、几条河、几座城池，在巨大的攻势面前，都会沦为摆设。元朝势力不灭，北平还不如南京安全。

1391 年，他派太子朱标考察陕西长安。汉唐雄风今犹在，朱元璋对唐太宗仰慕已久。而中国历史上，西北军力一直很强。建都长安，既可抑制北方蒙古势力威胁，还可防止西北势力崛起。不过，长安同样偏居一隅，中国的政治中心早已东移。从西到东路途艰难，不便统治，走走路都能把朱标折腾出病来。可不，朱标回到南京，刚向皇帝汇报考察长安的情况，迁都大计未定，就急匆匆地病死。

朱元璋把太子之死，归咎于南京宫城风水不好，是风水害死他的继承人！一头白发的老皇帝万念俱灰，从此不再提迁都，朱家王朝的兴废，只好"听天由命"！

其实，不管首都建在哪里，地理并不是决定性因素，关键在于人为。《明史·地理志》指出，固若金汤不足以防止土崩瓦解，领土广阔不足以形成掎角之势。国家强弱，天下兴亡，在于天降丧乱，政治昏庸内讧，人事乖张，而并非地利的因素。所以说："在德不在险"，治国有道比地理险要更重要。

2. 李至刚提议迁都

斗转星移，到了朱棣时代。南京被朱棣轻易占领，也说明南京作为首都，在很多方面存在很大问题。

朱棣在南京称帝，无时无刻不在想念他的老窝和龙兴之地——北平。而他手下的一些将领、大臣也对北方有感情。既然皇帝不喜欢南京，那就让他回北平好了！礼部尚书李至刚很会揣摩朱棣的心思，1403年正月建议说："北平是皇上承运兴王的地方，应该遵从太祖设立中都的制度，将北平也改名北京。"朱棣听了十分高兴。李至刚成为提出迁都的第一人。

朱棣思前想后，觉得将北平作为首都，的确有着很多优势。论城市建设，北平是元代的首都，洪武时经过徐达、华云龙的初步改造，基础不错。按照旧都的城市规划建设，大体上不会出问题，建设宫殿、郊庙就可以投入使用。论地理条件，北平辐射东西南北。从地图上看，右有大海环抱，左有太行山拱卫，南有大河阻隔，北有居庸关当靠山。从河北到北平，有数十、上百个关口，尤其是居庸关、紫荆关、山海关、喜峰口、古北、黄花镇等，在冷兵器时代，易守难攻，应对军事上的突然袭击，有较大的回旋余地。而对于北元残余势力，朱棣天不怕地不怕，连建文皇帝都敢打，当然不把蒙古人放在眼里。

朱棣决心吃一回螃蟹，将昔日的封地改造成帝国的新首都，证明自己超凡的远见和卓越的才能。他的一生，实际就是在拼命证明自己是好皇帝，文治武功不逊于唐宗宋祖，甚至胜过他的父亲朱元璋。

他暗暗做着各种迁都准备。1403年，朱棣设置北京留守行后军都督府、北京行部、北京国子监等衙门。当年正月，朱棣将北平升为陪都，改名北京。二月，派长子朱高炽（即后来的洪熙帝）治理新都。朱棣不断迁徙直隶、苏州、浙江、山西人到北京发展经济，这些人不用努力，立即就有了北京户口。

1409年，朱棣在阔别北京7年后回来视察，住进燕王府，为迁都北京和首次讨伐鞑靼做准备。他索性来了个"天子守边"，长住北京，不回南京了。这种怪事，也只有朱棣做得出来。

他来北京，还有一个重要目的：为自己和皇后敲定百年之后的风水宝地。

年仅 46 岁的徐皇后早在 1407 年病逝于南京，出了殡，却没有下葬。风水大师廖均卿受命为她和朱棣寻找风水宝地，范围指定在北京。

廖大师不辱使命，找到北京昌平县黄土山，发现这里风水实在太好：山势崇高正大，雄伟宽宏，群峰犹如万马簇拥，又如众星捧月，云蒸霞蔚，王气聚集，完全符合天上紫微垣的星象，真是天子下葬升天的好去处。廖大师更是将这座山的王气，牵强附会地跟昆仑山扯在一起。好像皇帝死了，只要埋在这大山里，真能够羽化成仙，飞上天和他的爸爸——紫微大帝在天宫相会。

朱棣亲自考察一番，对廖大师独到的眼光十分满意，立即封这座山为天寿山，派武安侯郑亨祭告天地，立即动工，派武义伯王通督建长陵。

长陵玄宫于 1413 年建成，耗银约 800 万两。朱棣派汉王朱高煦千里迢迢地将徐皇后的棺木从南京拉到长陵安葬，让她长伴自己左右。可见真正能在朱棣心中占有方寸之地的，也只有这位女中豪杰——徐皇后。

迁都北京，还有几大难题摆在朱棣的眼前：一、要确保北京的安全，必须彻底击败蒙古人。因此，迁都之前，他两次发动对蒙古人的大规模战争，基本打垮蒙古人的势力，消除北边的威胁。二、经济中心在南方，必须疏通京杭大运河，将南方的物资源源不断地供给北京。三、在原来元代首都的基础上，大兴土木，建设一个气象万千、大气磅礴的新首都。

3. 陈瑄疏通大运河

明初建都南京，向北京运粮主要依靠海运，水路不好，任务不重，倒也落得清闲。朱棣要迁都北京，人口急剧膨胀，疏通京杭大运河就势在必行。想当年隋炀帝开挖大运河，留下千古骂名，而朱棣对此毫不畏惧，认准疏通大运河是泽被后世的伟大事业，铁了心要大干一百年。

治理京杭大运河，选谁最合适呢？朱棣选择一员武将——陈瑄。

陈瑄，安徽合肥县人，武艺高强，箭法超群，身怀云中射雁的绝技。他曾经代替父职，修理四川都江堰，积累一点水利知识。建文年间，他负责驻守南京长江防线，凭借长江天堑阻挡朱棣大军南下。可是他偏偏胳膊肘往外拐，当燕兵攻至浦口，立即率水军迎降，帮助燕兵渡江，把建文帝逼上死路。

因为陈瑄在渡江战役中立了大功，被封为平江伯，世袭指挥使。

这么一员武将，去搞海军最合适。朱棣偏偏削去他的军权，打发他去搞水利。

1403 年，朱棣任命陈瑄为漕运总兵官，负责物资运输，每年向北京和辽东运粮 49 万石。陈瑄采用海运、陆运、河运 3 种形式多拉快跑。但是，海运风大浪高，经常发生沉船事故，多次与日本海盗交手，非常危险。陆运靠牛拉肩扛，民工像牛马一样辛苦。绝望之余，他把殷切的目光投向京杭大运河。

此时的大运河得了病——"肠梗阻"，不能全线通航。有的地方长达 85 公里是陆地，由山西、河南民工转运粮食；有的地方需要爬坡上坎，靠人力搬运物资。而且运河水量无法调节，河里有水船就走，河里无水船就歇。走运河，实在太憋屈了！

使京杭大运河全线贯通，首先要打通山东境内的会通河。1411 年二月，朱棣派工部尚书宋礼、侍郎金纯、都督周长，主持整修会通河。

会通河在元代还能使用，到元末已经没人行船。洪武年间由于黄河泛滥成灾，会通河淤积上百里，完全沦为臭水沟。

宋礼等人发动 30 万山东、江苏、南京等地的农民工，大规模整修从济宁到临清长达 192.5 公里的运河段，引入汶水、泗河抬高水位，修建闸门和水库调节水量。1415 年，会通河竣工。为降伏黄河水、保护会通河，宋礼又发动 10 万河南民工治理黄河。

京杭大运河 1500 多公里的河道，终于全线贯通了！

使用河运的人逐渐增多，走海运的人几乎没有了。沉寂多年的运河热闹起来，一时间万艘船舶云集，运粮的船队络绎不绝。

大运河虽全线贯通，但是河道淤积，两岸残破，有的地方逆水行舟，费时费力。陈瑄运粮北上，遇到极大的麻烦。

陈瑄在湖广、江西制造3000艘平底浅船，运输这两个省以及江浙的大米北上，每年运力达到200万石。这么多粮食运到江苏淮安后，运河还是断头路。民工把粮食搬下船，改用陆运，经过仁、义、礼、智、信5座水坝，然后再进入淮河北上。过一个坝，犹如翻一座山，人要脱一层皮。过坝类似现代船闸的斜面升船机，船舶先卸下货物，用辘轳绞把船拉上坝，然后下坝。过了5个大坝后，再把货物装船运走。之后在淮河逆水行驶30公里，到达北岸的清河口，继续北上。

大运河要成为贯通南北的黄金水道，必须实现直通淮河！

苦恼不已的陈瑄，到处访问百姓，向老者请教，终于找到解决办法——开凿清江浦。

他沿着宋代乔维岳开凿的沙河旧址，开凿10公里清江浦河道，引入淮安城西的管家湖水，并修建新庄、福兴、清江、移风4座水闸调节水量，这样，船舶可以直达淮河边上的鸭陈口，不用再翻坝了，航程也大为缩短。

长江北岸有3个运河口：瓜洲运口、仪真运口和白塔河口。江浙来的漕船一般通过瓜洲运口北上。陈瑄动员镇江、扬州、常州、仪征等地2万余人，疏浚瓜洲坝河道，并设置两座减水闸，成为比较完善的通航枢纽。湖广、江西及长江上游来的漕船沿长江东下，一般进入仪真运口，进入仪扬运河。陈瑄对仪真运口和河道大力疏浚，使它们方便通行。

运河的另一过江通道是泰州白塔河。江南来的船舶从孟渎河到达长江，再沿长江上溯150公里，到达瓜洲运口，然后北上，不仅跑冤枉路，而且江水滔滔，很不安全。而离孟渎河不远，有条水浅狭窄、行船不便的白塔河。陈瑄大力开凿白塔河，直通长江。这样，江南来的船出了孟渎河，通过白塔河，就可以直接北上了。

运河淮阴至徐州段，借黄河河道运输。黄河经常决口，一条大河变成很多条小河，船走不了多远就容易搁浅。而在百步、吕梁，却是乱礁纵横交错，水势汹涌，一不小心，船只撞上礁石，一船货物就泡了汤。陈瑄组织人力凿掉乱礁河段的巨石，建立闸门蓄水。黄河水变得平缓，行船安全了，运河北上的通道变得顺畅。

淮扬运河以西是大大小小的湖泊，在广阔的湖上行船也不安全。陈瑄全面督浚淮扬运河，增筑高邮河堤，在高邮湖堤内凿渠 20 公里，避开风涛之险。又大筑宝应、氾光、白马诸湖长堤，运输条件大为改善。

陈瑄沿运河建立大型物资转运枢纽，在淮安、徐州、济宁、临清、德州、通州等地建立大仓库，漕船分段运输，保证北京供应。沿运河一线，建设 568 个管理处，有士兵保卫运河、引导船只，如果船只搁浅，则有专人拉纤（即"纤夫"）。他们光着脊背，喊着整齐的号子，拉着大船艰难跋涉，豆大的汗珠吧嗒吧嗒地落在石堤上。运河上的纤夫，的确是一幅不错的绘画素材。

陈瑄还建设很多水闸和水库（即"水柜"），使运河雨季行船安全、旱季河不干涸。

这样，大运河的运输能力大大增加。陈瑄运粮，由以前的每年 200 万石增加到 500 万石，朱棣不再担忧北京的吃饭问题了。大运河由此开启长达 500 余年的物流繁荣，成为沟通南北的黄金水道，成为祖国大家庭空前融合的纽带，成为明王朝的生命线，其作用不亚于今天的铁路。河运发达，海运和陆运就废弃不用了。

1433 年，69 岁的陈瑄在淮安一线勘察水利，不幸病逝，宣宗追封他为平江侯，隆重地举行国葬。他为治水贡献毕生精力，做的运河规划，目光长远，精密周详，治理漕河 30 年，没有出现过重大失误，功勋远超东周时期的水利专家郑国。

大运河通了，老百姓的负担并没减轻。每年 500 万石粮食从湖广、江西、浙江及苏州、松江府运到北京，3000 里路，艰难跋涉，但是中央财政不出一点运费，全由纳税人承担。江南百姓上缴的公粮，还需要自己运到山东临清、江苏淮安、徐州等地，搬到政府指定的官仓里，一来一去要花 1 年时间，再由运粮兵运到北京。尽管运河上的运粮兵多达 12.1 万人，地方政府为省钱，经常征调百姓参与运粮。因此，农民正常的农业生产受到严重干扰，以至于许多人饥寒交迫，连饭都吃不上。

二、勒紧裤带建北京

1406年闰七月，朱棣正式下诏建设北京，命令泰宁侯陈珪、工部尚书宋礼、副都御史刘观等人把物力集中到北京，建造宫殿和城墙。宋礼、刘观、户部侍郎师逵、户部侍郎古朴、右副都御史虞谦等人分赴四川、湖北、湖南、浙江、山西和江西等林区组织伐木。陈珪在山东临清、北直隶、河南、苏州等地组织烧砖，此外派官员在北京开采巨石、烧制琉璃。

建造新首都的每一根柱子、每一块石头都浸透着劳苦大众的血泪和汗水。

这些巨石是从哪里来的？都是百姓从距北京七八十公里外的大石窝（今北京房山大石窝镇石窝村）、马鞍山、牛栏山、白虎涧等地弄来的。大石窝产汉白玉，是宫廷巨石的主产地。马鞍山、牛栏山则产青砂石，白虎涧产豆渣石。

紫禁城三大殿的台阶石，块块都是"万人石"。因为每次采石有一两万人参加，有时多达数万人。

搬运石头的场面十分宏大。有的大石料八九十丈方，小的四五十丈方，搬运一块需要1万人。有一次，搬运一块长10米、宽3.3米、厚约1.7米的石头。2万名民工喊着震天响的口号，迈着一致的步伐，一起拉动巨石，像蜗牛一般向工地爬行，让人联想到古埃及人建造金字塔的场面。民工们挥汗如雨，饥渴难耐，于是每0.5公里凿一口旱井，供大家解渴。这块巨石搬运到工地，整整花了28天，花费11万多两白银。

有的石头用车拉，稍微省力一些。一块石头用16轮大车装载，用1800头骡子拖拽。即便如此，搬到北京工地仍花了22天，耗银约7000两。

1. 师逵伐木闯大祸

建造宫殿需要大量的木料，材料过半才能动工。四川、湖南、湖北的原始森林是主要砍伐地。

砍树运树很危险，百姓痛苦不堪。有的官员体恤百姓，百姓做牛做马还有个好心情。比如户部侍郎古朴，在江西采伐木头时，体恤百姓，受到大家称赞。而有的官员逼迫太急，官逼民反，惹出大麻烦。户部侍郎师逵就在湖北、湖南栽了大跟头。

师逵是济南平阴县人，具有很多美德、有才干，算得上好官。他在单亲家庭长大，非常孝顺寡居的母亲，母亲死后，他按儒家的道德标准为母亲守墓，3 年中没喝过一次酒、没吃过一顿肉，以表哀痛。朱棣非常欣赏他的清廉，曾经对左右说："六部官员中，不贪污的，只有师逵一个人。"

1406 年，时任户部侍郎的师逵奉命前往湖北、湖南采运木料。作为钦差大臣，他有权驱使当地民力，发动 10 万名民工、商人、军人进入深山，开辟道路，采运木料。

这里面有个民工叫李法良，湖南人。湖南人天生有血性，胆子大，不怕事，个个都是顶天立地的真汉子。

师逵为君王办事，自然十分卖力。而珍贵的木材，多生长在原始森林的险峻之处。里面瘴气瘟疫杀人，虎豹毒蛇出没。采伐民工进山采木，要冒着极大的生命危险，入山一千，出山五百，死亡率非常高。很多人因此丢失性命、家破人亡，幸存者难免兔死狐悲、怨声载道。

伐木的每一个环节都充满杀机。

先讲砍树。大树深藏在原始森林中，必须先找结实坚韧、躯干笔直的大树，比如楠木、樟树、榆树、橡树、杉树、桧树等。

找起来费劲，而森林里有种神秘的"瘴气"。这是动植物腐烂后生成的毒气，里面饱含致病的微生物，尤其是恶性疟疾病菌。你走在森林里，忽然，一团乌烟瘴气飘过，你就立即倒下了，然后全身发热发冷，几天之后就扛不住了。其实，这是被成群的蚊虫叮咬，感染上恶性疟疾。尽管有 2000 多种中药配方治疗疟疾，但就是治不好病，得疟疾就等于进鬼门关。这个病一年四季都可以发病，容易流行。疫病暴发的时候，病菌具有传染性，一人得病，大家全死。

右副都御史虞谦监督运输大树，民工们碰到瘟疫。虞谦立即将这些人分散开来，保持距离，减少传染概率，幸好瘟疫消失，民工得以存活。

而许多农民工没有这么好的运气，进了深山，树还没砍几棵，就被瘴疬之气毒死。因为瘴气、瘟疫、寒冷、炎热、饥渴，死亡的民工数不胜数，尸横遍野，一堆堆白骨暴露在大山深谷。

再说运树。大树又长又粗，一般几吨重，甚至重达20吨。在没有机械设备的情况下，将这么大的树搬出四川大山，主要依靠一双双粗糙的大手和简单得不能再简单的工具。蚂蚁搬大树的情形，也在大山里上演。搬运一棵长23米、直径1.3米的楠木，需要500—800人齐心协力，拉到长江边上需要八九个月时间，大约需要耗费1000—2000两白银。

抵达长江后，一条船装80棵木头，配10名水手、40名民工，在官员的押运下，经过险峻的三峡，顺长江而下，再经过淮河、泗水，沿京杭大运河，一路北上，经过千里迢迢的旅程，最终到达通州，水路在此走到尽头。然后再用蚂蚁搬大树的模式，将这些大木搬到北京朝阳门外的大木厂和崇文门外的神木厂存放。

一船大树从砍伐下来，到运抵北京，一般需要两三年，有的竟然长达4年。运树的过程中，难免造成民工伤亡。

民工出来服徭役，只有一点点工钱，几乎是白打工。民工们在山里苦熬岁月，而家里田地荒芜、生计艰难。农村成了空壳村，老人、妇女、孩子留在村里种田。李法良不想白白丢命山野，于是偷偷串联民工造反。他自称是弥勒佛，在宗教外衣的掩护下秘密结社。

民工们对师逵的怨恨越来越多，参加弥勒教的人也越来越多。

师逵是个工作狂，也把民工逼成工作狂。他办事认真，但是心很急，不知道体恤民工。据说，有民工死了，家里的妇女竟然被拉来服徭役。《明史》说他"颇严刻"，就是把民工逼得太狠，以至民工们忍无可忍。

大木源源不断地输向北京，而伐木工人早已民怨沸腾。李法良看准时机，在湘潭县带头造反，率领石匠、铁匠、篾匠、伐木工、搬运工，操起砍刀，杀向官府。10万民工大多跟随李法良起义，战火一直烧到江西吉水县，遭到明军疯狂镇压。1409年九月，武器落后的起义军失败，李法良被俘虏，惨遭杀害。

李法良是第一个为反抗朱棣徭役而死的人，但绝不是最后一个。

师逵尽管捡了一条命，还是遭到左中允周干的弹劾。官逼民反，朱棣对此是深恶痛绝的。宦官马琪在安南惹事，引发当地人反抗，被判处无期徒刑。而这一次，师逵还比较走运，审案的是皇太子朱高炽。朱高炽一向性情仁厚，非常爱惜师逵的才华，又因为他是皇帝特别派遣的钦差大臣，采伐大木功绩卓著，所以没理会周干的弹劾，放了师逵一马。朱高炽为平息林区人的怨气，将湖南、湖北、四川的伐木工作暂停一段时间。朱高炽当皇帝后，还提拔师逵当了南京户部尚书兼吏部尚书。

采木大约持续 13 年，为北京上万间房屋提供木料，无数人为此牺牲性命。每当看到故宫里的巨木，我就想到衣衫褴褛的百姓在大山里伐木的情景——

坎坎伐檀兮，置之河之干兮，河水清且涟猗。

不稼不穑，胡取禾三百廛兮？

不狩不猎，胡瞻尔庭有县貆兮？

彼君子兮，不素餐兮！

采到的木料多得用不完，直到清代乾隆年间，北京神木厂还有永乐年间采伐的木料。

工部尚书宋礼在四川伐木 10 年，采到很多大木。他向朱棣报告，四川当地有个马湖，从山谷中砍伐的几棵大树一天晚上竟然自己轰轰隆隆地"走"到长江边上，实在太神了！朱棣一看树都这么给力，非常高兴，立即封这座山叫神木山，派遣官员祭祀。1419 年，朱棣看到良材巨木已经集聚北京，成千上万间仓库堆满大木，将宋礼等人召回北京，停止伐木。

湖北人、四川人终于可以松一口气了。他们每个家庭都有一个悲伤的故事，一提起伐木，无不哽咽流泪。

2. 百万之众造皇都

1407 年，朱棣在全国各地征集几十万名工匠、士兵和普通劳工，会聚北京，大兴土木。劳动大军的总数令人吃惊——超过 100 万人，其中技师10 万人、辅助工 100 万人。

征来的工匠分为两种：一种是北京周边定居的"住坐"匠，约有 2.5 万户，每月服役 10 天；另一种是来自全国各地的"轮班"匠，约 18 万人，分批定期到北京服役。

全国各地最顶尖的能工巧匠都来了！江苏吴县的"蒯鲁班"蒯祥来了，他的木工做得实在是顶呱呱。他父亲本来就是高级木工，主持南京宫殿的木工活，退休后，让蒯祥接班。"蒯鲁班"参与北京的许多工程，建造殿阁楼榭、回廊曲宇，随手画个图纸，施工时却十分精确。每次修缮，他拿个尺子比来比去，看起来毫不经意，结果不差一分一毫。他为工程呕心沥血，积劳成疾，堪称劳模。江苏无锡的石匠世家陆祥来了。他的家族从元代开始就参加建造宫殿，他本人是专家级技工。上海松江来的泥瓦工杨青升官了，现在负责调配工料。江苏武进的建筑工蔡信，则是包工头。

士兵是营建北京的主力，人数几乎占到一半。这些军人来自北京、河南、山东、陕西、山西、中都、直隶等卫，半年换一批。民工也半年换一批，每人每月给米 5 斗，有时免除部分杂役。

7000 余名被张辅俘获的安南（今越南）工匠，也被押送到北京参与建设。

陈珪从 1406 年开始，主持营建北京。他是员老将，早年跟随徐达、朱棣南征北战。明代的官员永远不退休，只要皇帝乐意，你得一直干到死。一年到头没有休息日，除正月休息几天外，天天都要上班。陈珪当年已经是 72 岁的老翁，由于建设北京谋划有方，多次得到皇帝褒奖。

营建北京的总设计师是来自安南（今越南）的奇才——阮安。当然他很小就加入中国国籍。张辅攻占安南后，带回一些相貌俊美的男孩，送到宫中阉割，充当宦官。安南也曾经向皇帝进贡阉人。而阮安是张辅献给朱棣的一件安南贡品。

阮安非常幸运。朱元璋时期，宦官不允许读书识字，以便他们永远愚蠢，甘做供驱使的羔羊。但是朱棣大发慈悲，让阮安等人在内书堂接受良好的教育。阮安天资聪颖，进步很快，精通数学、建筑学，从宦官一步步晋升为地位很高的太监，成为首屈一指的建筑设计大师。

　　他奉朱棣之命，和工部尚书吴中合作，营建北京的城池、宫殿、政府机关。今天的故宫模仿南京故宫兴建，但是"青出于蓝而胜于蓝"，宫殿、门阙、庙社、郊祀、坛场规制和南京一样，但比南京的更高大、更宽敞、更壮丽。

　　阮安是个很神的人。

　　他的建筑设计已经到了出神入化的地步。建筑设计，要体现"天人合一"、皇权至上的模仿天宫造皇宫的法则，要体现君临天下、尊卑贵贱的礼教秩序，要遵循阴阳五行、四象八卦的中国传统风水，学问深不可测。可是，他到工地转一转、看一看，不用查南京的资料，不用尺子测量，脑中盘算一下，只凭实地观测和思考（目量意营），就能画出精确的建筑图纸，无论是在建筑上还是在政治上，竟然全部符合规范，建设方案完全达到各方面的要求，工部照图施工就可以了。

　　他屡次督建重大工程，业绩显著，多次得到皇帝奖赏。官员的工资都不高，阮安的报酬与贡献完全不相称，但他毫不在意，始终俭朴清廉，不拿公家一分一毫。他把赏钱、赏物上交国库，为皇帝分忧，过着十分清苦的日子。正统年间，他参与重建三大殿，并参与治水，去世于治张秋河的工作岗位上，口袋里仍一贫如洗。

　　囚犯也是建设北京的生力军。刑部、都察院从判处苦役的囚犯中，抽调很多人送到工部，参与建设。其他地方，只要不是十恶不赦的死刑犯、等待判决的强盗（指谋反的人），都可以放回家，给路费到北京做工赎罪。

　　"徒"的本义是指奴隶，明代囚徒即是被迫做罚役的奴隶。劳役的目的就是使用囚犯做苦役，使他们困极疲弊而改悔归善，变成好人。

　　囚徒从事的全是辛苦事，分为做工、运囚粮、运灰、运瓦、运水和运炭五等。北京的文武衙门、军人营房，都要囚犯自己买材料修理。罪重的囚犯就煎盐、炼铁。犯了笞、杖等轻罪的犯人，砌城垣、修街道、盖官员房屋等，由监工带着做工。白天，判处徒刑的人颈上戴 10 公斤的枷，脚戴铁镣从事劳役。晚上收工，犯轻罪的人脚上戴 1.5 公斤的小铁镣（也叫小锁），犯杖罪的人戴 7.5 公斤的枷。

他们干的不是人干的活。劳动任务很重，一般人吃不消。比如盖房，1年徒刑盖1间房，自己准备建筑材料，8年徒刑就要盖8间房，盖好你走人。犯了杖罪，3人一起盖1间房。比如挑工，每担30公斤，1天近的挑300担，半里地挑200担，1里地挑100担……6里则为17担，7里15担，8里13担。也就是说，挑砖瓦的日工作量为100—105里担，且返回路程的消耗不计算在内。因不堪其苦，囚犯累死病死的人非常多。

在百万劳动大军的努力下，前期工程一直在加紧进行，对元代旧都进行大规模改建、重建，元宫城合适的就保留，不合适的就拆除，腾出地面建造新城。紫禁城的地基建得非常牢固，平均深2米，有的深入地下17米，有非常完善的排水系统，暗沟的水都流进内金水河。南海在1414年开凿，将清清的河水引进金水河。开挖河道的土方，堆成万岁山（今景山）。

1417年，地下工程全部结束，朱棣才宣布正式动工营建北京，全面营建地面上的宫殿。他向大臣们征询开工意见，大家都没有表示异议，众口一词要求立即开工。

朱棣组建新的工程指挥部。83岁的陈珪仍任营建总督，安远侯柳升、成山侯王通做他的副手。后来又加派北京都察院左副都御史李庆为总督，并命令成山侯王通，兴安伯徐亨，都督薛禄、金玉、章安、谭广分别负责1个单项目。陈珪殚精竭虑，一直干到1419年去世，享年85岁。

1417年四月，西宫建成，有1630间房屋。建在元代宫城内的燕王府被拆除，皇帝搬到西宫临时处理政务。六月，动工营建政治核心建筑——宫城（万历朝以后叫紫禁城，今故宫）。

1420年是个丰收的年份，许多工程相继竣工。经过3年半的大规模修建，北京的建设于1421年正月基本竣工。

另外还建设祭祖的太庙（今劳动人民文化宫）、祭土神谷神的社稷坛（今中山公园）、祭天地的天地坛（今天坛，嘉靖时改为天坛）、山川坛（今先农坛）。又在今天的王府井大街等处建设王府，有8350间房屋。

由于财力所限以及频繁的战争，朱棣没有把紫禁城全部建设完成，以后的建设任务又落到阮安等人身上。

3. 装神弄鬼扮"天"子

本节是欣赏百万劳动大军的杰作——宛若天宫的紫禁城，弄清朱棣为什么要装神弄鬼，耗尽国财，修建这么一个庞然大物。

我们前边说过，紫禁城的建筑设计，要模仿天宫，体现"天人合一"、皇权至上，要体现君临天下、尊卑贵贱，要遵循阴阳五行、四象八卦。我们只要知道这个皇宫，不是经济适用房，而是一座政治建筑，是模仿天宫建造的就可以了。

历代的皇帝都拉大旗做虎皮，装神弄鬼，愚弄百姓。皇帝以天子自居，自称是天的儿子，法力无边，而老百姓只是听天由命的"天民"。皇帝说自己是君权神授，权力是上天赏赐给他的，拒绝承认他的权力来自人民。皇帝还认为权力与生俱来，不受任何人间凡人的约束，只有高高在上、最伟大最公正的天，才是他的唯一主宰。除此之外，他没有制约，无所畏惧。

这完全是自大狂的臆测和胡说八道。

但是，阮安不是唯物主义者，识破不了皇帝的真相。即使他是唯物主义者，他也必须按照传统建筑理论设计宫殿，否则是要杀头的。

那朱棣怎么通过建筑，来体现他是天下的主宰？

这就要讲究天象。历代天子都要模仿天象，在国家的正中心建造宫殿办公和居住，以和他的爸爸——天上的紫微大帝，保持步调一致。紫微大帝住在哪里呢？他住在北极星（又叫紫微星）那个位置，那里也有叫紫微垣的宫殿。北极星独自居于天轴上，是天下的枢纽和中心，为众星环绕。

那么，天子是地上的主宰，他在哪里居住和办公呢？他应该独自居住于地轴上，是地上的枢纽和中心，被天下子民和建筑环绕。

经过勘测，这个地轴就是北京城和宫城的中轴线，是贯穿南北的中央子午线，和天轴对应。

而朱棣的居住办公地，应该位于地轴线的轴心，就像紫微大帝居住在天的中心紫微垣一样，这样就能天人合一、人神合一，达到太极、无极的理想境界，体现他是天下的真正主宰。所以，皇帝的宫城叫紫禁城。

因为北极星周围星辰的景象分为 3 个区域：紫微、太微、天市，又叫三垣。朱棣就模仿三垣，在北京建造 3 个区域的建筑群和 3 道厚厚的城墙，展现天子的威严。

最外边一层叫京城，周长 22.5 公里，好像天上的下垣天市区，宫内的人可以做买卖。古人认为天有九重，有 9 座门，京城也模仿建造 9 座门：丽正（正统初年改称正阳）、文明（后改称崇文）、顺城（后改称宣武）、齐化（后改称朝阳）、东直、平则（后改称阜成）、彰仪（后改称西直）、安定、德胜等。

再里面是皇城，周长超过 9 公里，建造大明、东安、西安、北安、长安左、长安右等 6 座门。

最里面就是宫城（紫禁城），处在地轴的轴心上。周长超过 3 公里（今天测量为南北长 961 米，东西宽 753 米），建造 8 座门：正南第一重是承天门（今天的天安门，取奉天承运的意思），第二重叫端门，第三重叫午门，东叫东华门，西叫西华门，北叫玄武门。

进入紫禁城，城外有宽 52 米的护城河，四面围有高 10 米的城墙，可谓固若金汤。城墙的四角，各有一座风姿绰约的角楼，有士兵瞭望。

进入午门，跨过内金水桥，到达奉天门（今太和门，取奉天承运的意思）。内金水河是模仿天上的银河，人工开凿的河道。河水拐弯抹角地算起来，发源于跟天有关的天寿山，天寿山拐弯抹角地又跟昆仑山有关，而昆仑山似乎又有上天的通道。这样，天子坐在北京，就不愁死了以后找不到回家的路。

紫禁城内的建筑分为外朝和内廷两部分。

外朝象征天上的太微垣，为天子的正朝。外朝的中心为奉天殿（今故宫太和殿，即金銮殿，为皇帝听政处）、华盖殿（今故宫中和殿，为皇帝休息室）、谨身殿（今保和殿，为皇帝宴会厅），统称三大殿。三大殿是天子执政的宫殿，象征太微垣的明堂三星，三大殿的三层台阶象征太微垣的三台星。

奉天殿建成于 1420 年，俗称"金銮殿"，取奉天承运的意思。这好像天上的上垣太微区域，地轴的中轴线从皇帝宝座的中心穿过。皇帝宝座，理论上就是帝星的位置，和紫微大帝的位置对应。只有坐在这个位置上，才叫真命天子。

所以，篡位起家的朱棣大修北京的目的，不是修建一座简单的办公楼，而是要将帝王宝座放在帝星的位置上，证明自己是真正的天子，不管消耗多少国力，都在所不惜。

奉天殿是皇帝听政和举行盛大典礼的地方，包括皇帝登极即位、皇帝大婚、册立皇后、命大将出征。每年皇帝生日、元旦、冬至三大节，皇帝在此接受文武百官朝贺，并向王公大臣赐宴。

有资料显示，它是皇宫内体量最大、等级最高的建筑物，建筑规制之高、装饰手法之精，堪列中国古代建筑之首。奉天殿面阔 9 间（后来为 11 间），进深 5 间，象征"九五之尊"。其上为重檐庑殿顶，屋脊两端安有高 3.4 米、重约 4300 公斤的大吻，檐角安放 10 个走兽。内部装饰十分豪华。檐下施以密集的斗拱，梁枋上装饰和玺彩画。门窗上嵌成菱花格纹，下部刻浮雕云龙图案，接榫处为镌刻龙纹的鎏金铜叶。殿内用苏州金砖铺地，明间设宝座，宝座两侧排列 6 根直径 1 米、贴金云龙图案的巨大木柱。宝座前两侧有宝象、甪端、仙鹤和香亭 4 对陈设，分别寓意国泰民安、吉祥、长寿、江山永固。宝座上方有形若伞盖的藻井，正中雕刻蟠卧巨龙，龙头下探，口衔宝珠。殿前有宽阔的丹陛平台，月台上陈设各 1 个日晷、嘉量，各 1 对铜龟、铜鹤，18 座铜鼎。日晷等于今天的手表，嘉量等于今天的秤，都是皇权的象征。殿下基座为 3 层汉白玉石雕，栏杆环绕。栏杆下的石雕龙头，每逢雨季，形成千龙吐水的奇观。

谨身殿则是大典前皇帝更衣之处，也为皇帝宴会厅。

华盖殿则是举行各种大典前皇帝的休息室，在此接受执事官员的朝拜。凡遇皇帝亲自祭天地坛，皇帝提前一天在这里预习祝文。祭祀先农坛举行亲耕仪式前，皇帝在此查验种子和农具。华盖殿源于星名，华盖是天上九星的名称，罩着紫微大帝的宝座。

三大殿左右两翼有明代早期建成的文华殿、武英殿两组建筑。

过了乾清门，便到了皇帝寝室部分——内廷。内廷象征紫微垣，是天子经常居住之所，是皇帝、皇后、后妃们居住的宫殿。

乾清宫是皇帝的寝宫，建筑规模为内廷之首，处于北京城的基点（还有争论）上，风水里叫"穴位"，正处于内廷院落的几何中心点上。乾为天、为阳，代表皇帝、男人。里面有暖阁9间，上下两层共有27张床，后妃来此与皇帝淫乐。皇帝每晚睡在哪个房间，很少有人知道，以防止有人暗杀。自朱棣至末代皇帝朱由检，共有14位皇帝在此居住。

坤宁宫是皇后的寝宫，就是中宫。坤为地、为阴，代表皇后、女人。

东西各有六宫，象征12颗星辰，属于阴，体现夫为妻纲的伦理关系。景仁宫、景阳宫、永寿宫、长春宫、延禧宫、永和宫、咸福宫、储秀宫、翊坤宫、钟粹宫等都在1420年建成。

后边是人工堆出来的万岁山（今景山），修建散步游玩的御花园。因为建城必须要有靠山，否则"北风穿堂，家破人亡"，于是在元代延春阁的位置上，堆出一座山，镇住元代。有了这座镇山，似乎历代皇帝就不会家破人亡了。万岁山的风水方位为北玄武，与南朱雀（午门）、东青龙（文华殿在东，属青）、西白虎（武英殿又称白虎殿），构成四象，象征四方，又代表天上的二十八宿。

按照阴阳学说，中轴线的东边为阳，中轴线的西边为阴。那为什么每个宫殿颜色不一，呈现出红、黑、黄、白、青多种颜色呢？这又扯到了相生相克的五行学说。紫禁城的东西南北中五个方位，要由金木水火土五大元素构成，宫殿要遵循北水南火东木西金土中的五行法则，位置和颜色很有讲究。

比如金銮殿为什么要金碧辉煌呢？因为它处于中央位置，中央属土，色黄，所以台阶必须设计成土字形，屋顶用黄琉璃瓦。又因为木克土，所以油漆不能用青色（蓝色或绿色），院内不能种树。又如午门为什么是红色呢？这是因为午门在紫禁城的南面，风水方位为朱雀，所以又称凤门。南方属于火，要以红色为主。又如太子读书的文华殿，东方属木，从春，色青（蓝色或绿色），主文，所以，它要放在东华门内，屋顶用绿琉璃瓦。

整个建筑群，中轴线与天轴、地轴合一，体现皇帝的天极之尊，体现君权神授、皇权至上的政治意义，不愧是中国的建筑瑰宝、世界的文化遗产。

4. 山东佛母揭竿起

北京由百万劳工流血流泪修建，是天下数千万大众勒紧裤带干出来的。修运河，建北京，筑长陵，造武当山宫观，征安南，打蒙古，下西洋，种种件件，让人无不惊叹朱棣的伟大。

但是，这些成就建立在百姓的痛苦之上，是靠百姓的民脂民膏、热血热泪换来的，与其说他伟大，还不如说百姓伟大。

按我的说法：他是伟得太大了！因为国力消耗殆尽，给帝国带来深重的危机。

建设北京的人有百万之多，服劳役将近 20 年。匠户几乎全部被征，本是轮班做工，但是往往超期服役。工程繁重、官员暴虐，工匠们被官员克扣粮食，过着吃不饱穿不暖的生活。尽管有医生送药，但很多人还是累死病死。工匠们不想死，就成批地逃亡，特别是不能服役的老人、少年、残疾人等。政府马不停蹄地进行追捕，抓到后关押起来，强迫劳动，何其悲惨！

这些大手笔，给百姓增加了沉重的徭役和赋税，许多地方因此民不聊生、民怨沸腾。家中田地荒芜，照样年年缴土地税，导致无数家庭破产。工程耗资巨大，前方吃紧，官吏仍旧"紧吃"，横征暴敛，索求无所不用其极。山东、河南、山西、陕西等地，自古以来就是出农民起义军的地方，现在水灾、旱灾频仍，出现大饥荒，百姓靠剥树皮、挖草根，苟活性命。许多人家卖儿卖女，外出逃荒，仿佛又回到元代末年的乱世景象。

尽管朱棣本人生活十分俭朴，穿着破烂的内衣上朝，把每一个钱都用在国家的大项目上，但是大干快上的做法还是导致国库空虚，财政赤字居高不下。根据黄仁宇的推测，朱棣进行一切事业的费用可能超过国家正常收入的两倍或三倍。寅吃卯粮的债务危局，已经严重透支后世子孙的发展能力。

这，都是由于朱棣瞎折腾造成的严重后果。

干大事的人，一定面临着巨大的风险。他们虽然得到盛名，却失去民心，甚至不一定能保得住自家性命。

例如，秦始皇父子因为在咸阳大兴土木，修筑长城，施行苛政，激起民众起义而灭亡。隋炀帝修建并迁都洛阳，修通大运河，三征高句丽，但是最后落得身死国破的下场。这样的例子比比皆是。他们，不是死在百姓之手，而是死于自己用野心编织的、想要永世不朽的扭曲政绩观。

同样好大喜功、野心勃勃的朱棣，现在也坐在火山口上，只要地面出现一条裂缝，炽热的熔岩立马会喷涌而出。

山东、河南、山西、陕西，已经处处是火山。在北京竣工的 1420 年，又一座火山喷发，山东益都（今青州）爆发唐赛儿起义。

唐赛儿本是山东蒲台县的一名农妇，用白莲教在山东一带组织群众，自称"佛母"。当地百姓服徭役、交赋税，田地荒芜，水灾走了干旱又来，粮食颗粒无收，人们吃草根、树皮难以活命。在此危难之际，政府仍旧敲骨吸髓，老方一帖。她揭竿而起，率领数万群众起义，占山为王，打死青州卫指挥高凤。朱棣手下毕竟名将如云。安远侯柳升、都指挥刘忠率领北京军镇压，唐赛儿夜间突围，竟然一箭射死刘忠，堪称猛女。

在山东沿海抗倭的卫青率领骑兵赶来增援。最后，唐赛儿起义昙花一现。4000 多名起义军被俘，全部被杀掉，唐赛儿本人不知去向。又有 3000 多名胁从者被俘，带到朱棣面前，在夏原吉的请求下，全部释放。

朱棣怀疑唐赛儿削发为尼，将北京、山东的尼姑、道姑抓起来审讯，后来逮捕天下出家妇女达到数万名，但始终没有捉到唐赛儿。唐赛儿已经被劳苦大众牢牢地保护起来，证明了天下人心所向。

如果李法良、唐赛儿真有项羽、黄巢之才，而朱棣的手下又都是窝囊废，那朱棣的命运说不定就两样了吧。

5. 朱棣挪窝殿失火

经过十几年的经营，北京的经济逐渐繁荣。南方的粮食通过大运河源源不断运到北京。迁都北京，已经水到渠成。

朱棣向大臣询问迁都的想法，反对迁都的人不是投进监狱，就是削职贬官。河南布政使周文褒（相当于河南省省长）、河南参议陈祚等人上疏，说建都北京不好，都被打发到湖北武当山种地，还干得挺欢的。大家一看朱棣玩的是假民主，行的是真专制，只好默不作声，作出"我是来打酱油"的姿态。

1420年十一月四日，朱棣颁布诏书，宣布迁都北京，成立两京，并于1421年新年在北京奉天殿举行迁都大典。夏元吉奉命迎接皇太子和皇太孙进北京，参加庆贺大典。

繁忙的运河顿时更加繁忙，搬家的船只来来往往穿梭不绝。经过约两个月的搬迁，大臣们陆续将家当搬到北京。而在留都南京，同样留下一套雷同的中央政府机构。只不过，北京已经不再称"行在"，南京也不再称京师。

1421年一月一日，朱棣坐上北京奉天殿的龙座，接受百官朝贺。坐在帝星的位子上，朱棣的心情犹如万里晴空，十分明媚。我就是百年不遇的真命天子！仿佛完全忘记当年朱元璋不选自己当继承人的伤痛。他去太庙拜祭朱家祖先，皇太子去天地坛拜天地，皇太孙到社稷坛祭祀土神谷神，黔国公到山川坛祭拜山川，告诉天地神灵——朱棣迁都北京了！

整个北京，举行盛大的庆祝活动，人们兴奋到极点，沉浸在无边的喜悦之中。仿佛一切苦难烟消云散，只有南方来的官员，心中隐隐有着一丝苦涩。

收获幸福的过程总是那么漫长，而享受幸福的光阴总是那么短暂。

朱棣在帝星的位置上屁股还没坐热，就在迁都当年的四月八日，北京宫城中的三大殿——奉天殿、谨身殿、华盖殿，突然遭到雷击，燃起熊熊大火。大家向失火点飞奔而去。但是火势十分凶猛，宫里的那点水根本来不及营救，三大殿在噼里啪啦的爆裂声中化为灰烬。大家欲哭无泪，迁都的喜悦顿时一扫而光。

讲了风水就没法讲科学，防火灭火不能靠阴阳五行那些假把式。紫禁城里的防火灭火设施，三殿两宫除用石雕做防火墙外，灭火设施只有内金水河、宫中的井水和几百口铜缸，根本就是摆设。建筑都是木质，干柴烈火，一点就着。三殿两宫穿堂连属，形成连片的建筑群，一个着火，整片遭殃。宫中失火除雷击外，还有宦官为盗取国宝，不惜一把火烧了作案现场，以掩盖罪行。

三大殿烧了，不是一件小事。抛开巨大的经济利益不说，它所包含的政治意义，能把皇帝吓个半死。

这三个最重要的建筑是政治核心建筑，纵火是人为犯罪，遭雷击起火则是天意，后者比前者严重得多，引起朱棣的极大恐慌：老天爸爸啊，我坐龙座还不满 100 天，就像刚出生的婴儿才刚刚学会微笑，你为什么突然降下天火，居然把皇帝宝座都烧没了？

我朱棣，难道不是真命天子？

如果我们了解天道思想，就知道皇帝对宫殿大火为什么这么害怕。人类早期对大自然的现象——风雨雷电、日食月食、彗星、地震、旱灾等无法理解，以为是神鬼在操纵世界。人总是神化自己喜欢的事物，把太阳当日神，把月亮当月神。对害怕的事物则妖魔化，以为地震、火灾、洪水、干旱等灾害是神魔鬼怪作怪来吓唬人类。这些思想在历史的长河中，逐渐演化出德治、礼治、法治思想，以及与皇权密不可分的君权神授等观念。天道思想逐渐成为人们的基本思维方式之一。人们思考问题，想来想去，想不明白，最后都从天道中寻找答案，认为什么事情只有老天知道。

皇帝自称是天的儿子，法力无边，君权神授，天是他的唯一主宰。而现在，新修的宫殿发生大火灾，是不祥之兆。大家认为，是皇帝做错事情，皇帝的主子——老天都不满意他的统治了，故意降下灾异，警告皇帝不要胡作非为，否则你连皇帝也当不成。

所以，金銮殿被烧，朱棣心急如焚，把大臣们召来，说："出了这事，我惶恐不安，不知所措。我愚昧无知，不知道其中原因。我如果真有做的不当之处，希望你们指出来，不要掖着藏着，我一定改正错误，挽回天意。"

皇帝公开号召官员对他进行批评。这个时机十分敏感。如果不会说话，那你最好保持沉默。如果真要批评皇帝，那就下点毛毛雨、朝天诓一下，说点无关痛痒的鸡毛蒜皮，也算表示忠心，皇帝一般不会生气。

你真要来一番暴风骤雨，戳到皇帝的痛处，他自然受不了，立马翻脸不认人。

但是，一些大臣认为机会来了，终于可以出一出胸中那郁积已久的闷气。许多大臣家在南方，本来不愿意迁都，原来不说，现在乱说，交相上疏，说北京不是建都的好地方，反对迁都。他们不敢公开指责皇帝，但是可以大胆攻击那些拥护迁都的大臣。言官不干事，所以纷纷弹劾大臣不干好事。大臣知道干事难，争着大骂言官只知道鸡蛋里头挑骨头。

朱棣命他们在午门外跪着辩论，天上下起雨来，双方淋得像落汤鸡，但是争辩的激情丝毫不减。

翰林侍读李时勉和侍讲邹缉，批评修北京工程耗费巨大、官员贪污。这么大的工程，百姓自然不堪其苦。不出几个贪污的，反倒是怪事。他们说的也是事实。建设北京的主要负责人之一刘观，后来带病提拔为左都御史，1428 年最终被查出存在贪污行为，身败名裂。

李时勉虽然进士出身，学问很渊博，慨然以天下为己任，但是性格非常耿直，说话能噎死人，只差没把皇帝气得吐血。李时勉给朱棣写报告，说了 15 件事，其中历数营建北京的种种坏处。

62 岁的朱棣看得心烦意乱。他其实早就心情不好。权贤妃死了，鱼氏、贾吕秽乱后宫，他刚刚大杀 3000 多名妃子、宫女以泄愤。三殿尽毁，他既心痛又心焦。

现在，读到李时勉批评他大兴土木、扰民害民，朱棣自然更加恼怒，把他投进监狱，关了 1 年多。

翰林侍讲邹缉向皇帝写报告，陈述百姓艰难，主张还都南京，从中我们看到当时国家的真实情况。

他指出修建北京已经耗费国力，导致民不聊生。

"陛下建设北京，操心劳累将近 20 年。工程浩大，耗资繁多，调度民力非常广，官员贪污，耗费国家储备。劳动的民工，动辄百万人，终年服劳役，不能在田间地头从事农业劳动。而政府无限制地索取，竟然砍百姓的桑树、枣树烧，剥桑树皮造纸。官吏横征暴敛，一天比一天厉害。比如，前年买办（修建宫殿的）颜料，颜料不是本地出产，动辄要花几百上千贯。百姓只好拿钱到别处去买，1斤大青，价格竟然涨到1.6万贯钞。等交给官府，又遭到刁难，折腾一番，1斤大青要花2万贯钞，还不够刷一根柱子。后来派官员在产地采办，向百姓勒索颜料却并未停止。因为工匠一味多要，从中捞钱，不顾民生艰难。

"京城是天下的根本。人民安定则京城安定，京城安定则国家根本牢固，天下就安定了。从营建北京以来，工匠小人狐假虎威，强迫百姓迁移，命令刚刚下来，就已经强拆房子。孤儿寡妇哭泣哀号，仓皇暴露在野外，不知道该到哪里去。刚刚搬好家，又让他迁移到别的地方，甚至有迁移三四次还要折腾的。而腾出的空地，过了很久还不开工。这些事情陛下您都不知道，而人民心怀怨恨。

"贪官污吏，遍布全国，剥削起来敲骨吸髓。朝廷每派一人到地方去，这个人就有了发财之道，毫无节制地虐取苛求。当地政府巴结讨好，唯恐不周。偶尔有廉洁自守、不献媚的官员，动辄遭到诬告诽谤，获罪被训斥，没有办法申辩。这样朝廷大员所到之处，政府公然行贿，剥削百姓，讨好上峰，大搞权钱交易……

"现在，山东、河南、山西、陕西等地，水灾、旱灾频仍，百姓甚至剥树皮、挖草根吃。老人孩子流离失所，卖妻卖儿，以求苟活性命……"

为攻打蒙古人，朱棣养的军马数量惊人。邹缉又指出养军马导致牧民贫困：

"朝廷每年令天下织锦、铸钱，派宦官到塞外买马，花费经常数千万，而做法适当的不到一二成。买到的马虽然多，大多是劣马，责令百姓养马，扰民太厉害。马发生死伤，动辄令牧民赔偿。养马户贫困，要卖妻卖子来赔偿。这是危害最大的一项……"

邹缉对朱棣大造寺庙、道观进行批评。当时的背景是：1412年，朱棣为纪念明太祖和马皇后，在南京建造报恩寺，取名大报恩寺。名义上是为证明自己是朱元璋的儿子，报答父母的养育之恩，暗地却是为生母硕妃祈福，亲妈不能认的痛苦让他十分纠结，只好建个寺庙，自我安慰一下。建造报恩寺，动用上万名囚徒和 10 多万名军匠工役。郑和第六次下西洋回国后，担任南京守备，亲自督察施工。工程建了整整 19 年，耗银约 250 万两，报恩寺宏伟壮丽，局部细节精妙绝伦，成为世界上绝无仅有的宏伟建筑。

除了建造寺庙，还大修道观。

为证明自己是真命天子，有真武帝君（北方之神玄武）保佑才做了皇帝，朱棣又派隆平侯张信等人，于 1413 年至 1418 年在今湖北十堰市武当山大造道观，动用 30 万名军匠、民工，干了将近 6 年，耗银超过 100 万两，建成 2 万多间殿宇，成为天下第一名山。

对此，邹缉批评淫祀无福：

"营造宫观祭祀拜神的事，治理国家的人应当严加戒备。古人有言：淫祀无福。这种事情无益而且害了有益的事，浪费了多少国家钱财！这几件事情，都下失民心，上违天意，引起怨恨。"

他最后指出，奉天殿作为陛下上朝之殿，首先遭灾，是不寻常的大事件。劝皇帝反躬自省、自我批评，大施恩泽，改革政治，帮扶天下穷困百姓，这样才能平息上天之怒。应当减免赋税，严惩贪污，不宜劳民伤财。他奉劝皇帝还都南京，要与民休息、无为而治，不要听小人之言再瞎折腾。

邹缉所讲的撇开迷信成分不谈，非常有道理，是睿智之言，后来宣德皇帝称赞他进言献策都是"正道"。朱棣看了奏书，无话可说，干脆置之不理，没治他的罪。

而吏部主事萧仪，痛批龙鳞却被处死了。

萧仪出身进士，是个诗文家，很有才华，注重气节，但是他胆子最大，批评起来最直言不讳。

他认为，火灾和迁都有关，你迁都，所以老天发怒了。他的火力太猛、批评太刻薄，戳到皇帝的痛处。朱棣肺都气炸了，气愤地说："我迁都前，与大臣密议，商量很久才作出迁都的决定，哪是什么轻举妄动？"

朱棣没有唐太宗那样的雅量，对萧仪的说法愤恨至极。萧仪尽管有商代比干一样的忠勇，但朱棣还是做了一把商纣王，将萧仪下狱处死了。"言者无罪""忠言逆耳"从来都是嘴巴上说说的，世上又有几人能听得进中肯而又尖刻的批评呢？碰上大度的皇帝，过过嘴瘾倒也无妨。萧仪偏偏遇上固执偏狭的朱棣，批评人不讲技巧，连自己的性命都搭进去了。

为稳定局面，一向有雅量的户部尚书夏原吉，主动将责任承担下来。他对皇帝说："言官们响应您的号召弹劾大臣，本身并没有罪。我们作为大臣，没能协助皇上谋划好大计，臣等才有罪。"朱棣这才消了气，宽宥双方。有人指责夏原吉偏袒言官，夏原吉说："我们经历的事情太多，言语即使有过失，皇帝也不会怪罪。如果言官获罪，那下场就惨了。"说得大家心悦诚服。

在这场大辩论中，侍读李时勉等两人被投进监狱，御史郑维桓等5人发配交阯当官，只有邹缉等3人没有治罪。朱棣禁止言官再非议迁都，否则以谤讪罪论处。许多人保留还都南京的想法，只是暂时闭嘴罢了。

不知道是遵从老天的旨意，还是不想劳民，朱棣没有重建三大殿。三大殿烧就烧了吧。反正奉天门还够宽敞，面阔9间，进深4间，建筑面积1400平方米，在这里处理军国大事也够气派的了！所以，朱棣选择在奉天门听政。算起来，他在帝星的位置上，坐了还不到100天。

不过，萧仪并没有白死，他中肯的批评在客观上起到了效果。夏原吉等大臣和萧仪的看法一致，知道国家再也经不起折腾，力请皇帝招抚流亡百姓，减免税收，宽恤民力。朱棣下诏停止大部分扰民工程，实行惠政。

迁都之议风波过去，北京现在风平浪静。然而永远不安分的朱棣，又把斗争的矛头第三次指向蒙古人，立即陷入与尚书们的激烈对抗之中。这次倒下的，不仅有以死谏君王的兵部尚书方宾，还有为贫苦大众说话的朝廷重臣夏原吉。

一场更大的暴风骤雨即将来袭，焕然一新的北京啊，山雨欲来，已经满城狂风了！

6. 我真的还想再战五百年

1410年，朱棣第一次亲征鞑靼，大败本雅失里和他的知院阿鲁台。

本雅失里带着元朝皇帝的传国玉玺，投奔西北的瓦剌马哈木，没想到窜进虎口。

马哈木，早在 1409 年就被朱棣封为顺宁王，垂涎新来的主子本雅失里的传国玉玺，1413 年将主子杀死，将玉玺窃为己有，并在蒙古的旧都和林弄了一个傀儡答里巴当可汗，自己躲在幕后指挥。马哈木还趁鞑靼部实力大大削弱，大肆抢夺地盘，户籍数发展到 4 万顶蒙古包，成为朱棣的主要对手。

势力均衡的游戏就像跷跷板，必须分而治之，这头重了，那头就要跷起来，于是就要削弱势力大的一方，达到势力均衡。

本雅失里逃跑后，阿鲁台成为鞑靼部首领，守着 2 万残余骑兵，过着卧薪尝胆的清苦日子。

因为实力较弱，很受马哈木欺负。阿鲁台经常给朱棣进献马匹拍马屁，得到朱棣保护，享有贸易特权，1413 年七月还被朱棣封为和宁王。朱棣玩的还是跷跷板的游戏，让他和马哈木势均力敌。

阿鲁台仗着暂时得宠，竟然向朱棣索要管辖北方女真和西北吐蕃的权力。

这个诡计跟葡萄牙人侵占澳门的理由，狠毒和阴险程度不相上下。明代的时候，葡萄牙人提出在澳门找一块地方，好晾晒船上的货物，中国人太善良，于是给了他一块地方晒货。结果呢？葡萄牙人把整个澳门都变成了"晒货场"，一直"晒"到了 1999 年澳门回归中国。

在这么重大的领土问题上，朱棣的大臣们竟然傻乎乎地说，北方女真和西北吐蕃太蛮荒，他既然想要，就给他养马放牛吧！只有学士黄淮站出来反对："这事万万不可！蒙古人势力分散则容易控制，统一起来我们就束手无策。"朱棣称赞黄淮：论事情如同站在高岗上，比那些站在平地上只能看到自己脚尖的大臣有远见，于是断然拒绝阿鲁台的无理要求。

阿鲁台灰心丧气，就对朱棣挑拨说："传国玉玺在瓦剌马哈木手上。如果他诚心归附皇帝，就应该乖乖地把玉玺献给您，不献就是心存叛逆。对这种弑主的人，您发兵讨伐他，我部一定为您做前锋。"他挑拨的目的，是想让另外两个鹬蚌相争，自己好坐收渔翁之利。

朱棣听了淡淡一笑："传国玉玺，那玩意儿我不稀罕。帝王统治四海的宝贝是道德，而不是美玉印玺。"朱棣早就看透玉玺不过玩物而已，实力就在那儿，实力决定一切，有没有玉玺无关紧要，争得你死我活没什么意思，没有实力却窃取宝物，只能是引火烧身。

马哈木也从中挑拨，派使者对朱棣说，传国玉玺的确在我手上，本来想进献给您，可是阿鲁台桀骜不驯，小人得志便猖狂，一定会出兵抢劫去。他祸害边境，截击我们的使者，使我们不能和你们通好，最好你们先干掉他。

朱棣听了还是淡淡一笑。

谁先动手谁先死，可是总有一方性子急，按捺不住。

1413年十一月，急不可耐的马哈木指挥军队向东进军，跨过饮马河，想趁阿鲁台势力弱一口吃掉他，进而统一蒙古民族，再现祖先纵横四海的荣光。

阿鲁台向朱棣求援，朱棣决定亲自率领50万大军收拾马哈木，这就是第二次蒙古之役。

朱棣命令边将严加守备，并向宣府和北京集结军队，发动山东、山西、河南、凤阳、淮安等地15万民工，向北边的军事要地宣府军区运粮。

1414年三月，当张辅在老挝活捉安南首领陈季扩的时候，朱棣已经带领皇太孙朱瞻基以及安远侯柳升、武安侯郑亨、宁阳侯陈懋、丰城侯李彬、成山侯王通等将领，率领大军从北京出发，亲征瓦剌。

大军抵达屯云谷，孛罗不花等不战而降。

六月，前锋、都督刘江在康哈里孩遇到瓦剌骑兵，双方大战，瓦剌大败。从俘获的瓦剌探子口中得知，马哈木距此只有50公里左右。

朱棣大喜，率领大军直扑而去，终于在忽兰忽失温遇到马哈木的主力。

双方大战，朱棣亲自上阵杀敌，士气高涨。战斗十分激烈，明军的神机铳万炮齐鸣，打死敌人无数。士兵奋勇争先，杀死敌人数千人，但武安侯郑亨中箭，都指挥满都战死，明军仅仅获得惨胜。大军一路追击到土剌河，天色已晚，马哈木在茫茫夜色的掩护下仓皇溜走。

皇太孙朱瞻基本来只是来看看热闹、镀镀金的，朱棣一向视其为宝贝，因为有这么一个好圣孙，才立了他的父亲朱高炽为皇太子，几次想废掉皇太子，都因为这个孙子聪明、能成为圣君而作罢。

为了怕爱孙出现闪失，朱棣特地派 500 名骑兵护卫朱瞻基。但是，在一场发生在九龙江的战斗中，朱瞻基看得脚底发痒，也想手刃敌兵。宦官李谦自以为勇猛无敌，竟然带着他冲了上去，不料很快陷入瓦剌军队的重围。刀光剑影、箭飞如雨，形势十分危急。

朱棣听到爱孙冲入敌阵后，急得如同热锅上的蚂蚁，急忙回到大营，派出精兵强将，四处寻找朱瞻基，勇猛拼杀，将他救出战场。

这一仗，李谦虽然保护朱瞻基有功，但是让朱瞻基以身涉险，如果真有什么三长两短，只怕朱棣要诛李谦十族还不解恨。听到朱棣龙颜大怒，李谦自知闯下弥天大祸，吓得拔刀自杀了。

朱棣下令班师，途中想与阿鲁台见一面，但阿鲁台假装生病，避而不见。

七月，大军到达沙河，朱棣才看到皇太子朱高炽派来迎接的官员，又来气了。朱高炽早就失爱于朱棣，朱棣一向对这个身体残疾的儿子横挑鼻子竖挑眼，现在又找到了惩治朱高炽的理由。回到北京，刚刚嘉奖完有功将士，立即下令将太子身边的侍读黄淮、侍讲杨士奇等 5 人抓进监狱（不久，将杨释放复职），原因是派人迎接圣驾动作太慢。朱高炽吓得胆战心惊，而他的弟弟朱高煦则心花怒放，以为皇位的馅饼能掉到自己的嘴里。

瓦剌人的威胁暂时解除，朱棣腾出手来大建北京。马哈木惨败后，于1417 年郁郁而终，顺宁王的称号由他的儿子脱欢继承，直到他的孙子也先执政后，才为他报了仇，俘虏了明英宗。

前两次亲征，朱棣不仅干得对，而且干得好。可是，刚刚还四处逃窜的阿鲁台看到瓦剌衰落，对瓦剌展开报复，大抢地盘，不断给朱棣送来打败瓦剌的捷报。阿鲁台经济日益富有，富而益骄，部落时时出没塞下，抢劫物资，每次看到朱棣派去的使者，不是慢待侮辱就是拘留不放。朱棣多次警告他，他只当耳边风，1421 年索性停止进贡，与朝廷的蜜月期彻底结束。

阿鲁台尾大不掉，跷跷板的势力均衡游戏玩不下去了。该收拾收拾阿鲁台，杀杀他的威风了。

当时，刚刚迁都北京，迁都之议的风波刚刚停息。夏原吉等大臣知道国家再也经不起折腾，在他们的力谏之下，朱棣停止大部分扰民工程，招抚流亡百姓，减免税收，宽恤民力。但是，朱棣无法容忍阿鲁台兴风作浪，于是把斗争的矛头第三次指向蒙古人。

打还是不打？皇帝要打，尚书们却不随便附和。

于是，皇帝立即陷入与尚书们的激烈对抗之中。这次倒下的，不仅有以死谏君王的兵部尚书方宾，还有为贫苦大众说话的朝廷重臣夏元吉。

1421年七月，朱棣组建北征阿鲁台的军事指挥部，除了上次北征的大将外，增加都督朱荣、永顺伯薛斌、恭顺伯吴克忠、阳武侯薛禄、英国公张辅等人。

1421年冬十一月，北方天寒地冻，朱棣着手为第三次北征准备粮饷，派遣宦官杨实、监察御史戴诚等调查南北两京和天下库藏的收支情况，派户部侍郎李昶负责往边境运送战争物资。北方的冬天滴水成冰，运粮的士兵们都吃不消，朱棣下令让他们回家休息一个冬天，等第二年开春天气转暖之后再来运粮，同时命令边将修筑深沟高堑，加强巡逻，防备阿鲁台的骑兵突袭。

十二月，朱棣召集尚书夏原吉、方宾、吕震、吴中等大臣，集体商议亲征阿鲁台的事宜，重点讨论军饷问题。

大臣们经过商议后一致认为，现在国家财政吃紧，不宜出兵，皇帝应该休养兵民，严敕边将，做好防御即可。他们还没把这个意见上报皇帝，皇帝就分别找几个尚书谈话。

朱棣最先召见兵部尚书方宾。

方宾，杭州人，建文帝时因为连坐被贬到广东任职。幸有尚书茹瑺，看他是个人才，提拔他当兵部郎中。朱棣即位后，逐步提拔他为兵部尚书。他虽然学问不多，但是聪敏强记，说话对答如流，思维缜密，不出差错，深受朱棣信任。他担心这次出兵，粮饷难以筹集，出征的军队要饿肚皮，于是对朱棣说："现在粮食储备不足，不可兴师。"朱棣有些失望，但并没怪罪他。

朱棣召见爱臣夏原吉，询问边境物资储备多寡。夏原吉已经是三朝老臣，朱棣爱惜其才，对他十分欣赏，当年要提拔他当户部尚书，遭到许多人反对，说夏原吉是建文帝的旧臣、前朝的心腹，岂能就任当今朝廷的高位？朱棣不以为然，豁达地说："夏原吉是父皇的臣子，既忠于太祖，又忠于建文帝，现在岂能不忠于朕？"力排众议，提拔夏原吉当户部尚书。这次讨伐阿鲁台，他满心希望夏原吉能和他一条心，统一立场，同心戮敌。

但是实事求是的夏原吉只说真话、不说假话："边境上的物资储备，仅仅够将士们防御使用，供给大军肯定不足。"他又进谏，讲了不宜出兵的三条致命理由："一、近年来，大军频繁出动，徒劳无功（'师出无功'），军马、储备丧失十之八九。二、国内频繁发生灾害，国家从内到外都十分疲乏。三、况且您身体不太好，尚须调养护理。乞求您派遣大将讨伐蒙古人，不必亲自征讨。"

夏原吉说得头头是道，忠言再好总是逆耳之论，伤了朱棣的自尊、自信。朱棣听得怒火攻心。

"师出无功"，等于抹杀皇帝的武功，惨胜虽然惨，但是毕竟是胜利了，岂能说出动军队没有功劳呢？国库空虚，绝大部分战略储备丧失，意味着国家财政危如累卵，要寅吃卯粮，物资不能支撑发动新的战争。国内多灾多难，臣民疲惫不堪，日子苦哈哈的，都有人起义造反了，不是好兆头，让皇帝也很担忧。夏原吉不说皇帝万寿无疆，而说他身体不好，需要调养护理，建议皇帝派人讨伐，自己坐镇指挥。这几条，除了夏原吉，没有一人敢说出口，批龙鳞批到了痛处，难怪龙颜要大怒。

朱棣命令夏原吉立即赶到开平，调查粮食储备情况，弄清楚现在到底适不适合对蒙古人开战。

朱棣又召见刑部尚书吴中。吴中的回答和方宾一样。好战的朱棣更加愤怒。

几个尚书全部众口一词，以粮食不够为由，反对出兵攻打阿鲁台。因为大家都知道：现在国家财政枯竭、民不聊生，不宜大动干戈再耗国力，而要与民休息，发展经济。因为发展才是硬道理，阿鲁台的那点小动作，做好防御就可以了，实在不值得皇帝亲征。何况皇帝亲征的派头那么大，一出动就是 50 万人，亲征几次就把国家整穷了。国家的实力支撑不了您的野心啊。

可是朱棣是一代战神，不恋美女偏爱打仗，岂容胡虏在眼皮底下嚣张跋扈？"人若犯我，我必犯人"，是他永恒不变的法则。我们是东方世界的霸主，傲视天下，睥睨一切，不让他亲征挑衅者，那活着比死了还难受。朱棣北征的雄心无比坚定，就像光芒万丈的太阳，如同高强度的核辐射一样，谁也无法扑灭。谁去扑灭，谁就要遭受致命的反击。

大臣都以边境物资匮乏（"边廪空虚"）为由反对出兵，朱棣失望之余，更添怨愤：夏原吉！我让你主管财政，现在要出兵，你却搞成一副烂摊子，让我如何荡平漠北？

其实，朱棣不反思自己瞎折腾造成的危局，反而将国危民穷的原因，归咎于户部工作不力、渎职贪污。要追究责任，"罪魁祸首"自然是户部尚书夏原吉莫属。

于是他给锦衣卫下令：立即逮捕夏原吉，押回北京监狱关押。

当锦衣卫的官员鲜衣怒马，火急火燎地赶到开平的时候，夏原吉正打开一个个粮仓，在认真细致地检查粮食。锦衣卫说：夏原吉，你不用检查了，何必这么认真呢？

锦衣卫催促夏原吉快点上路，夏原吉不紧不慢地说："姑且等我把粮仓检查完吧！不然的话，我担心有人侵盗官粮。检查完毕，即便我即刻就死，也会心安理得，不会连累诸公受罚。"锦衣卫看他这么尽职，拗不过他，只好让他把粮食全部检查完再上路。

被押到皇帝的面前，夏原吉自知在劫难逃，心情却是超凡脱俗般的沉静，犹如海啸前的洋面，安静地等待大浪的来临。

此时此刻，他只要违心地支持皇帝北征，即刻就会重新受到重用，为北征继续奔忙。但是，这位忠臣赤子知道国家不能再这样折腾下去了，宁愿丧失个人的人身自由，也决不能违背良心说谎话，拿国家利益做个人前途的交易，让人民继续受苦受难。他决心阻止北征，即便身陷囹圄、粉身碎骨，也在所不惜！

果然，朱棣又问他亲征的得失，最后一次给他回心转意的机会。

已经是阶下囚的夏原吉目光炯炯，对答如初，朱棣满心希望地看着他，却始终没有从夏原吉滔滔的话语中听到支持大军征讨的只言片语。

夏原吉，你心如铁石，那就休怪我翻脸无情！

身心皆已病态的朱棣怒不可遏，命令把夏原吉和刑部尚书吴中一起关押进掖庭狱。

掖庭狱是一座特殊的秘密监狱，设在皇宫里面，案件一般不作公开审理。它大概设在后宫，将两个尚书关押在本是关押宫女的地方，目的是为了羞辱他们像个娘们儿那样胆小怕事。

而大理寺丞邹师颜因为协助夏原吉负责户部事务，"办事不力"，罪责难逃，也予以逮捕关押。

兵部尚书方宾作为夏原吉的副手，从宦官口中听到夏尚书都进去了，想到阻止北征的提议最先是由他提出来的，恐怕罪责难逃，竟然上吊自杀了。

多次跟随皇帝北征的兵部尚书真的是个胆小鬼，一吓就吓死了？与其说他是"惧"而自缢，还不如说他是以尸谏的激烈方式阻止皇帝北征。

朱棣听到心腹爱将上吊自杀，既惊奇又痛惜地说："朕未尝有怪罪方宾的意思，他何必要自杀呢？"

方宾的尸谏没起一点作用，没有让朱棣警醒，却让一些大臣心里感到无比快意。

当方宾权力炙手可热的时候，他逐渐骄傲自大，养成睚眦必报的臭毛病，大家对方宾侧目而视，又恨又怕。眼看几个尚书都倒了大霉，"俺曾见，金陵玉树莺声晓，秦淮水榭花开早，谁知道容易冰消！眼看他起朱楼，眼看他宴宾客，眼看他楼塌了"。礼部尚书吕震再次落井下石，不知是为自保，还是想出一口平时被他们欺压的鸟气，多次在皇帝面前挑拨离间，说方宾、夏原吉、吴中这3个尚书都是奸诈邪恶、自欺欺人之徒。朱棣听信吕震的鬼话，大怒："方宾这厮，可惜他活着的时候我没宰了他，现在没办法，只有戮尸解恨了！"下令将方宾的坟墓挖开，开棺戮尸。

戮尸，就是把尸体挖出来砍头，等于是羞辱这个人其罪当死，这种野蛮的刑罚相当无聊，而且不文明。一般在法律上，只有魏忠贤、崔呈秀这样的大奸臣，或者谋杀父母、杀一家3人以上的大罪犯才适用这种刑罚。可怜方宾昨天还是爱臣，今天皇帝听了大臣几句挑拨离间的话，就要将他戮尸羞辱，朱棣的变脸玩得也够快的。

朱棣又想杀掉夏原吉，召见杨荣，询问夏原吉平时表现怎么样。

在这剑拔弩张之际，杨荣使出怀柔术，力言夏原吉是个好人，没有其他过错。朱棣这才怒气稍稍消解。

忽然又听说夏原吉是个贪污犯，下令将他抄家，财产全部没收。可是抄家的人来到夏原吉家中，将家里翻了个底朝天，抄没出来的都是布衣服、瓦罐子等一堆破烂玩意儿，没有一点值钱的东西。这些人哪知道堂堂国家"财神"，日子过得竟然如此寒酸！

既然夏原吉一身正气、两袖清风，朱棣该把他放了吧？可是他怒气冲冲，几年未消，仍然将他关在牢里——顺我者昌，逆我者亡，谁让你不识抬举，反对我出兵！你再忠诚、再清廉，如果不遂我心，一切高贵品质那都是浮云！性格如铁的朱棣心头只有恨意，没有一丝怜悯。

夏原吉、方宾得罪后，以吕震兼领户部、兵部尚书。吕震也压力很大。朱棣怕他也自杀了，命令官校10人整天跟着他，叮嘱说：

"如果吕震自尽，尔十人皆死。"

1422年正月，天上出现日食，被认为是不祥之兆。玄学家们又要装神弄鬼，占卜吉凶了。

但朱棣反而加快北征准备，不要大臣朝贺，要他们好好检讨反省自己的不作为、不担当。二月，隆平侯张信、新任兵部尚书李庆分别监督北征军饷，发动直隶、山西、河南、山东等地23.5万名民工，共向军事重镇宣府火速运粮 37 万石。

阿鲁台听说大军要来讨伐，坐以待毙，不如先发制人，遂大举进攻张家口之北的兴和要塞。曾跟随朱棣打天下的都指挥使王唤抗击来犯之敌，英勇战死。阿鲁台又进攻守卫东北边境的兀良哈三卫，这 3 个军区的总人数约 2 万人，势单力薄，投降了阿鲁台。

朱棣闻报，火速出动，率领几十万大军亲征阿鲁台，留皇太子在北京监国。

军队到达鸡鸣山的时候，阿鲁台早就吓得北撤。五月大军到达开平。六月，阿鲁台怕大军直捣其巢穴，佯攻万全，牵制明军。朱棣识破诡计，指挥大军一路进军，吓得阿鲁台将辎重遗弃在阔栾海边，一溜烟往北边逃跑。朱棣搞坚壁清野政策，一把火烧掉这些物资，没收全部牲畜。

阿鲁台远遁天边，朱棣此后再也没捕捉到阿鲁台的踪影。几十万大军在无边的草原上像无头苍蝇，转啊转啊，就是找不到阿鲁台，实在太无聊，只好换着花样大阅兵，阅了一次又一次，毫无新意。看实在没仗好打，这样空手回去肯定被夏原吉笑话，于是朱棣提议："阿鲁台敢反叛我，是倚仗兀良哈为他的羽翼。我们应当先灭了兀良哈，然后得胜还朝。"

兀良哈也真够倒霉，他们在蒙古人中投降朱棣最早，本想依靠朱棣的保护过平安日子，可是天高皇帝远，朱棣根本无力保护，所以在阿鲁台的进攻之下，又投降了阿鲁台。如果明军足够强大，还有阿鲁台什么事？但是毕竟是叛降之辈，轻而易举被朱棣灭了。

63 岁的朱棣依然宝刀不老，亲自率领数万骑兵，进攻兀良哈三卫。

双方在屈裂儿河遭遇，兀良哈三卫正赶着车辆、牛马往西逃跑。朱棣率领骑兵直捣老巢，追奔 15 公里，斩杀数十名首领和数百名士兵。又用神机弩埋伏在深林中，射杀不少溃散的逃兵。敌人自相践踏，死伤无数，纷纷投降。朱棣八月下诏班师，九月回到京师。

刚回到北京，朱棣把左春坊大学士杨士奇投进监狱。没过几天，把吏部尚书蹇义、礼部尚书吕震投进监狱，不久以后又全部释放。

闰十二月，朱棣的寝宫乾清宫发生火灾，连睡觉的地方也被"老天"

收走。可是朱棣已经患上阿鲁台综合征，不宰阿鲁台决不罢休。

1423 年五月，朱棣身体有病，几日没有上朝，其实，生命已经开始进入倒计时。能文能武、深藏不露的赵王朱高燧再也按捺不住了，开始上演"螳螂捕蝉黄雀在后"的戏法，发动了一场巨大的阴谋。

他认为夺位时机已到，便联络亲信司礼监太监黄俨、常山护卫指挥孟贤等，准备采取谋杀行动。

他们的计划是，趁朱棣生病之际，兴州后屯卫军高以正、孟贤等人，制造伪诏，太监杨庆在朱棣药中下毒，毒死朱棣后，掌管宫中符宝，再发布伪诏，废掉太子朱高炽，由朱高燧自立为皇帝。

但是，在执行过程中，一个环节掉链子了。

事情坏在一个叫王瑜的人身上。王瑜是赵王府的总旗，在朱高燧手下办事，他的舅舅正是高以正。不知道出于什么心理，高以正将计划秘密告诉了王瑜。王瑜听了大惊失色，责备他们为什么冒着灭族的危险干这事："奈何为此灭族之计？"王瑜哭得很悲切，劝他们罢手，高以正不听，反而对王瑜动了杀心。

王瑜无奈，遂向朱棣告发。

孟贤立即被捕，得伪诏，伏诛。高以正等人全部处死。王瑜因举报有功，升为辽海卫千户。朱棣在皇城右顺门亲自审问朱高燧："是你做的吗？"朱高燧吓得不敢说话，大气都不敢出。太子朱高炽却在里面和稀泥，百般辩解，将谋杀皇帝的罪行推给下人，让朱棣放了朱高燧一马。

《明史》记载："黄俨等谋立高燧，事觉伏诛"，但《明实录》中还有黄俨后来进谗言的记载。直到朱高炽即位，便没有了黄俨的消息，估计已经伏诛。

这场阴谋没有阻挡住朱棣北伐的步伐。

1423 年七月，年迈的朱棣第四次发动北征，亲征阿鲁台。安远侯柳升、遂安伯陈英、武安侯郑亨、阳武侯薛禄、新宁伯谭忠、英国公张辅、成山侯王通、兴安伯徐亨、宁阳侯陈懋全部上阵。这一次比上次还不顺利，几十万大军到达宣府，九月到达西阳河，连阿鲁台一个人影都没见着。听说阿鲁台已经被瓦剌打败，部落溃散，于是停止进军。第四次北征，一仗没打，在草原上兜了几个圈子，于十一月回到京师。唯一的收获是阿鲁台的部将也先土干来向朱棣投降。朱棣将他封为忠勇王，赐姓名叫金忠。

1424年正月，阿鲁台就是不让朱棣消停，又进攻大同、开平，朱棣又要亲征。几十万大军又集结北京和宣府，大将还是原班人马，只多了金忠做前锋。

朱棣夏四月又从京师出发，第五次北征。结果同样凄凉，没仗可打，阿鲁台早就逃之夭夭。有情报说阿鲁台在答兰纳木儿河，前锋急忙赶去，一个人影也没见着，张辅等人搜遍150公里的山谷，一无所获。朱棣只好天天和大臣唱歌吃饭，先唱朱元璋写的五章词，唱完了朱棣又自己写了五章平虏词，让宦官排练演出。六月，前锋陈懋等抵达白邙山，军中粮食吃尽，唱歌、吃饭也搞不下去，只好下令班师。

大军走到翠微冈的时候，朱棣想起传位的事情，对文渊阁大学士杨荣、金幼孜说："东宫（指朱高炽）参与处理国事很多年了，已经熟悉政务。我回到北京后，军国大事全部交给他处理。朕只愿优游暮年，享享安和之福了。"杨荣、金幼孜心里知道他的真实意图，于是顺水推舟地回答说："殿下孝友仁厚，天下归心，一定能担当皇上的托付。"

朱棣大喜，给他俩赐了一些羊酒。

七月己丑这一天，大军到达苍崖戍，然而朱棣突然病重，病情十分凶险。

多年劳师远征，已经完全透支他衰老的体力，一个从来不休息的人，一休息起来就会永远没有期限。次日，大军到达榆木川（今内蒙古多伦），朱棣病危（"大渐"），勉强写下遗诏，要传位给皇太子朱高炽。

据说，人在濒临死亡时，往事一幕幕，像过电影一般在他脑中全景式呈现，当时的一些感觉和情感得以重新体验。气息奄奄的朱棣或许想到了父皇、母后、生母、自己的两个儿子等亲人，或许想到了建文帝、方孝孺、黎季犛等对手……

他多么不想死，多么想活得更长久一些，他乞求上苍多给他一点时间，还要和所有的对手，再战五百年，多打几个回合。

他想他有战斗的意志，还有不知疲倦的精神以及似乎永不衰老的体魄，然而北方的严寒和无法医治的疾病，终究夺取了他最后的一丝豪迈。

他临死前的确想到了关在监狱中已经两年多的夏原吉，后悔当初没采纳他的逆耳忠言，没听他不让自己亲自出征的劝阻，夏原吉原来是多么爱我，真是我的好臣子！可是我还将他革职、监禁、抄家，自己落得抛尸荒野的可怜下场。万般悔意涌上心头，朱棣对左右只艰难地说了五个字："夏原吉爱我！"

可是，一错再错，悔之晚矣！

当晚，国家天文台的人员看到天穹上有颗饭碗一般大的星星，闪着红色火焰，向东飞行坠落。当星星的尾部炸散开来的时候，引起旁边的星星一起摇动。那些迷信的人因此而猜想：天下坠下星星，有个大人物一定要死了，谁也没想到，那颗坠落的星星就是皇帝。

第三天，65岁的一代战神带着无尽的遗憾宾天而去，身边只有多年随他征战的部下，没有一个亲人送行。出师未捷身先死，他多想再活五百年啊，再造一个强盛的中国！当晚，又有一颗碗大的星星，闪着青赤色的星光由远而近坠落在地球上，星光消失的刹那，尾部炸散开来，照亮了天际。占星师猜想：这是皇帝真的驾崩了。

朱棣从发病到去世，仅仅只有短短3天，事情太仓促，大家惊慌一片，不知所措。阿鲁台如果突然进攻怎么办，如何才能确保军队安全回京？当时北京的军队全部随朱棣北征，城中几乎没有多少兵丁可守。人们在街头巷尾议论赵王朱高燧要发动兵变，要干掉朱高炽夺取帝位。如何才能确保皇位顺利交接到朱高炽的手上？

文渊阁大学士杨荣、金幼孜与太监马云进行了密谋。

杨荣说："六师离北京路途遥远，不宜发丧，大军所到之处，应当像平常一样给皇帝进献膳食。"制造皇帝正常上班的假象。

又有人出昏招，让人假借其他事情，暗藏玺书，将皇帝的死讯赶紧回去报告皇太子。

可是，皇帝都死了，玺书不经皇帝本人盖章，那就是假诏书，在当时是杀头大罪。杨荣说："皇帝在世，你这个报告能称敕，现在称敕，不是欺诈吗？这种杀头大罪，谁担当得起？"

大家觉得很有道理，商议应当先回北京汇报皇太子，再派遣皇太孙来迎接梓宫。

于是大家商定，如今六军在外，必须秘不发丧。一口椭圆形的锡制棺材，盛殓着朱棣的遗体，放进龙辇。

服务人员守口如瓶，早晚照常进膳，好像皇帝还在镇定自若指挥打仗，连御厨都被蒙在鼓里。这完全跟秦始皇死后的情形一样，只不过前者完全是一场夺取皇位的惊天阴谋，而这一次却是确保皇位顺利继承的一个智慧谋略。

杨荣和御马监少监海寿向北京方向疾驰1个月，于八月赶到京师，把皇帝的死讯报告给皇太子朱高炽。朱高炽哭倒在地，当天派遣皇太孙朱瞻基到开平迎接。

当时也没什么保密电话，军机密件只能靠印章。皇太孙辞行的时候对父亲说："我在外的时候有什么重要事情汇报，密封的文件上一定要盖章，只有印鉴可以防伪。"皇太子也认为这个办法不错，但是事情太仓促，身边没有印鉴可以给他，问大学士杨士奇怎么办。

杨士奇说："您东宫所阅读的图书，可以暂时借给他作为凭证。"皇太子照办，把朱棣赐给他的图书亲自交给朱瞻基，郑重地说："这是我父亲授予我的，现在我交给你。只要有事立即报来，用这些书作为暗号。"并命令军队都听朱瞻基节制。

朱瞻基在雕鹗谷碰到大军，一切安排妥当，这才正式对外宣布皇帝死讯，一时间六军泪飞如雨，声动天地。

到达北京郊外，皇太子朱高炽迎入仁智殿，将朱棣的遗体纳入梓宫盛殓，九月下葬于长陵，让徐皇后长伴在他左右。

只可怜30多名妃子、宫女为朱棣殉葬，情形惨不忍睹。当死之日，先吃一顿饱饭，然后仁宗朱高炽亲自和她们辞诀，而后由宦官引导着，去上吊自杀，一时间，妃子、宫女哭声四起，震动殿阁。

只见堂上置小木床，宦官逼女人立于其上，上面挂着绳子，然后将头伸入其中。宦官撤去木床，这些女人就这样被残忍地杀害了。

朝鲜来的韩丽妃不想死，和朱高炽辞诀时，泪流满面地恳求他发发善心："吾母年老，愿归朝鲜。"朱高炽不许。临死前，韩丽妃对奶妈金黑说："娘，吾去了！娘，吾去了！"一语未竟，旁边的宦官急急忙忙撤去小床，乃与崔美人一起香消玉殒。

朱高炽干完了这些事，亲自赶到监狱，告诉夏原吉皇帝病逝的噩耗。在朱棣当政之时，朱高炽天天被兄弟暗算，泥菩萨过江自身难保，哪敢在父皇面前为夏原吉说一句好话？

现在，皇帝宾天了，夏原吉可以解脱了。两人在狱中相对而泣，无言泪千行。在被无辜关押两年多后，夏原吉被朱高炽请出监狱，一起共商国是，又重新登上了政治舞台。

朱棣后三次北征，几十万大军出动，连阿鲁台的人影都没见着，既徒劳无益，又徒劳无功，被对方敌进我退的逃跑战术玩死了。虽然没灭了阿鲁台，但是阿鲁台势力已经日薄西山，无力与瓦剌抗衡。1434 年，阿鲁台被瓦剌马哈木的儿子脱欢杀掉，算是实现了朱棣的夙愿。

朱棣打来打去，分而治之的政策完全失灵，他最不愿意看到的蒙古统一的局面，在其后的正统年间形成。脱欢在正统初年时，又杀掉另外两个部落的首领贤义王、安乐王，统一了蒙古。他的儿子就是进攻北京、俘虏英宗的也先。经过 40 年的冤冤相报、爱恨情仇，也先终于一雪前耻，为他的爷爷马哈木成功复仇。也先后来又被部下杀掉，这两个家族的恩怨才最终落幕。朱棣和蒙古部落首领两个家族之间的战争，在中国历史上留下了无法磨灭的印记。

清代人写的《明史》对朱棣的一生作出高度评价，认为他是军事天才，凭借幽燕形胜之地，趁建文帝年轻孱弱，长驱直入，拥有四海。朱棣即位以后，躬行节俭，赈灾及时，知人善任，和他父亲一样具有雄才大略。他屡次出动大军，扫清漠北，威名远扬，四方宾服，30 个国家争相来朝贡。朱棣时期领土辽阔，远远超过汉代和唐代。虽然建立不世之功，但是朱棣大杀建文旧臣的倒行逆施也是无法掩饰的污点。

《剑桥中国明代史》高度赞扬朱棣的文治武功。永乐帝作为足智多谋和精力充沛的征战者，通过征剿和对外远征，完善了朱元璋的丰功伟绩，使明朝的力量和影响达到顶峰；他作为有干劲和献身精神的统治者，恢复了儒家的治国之术，重建古代的政治体制（指建立内阁制度）；他统一帝国南北，为王朝奠定新的基础。他作为军事统帅用武力夺取皇位，不受约束地行使皇权，以实现自己的目的。他从真正的世界中心睥睨世界，不但在全国实施统一的统治，使边境与内地一体化，而且把目光投向本土之外，把霸权向四面八方扩张。永乐帝给后世君主留下复杂的遗产：一个对远方诸国负有（宗主国）义务的帝国、一条沿着北方边境伸展的漫长防线、一个非常规的、复杂的文官官僚机构和（耗费巨大的）军事组织、一个依靠大规模的漕运体制得以生存的宏伟北京。

但是《剑桥中国明代史》同时指出，朱棣的战略决策从长期看并不成功。国内计划和对外征战花费巨大而浪费，给国家和百姓造成异常沉重的财政负担，使国库空虚、人民负债累累。为了帝国的建设和霸权，这种代价的确昂贵，而且只有朝气蓬勃的领袖才能够维持这种政策，而继承者都不具备这种英勇的品质。以后的几代皇帝认识到维持他的政策代价高昂，开始收缩和重新巩固帝国的行政，但是不能解决国家政策和统治制度之间存在的内在矛盾。军事收缩削弱了边防，给以后的统治者们造成许多问题。

总之一句话：朱棣建立大帝国，盘子铺得太大，战争发动太多，要玩转这一切太过超前，要成功非常不容易。朱棣在我眼中，有如黄山上负重登山的挑山工，挑着上百斤的重物，向着那峰顶爬去，汗流满面，天天如此，直到巨星陨落。但是朱棣仍然是中国历史上最杰出的帝王之一，其丰功伟绩可与秦皇汉武、唐宗宋祖、康熙大帝相媲美。

朱元璋没有把皇位传给他，但他不愧是真龙天子。他是朱元璋的"好"儿子，却不是建文帝的好叔叔。

朱高炽、朱高煦两兄弟后来围绕皇位自相残杀。朱高炽当了皇帝，朱高煦不服。等朱高炽因病去世，其儿子朱瞻基即位，才27岁。朱高煦起兵造反，但是没怎么打仗，没什么大动静，就被宣宗的军队俘虏，数千名叛乱者被杀或者发配到边远地区。朱高煦心里还不服气，不当皇帝，对他来说无异于行尸走肉，当王活着没有意义。

后来，宣宗朱瞻基去探视戴着刑具的朱高煦。槛猿未尝不牢，缚虎未尝不急，但是朱高煦仍然不服，而忽然伸出一足，一记扫堂腿将朱瞻基绊倒在地，摔了一跤。宣宗大怒，命人用150公斤重的铜缸将朱高煦扣住，做成"瓦罐闷鸡"。朱高煦勇武有力，竟将大缸顶起转圈子。宣宗又命人在铜缸周围点燃木炭，朱高煦最后力气衰竭，活活被烧死在铜缸内，身首成灰。朱高煦的几个儿子也全都被杀。史学家评论：彼岂真有阖戕戴吴，筑击秦庭之智哉？要不过桀骜不臣，适以杀其躯耳。朱高煦不过是一个在政治上怀有野心，居功自傲，蓄意制造叛乱，违逆军心民意的盲目的野心家。在军事上，朱高煦无谋无断、无深图远算，仓促盲动，自取灭亡。

一颗不羁的野心啊，犹如核裂变，即使化为死灰，亦越过千年而不灭。